Justizreform in Osteuropa

STUDIEN DES INSTITUTS FÜR OSTRECHT MÜNCHEN

IOR

Begründet von Professor Dr. Reinhart Maurach
Herausgegeben von Professor Dr. Friedrich-Christian Schroeder,
Dr. h.c. (Breslau), Regensburg

Band 51

PETER LANG
Frankfurt am Main · Berlin · Bern · Bruxelles · New York · Oxford · Wien

Friedrich-Christian Schroeder
(Hrsg.)

Justizreform in Osteuropa

PETER LANG
Europäischer Verlag der Wissenschaften

Bibliografische Information Der Deutschen Bibliothek
Die Deutsche Bibliothek verzeichnet diese Publikation in der Deutschen Nationalbibliografie; detaillierte bibliografische Daten sind im Internet über <http://dnb.ddb.de> abrufbar.

Redaktion:
Axel Bormann,
Institut für Ostrecht München

ISSN 0073-8492
ISBN 3-631-52398-X

www.peterlang.de

Vorwort

Vom 20.-22. März 2003 veranstaltete das Institut für Ostrecht München seine IX. Münchener Ost-West-Rechtstagung. Als Thema waren diesmal in Zusammenhang mit dem im Rahmen des Forschungsverbundes Ost- und Südosteuropa (forost) betriebenen Forschungsprojekt des Instituts die Justizreformen in Mittel- und Osteuropa gewählt. Der Band enthält die auf dieser Tagung gehaltenen Ansprachen und Referate sowie die einführenden Statements auf einer Podiumsdiskussion zwischen Justizministern und Generalstaatsanwälten aus den Transformationsländern.

Prof. Dr. Dr. h.c. Friedrich-Christian Schroeder

INHALT

C. Internationale Rechtshilfe zwischen Deutschland und den MOE-Ländern

D. Die veränderte Stellung des Richters

E. Justizreformen in Ost- und Südosteuropa

F. Beiträge der Podiumsdiskussion am 22. März 2003

Einführung

STAATSEKRETÄR A. D. DR. H.C. ALFRED BAYER, MÜNCHEN*

Begrüßung

Das Prinzip der Rechtsstaatlichkeit ist neben der Stabilität der Institutionen, der Demokratie, der Wahrung der Menschenrechte und der Achtung und dem Schutz von Minderheiten eines der wichtigsten politischen Kriterien, die die EU 1993 in Kopenhagen als Vorbedingung für eine EU-Mitgliedschaft aufgestellt hat. Alle diese Kriterien zusammen bilden das Gefüge, in dem Rechtsstaatlichkeit sich erst richtig behaupten und entwickeln kann.

Rechtsstaatlichkeit hat zunächst einen immateriellen Wert, denn das Gut „Gerechtigkeit" kann man kaum wiegen oder abmessen. Gerechtigkeit ist das Fundament, auf dem sich der staatstragende Grundkonsens der Gesellschaft erhebt.

Schließlich hat gefestigte Rechtsstaatlichkeit aber auch einen indirekten wirtschaftlichen Wert, auf den hinzuweisen ebenfalls notwendig ist: sie ist wesentliche Voraussetzung für die Bereitschaft von Unternehmen, in einem Staate zu investieren, Arbeitsplätze zu schaffen und an der Steigerung des allgemeinen Wohlstandes mitzuwirken.

Die politischen Kriterien von Kopenhagen greifen ineinander, um insgesamt dem einen großen Ziel zu dienen: dem Abbau des Gefälles von umfassend zu verstehender Lebensqualität und Prosperität zwischen den westlichen und den östlicheren Teilen Europas.

Dazu leistet auch die Hanns-Seidel-Stiftung mit ihrem vielfältigen Engagement im In- und Ausland einen wichtigen Beitrag.

Im Rahmen unserer Auslandsarbeit messen wir seit dem Ende der achtziger Jahre unserem Wirken in den Staaten Mittel- und Osteuropas besondere Bedeutung bei. So sind wir in fast allen Staaten Mittel- und Osteuropas tätig und versuchen durch unsere Projektarbeit vor Ort, durch Seminare, Konferenzen, Schulungen und Austauschprogramme, einen Beitrag zur Festigung demokratischer und rechtsstaatlicher Strukturen auf der Grundlage von Freiheit und Menschenwürde zu leisten.

---

* Der Verfasser ist Vorsitzender der Hans-Seidel-Stiftung.

PROFESSOR DR. DR. H.C. FRIEDRICH-CHRISTIAN SCHROEDER, MÜNCHEN/REGENSBURG*

Einführung in die Thematik

Der Kommunismus hat in den 75 Jahren seiner Herrschaft in der Sowjetunion und den 45 Jahren seiner Herrschaft in Osteuropa eine radikale Umgestaltung der dortigen Rechts- und Justizsysteme vorgenommen. Dementsprechend groß und mühevoll ist die Aufgabe der Umwandlung und Heranführung dieser Systeme an den in Westeuropa erreichten Entwicklungsstand. Hierfür hat sich die Bezeichnung „Transformation" eingebürgert, die wir auch in dem Untertitel unserer Tagung verwenden. Bedenkt man aber, dass die mittel- und osteuropäischen Staaten vor dem Übergang zum Kommunismus vielfach moderne Rechts- und Justizsysteme mit einer jahrhundertelangen Rechtskultur hatten, so sollte man eher von einer „Reformation" sprechen.

Anders als der Kommunismus, der entsprechend seiner Bevorzugung der Machtausübung zuerst die Justiz und dann das Recht umgewandelt hatte, haben die mittel- und osteuropäischen Staaten zunächst ihr materielles Recht umgewandelt – das Verfassungsrecht, das Strafrecht, das Zivilrecht und das Verwaltungsrecht. Inzwischen sind sie aber daran gegangen, auch das Prozessrecht und die Organisation der Justiz zur reformieren. Angesichts der modernen Bedeutung des Richterrechts erscheint dies beinahe noch wichtiger als die Reform des materiellen Rechts. Denn wie die Nationalsozialisten und auch die Kommunisten in Osteuropa lange Zeit mit dem alten Recht und einer entsprechenden Auslegung herrschen konnten, so wird sich umgekehrt das neue Recht in diesen Staaten erst durch eine Neuorganisation der Justiz und eine neue Stellung und Berufsauffassung der Richter und Staatsanwälte mit demokratischem, rechtsstaatlichem Geist erfüllen.

Aus diesem Grunde hat das Institut für Ostrecht München, das seit 1957 besteht und sich damit seit 45 Jahren mit dem Recht Ost- und Ost-

* Der Verfasser ist Inhaber des Lehrstuhls für Strafrecht, Strafprozessrecht und Ostrecht an der Universität Regensburg sowie wissenschaftlicher Leiter des Instituts für Ostrecht, München.

Mittel-Europas beschäftigt, für den von der Bayerischen Staatsregierung ins Leben gerufenen Forschungsverbund Osteuropa (forost) das Projekt „Justizreformen in Osteuropa“ angeboten und hierfür erfreulicherweise den Zuschlag erhalten. Ich darf bei dieser Gelegenheit der Bayerischen Staatsregierung nachdrücklich für die großzügige Förderung der Osteuropaforschung danken.

Ein wichtiger Bestandteil dieses Projekts ist diese Tagung, zu der ich neben dem bayerischen Staatsminister der Justiz, Herrn Dr. *Manfred Weiß*, der auch die Schirmherrschaft über diese Tagung übernommen hat, hochrangige Vertreter der Justiz aus der Europäischen Kommission und aus zahlreichen Staaten Ost- und Ostmittel-Europas und aus Deutschland begrüßen darf. Ich darf insbesondere als Gäste aus dem Ausland begrüßen:

- Herrn Justizminister *Anton Stankov* (Bulgarien)
- Herrn stellv. Justizminister *Mario Dimitrov* (Bulgarien)
- Herr Justizminister Dr. *Olexandr Lavrynovych* (Ukraine)
- Herrn Stellv. Justizminister JUDr. *Vladimir Kral* (Tschechische Republik)
- Herrn Assistenzminister *Zdravko Stojanovic* (Kroatien)
- Herrn Generalstaatsanwalt *Dr. Peter Polt* (Ungarn)
- Herrn Stellv. Generalstaatsanwalt Dr. *András Varga* Zs. (Ungarn)
- Herrn Generalstaatsanwalt *Wladimir Ustinow* (RF)
- Herrn Stellv. Generalstaatsanwalt *Swyaginzev* (RF)
- Herrn Generalstaatsanwalt *Milan Hanzel* (Slowakei)
- Herrn Staatssekretär *Karl Erjavec* (Slowenien)
- die Vizepräsidentin des tschechischen Verfassungsgerichts Dr. *Eliška Wagnerová*,
- den Präsidenten des Obersten Gerichtshofs der Republik Slowenien Mag. *Mitja Deisinger*,
- den Generalstaatsanwalt und Justizminister a.D. Bulgariens Prof. Dr. *Nikola Filchev*,
- den Justizminister a.D. und Verfassungsrichter a.D. der Slowakei Prof. Dr. *Marián Posluch*,
- den Richter am polnischen Verfassungsgericht Prof. Dr. *Mirosław Wyrzykowski*,
- Prof. Dr. *Camelia Toader,* Richterin am Obersten Gerichtshof Rumäniens
- Prof. Dr. *Tomislav Borić*, Universitätsprofessor in Wien und Zagreb.

Die Reform der Justiz in Ost- und Ostmittel-Europa bietet eine Fülle von Themen. Es geht um die Organisation der Gerichte, die Stellung der Richter und Staatsanwälte, die Ausbildung der Juristen, die einzelnen Zweige der Rechtsprechung, insbesondere die Verfassungsgerichtsbarkeit. Angesichts der zunehmenden Bedeutung der europäischen Einigung und der internationalen Zusammenarbeit geht es außerdem um die europarechtlichen Rahmenbedingungen für die Gestaltung der Justiz und die Zusammenarbeit der Justiz in Europa. Natürlich können auf dieser Tagung nicht alle diese Probleme erschöpfend behandelt werden. Wir hoffen aber doch, mit den auf dieser Tagung vorgesehenen 22 Vorträgen und einer abschließenden Podiumsdiskussion die wichtigsten Probleme der Justizreform in Mittel- und Osteuropa erfassen zu können. Wir haben die Tagung – wie sie aus unserem Programm ersehen können - in sechs Sitzungen gegliedert. Am heutigen Vormittag werden zunächst die europarechtlichen Rahmenbedingungen für die Zusammenarbeit in der Justiz behandelt. Heute Nachmittag folgen die Vorgaben der Europäischen Konvention für Menschenrechte und die internationale Rechtshilfe zwischen Deutschland und den mittel- und osteuropäischen Ländern. Der morgige Vormittag behandelt die veränderte Stellung des Richters, morgen Nachmittag folgen dann einzelne Schwerpunkte der Justizreform wie z.B. die Richterräte, die Juristenausbildung, die Stellung der Staatsanwaltschaft und die Wirtschaftsgerichtsbarkeit.

An dieser Tagung nehmen Vertreter aus zehn ost- und ostmitteleuropäischen Staaten teil, nämlich aus Tschechien, der Slowakei, Slowenien, Ungarn, Polen, Bulgarien, Kroatien, Rumänien, Russland und der Ukraine. Die Probleme der Justizreform in Ost- und Ostmitteleuropa werden in den Vorträgen zunächst aus der Sicht jeweils eines Landes dargestellt. Wir sehen diese Darstellungen aber als exemplarisch für die Gesamttransformation in Mittel- und Osteuropa an und bitten die Teilnehmer aus den anderen Staaten, in der Diskussion auf wesentliche Abweichungen in ihren Staaten hinzuweisen.

Während der Tagung stehen Ihnen die Mitarbeiter des Instituts für Ostrecht, Frau Dr. *Solotych* und Frau *Gyulai-Schmidt* sowie die Herren Dr. *Bohata*, Dr. *Leonhardt*, Dr. *von Redecker* und Herr *Pintarić* für Auskünfte und Hilfe zur Verfügung. Frau Dr. Solotych ist die Referentin des Instituts für Russland und die Ukraine, Frau Gyulai-Schmidt die Referentin für Ungarn, Herr Dr. Bohata behandelt Tschechien und die Slowakei, Herr Dr. von Redecker Polen, Herr Dr. Leonhardt Rumänien und Herr Pintarić Slowenien, Kroatien und Bosnien-Herzegowina.

Ich hoffe, dass Sie sich auf unserer Tagung wohlfühlen und interessante Anregungen mitnehmen werden.

Der Hanns-Seidel-Stiftung und ihrem Vorsitzenden Herrn Staatssekretär a.D. Dr. h.c. *Alfred Bayer* sowie Herrn Dr. *Reinhard C. Meier-Walser*, Leiter der Akademie für Politik und Zeitgeschehen, darf ich für die Gastfreundlichkeit in diesen schönen Räumen danken.

STAATSMINISTER DR. MANFRED WEIß MDL, MÜNCHEN

Anforderungen an eine funktionierende Justiz in einem Rechtsstaat

INHALT

I. AUFBAU EINER RECHTSSTAATLICHEN JUSTIZ IN MITTEL- UND OSTEUROPA

Unsere Beziehungen zu den Staaten Osteuropas sind heute so gut wie noch nie zuvor. Im unbefangenen Rückblick sehen wir ein in Jahrhunderten gewachsenes gemeinsames geistiges und kulturelles Erbe. Gerade auf dem Gebiet des Rechts gibt es eine Fülle gemeinsamer Traditionen und Überzeugungen.

Die Zeitenwende der Jahre 1989 und 1990 eröffnete den Staaten Mittel- und Osteuropas mit der Befreiung vom Joch der kommunistischen Diktatur die Chance, an diese gemeinsame Rechtsentwicklung anzuknüpfen. Von diesem Ausgangspunkt konnten und mussten sie ihre Justiz in rechtsstaatlichem Geist von Grund auf erneuern. Dabei waren in wenigen Jahren Veränderungen zu vollziehen, die in den Mitgliedstaaten der Europäischen Union das Ergebnis eines langdauernden, Jahrzehnte währenden Prozesses waren.

II. BAYERISCHE JUSTIZ ALS ORIENTIERUNG UND MAßSTAB FÜR DIE JUSTIZREFORM

Auf meinen zahlreichen Reisen der letzten Jahre unter anderem in die Slowakei, nach Bulgarien, Ungarn, Rumänien und nicht zuletzt nach

Slowenien war es mir nicht nur vergönnt, die überwältigende Gastfreundschaft meiner Amtskollegen in diesen Ländern kennen zu lernen. Ich konnte mir auch vor Ort ein Bild davon machen, wie erstaunlich weit dieses Aufbauwerk vorangekommen ist. Dabei freut es mich natürlich besonders, dass das deutsche Recht und die deutsche wie auch die bayerische Justiz, wenn nicht als Vorbild, so doch als Orientierung und Maßstab dienen. Damit tragen auch wir ein hohes Maß an Verantwortung. Bevor wir anderen Ratschläge erteilen, haben wir selbst immer wieder kritisch zu prüfen, ob wir bei uns zu Hause den Anforderungen gerecht werden, die an eine funktionierende Justiz in einem Rechtsstaat gestellt werden.

Für den Bereich der Rechtspflege wurde noch kein Pisa-Test entwickelt, mit dessen Hilfe sich die Qualität einer Justiz im nationalen wie auch im internationalen Vergleich feststellen ließe. Ich weiß, dass unsere Justiz von den Bürgern nicht immer nur positiv beurteilt wird. Ihre Ausstattung wird beanstandet und sie wird mitunter als langsam, wenig bürgerfreundlich und zuweilen - meist von der unterlegenen Partei - als unberechenbar gescholten. Auch wenn die Justiz nie alle Bürger zufrieden stellen kann und manche Kritik sehr pauschal ist, sollten wir gleichwohl die Bedürfnisse der Rechtsuchenden erkunden. In der Tat haben sich die Ansprüche der Bürger an die Justiz gewaltig verändert. Der Bürger ist selbstbewusster und fordernder geworden. Er erwartet weniger Bevormundung und Regulierung, sondern mehr Service und Dienstleistung.

Nach unserer Verfassung hat das Volk als Souverän, von dem alle Staatsgewalt ausgeht, den Richtern die rechtsprechende Gewalt treuhänderisch „anvertraut". Nach meinem Verständnis gilt nichts anderes für die Staatsanwälte und auch für die vielen anderen Bediensteten, die genauso aufgerufen sind, die Institution „Justiz" für den Bürger zugleich rechtsstaatlich und effizient zu gestalten.

Als Beispiel greife ich das Grundbuchrecht und das Recht des Handelsregisters heraus. Mit unseren neuen EDV-Programmen werden inzwischen sämtliche Grundbücher Bayerns und mehr als 80 % der Handelsregisterblätter elektronisch geführt. Dadurch können Einträge in das Grundbuch bzw. Handelsregister schneller erfolgen und Auskünfte in kürzerer Zeit erteilt werden. Dies beschleunigt beispielsweise die Kreditvergabe und die Unternehmensgründung und leistet so einen wesentlichen Beitrag zum verbesserten Wirtschaftsstandort Bayern.

Auch bei streitigen Zivilverfahren sowie im Ehe- und Familienrecht erwartet der Bürger nicht nur eine Entscheidung nach den Buchstaben des Gesetzes, sondern eine möglichst individuelle und verständnisvolle Behandlung seines Falles.

Eine der wichtigsten Anforderungen in einem Rechtsstaat an die Justiz ist und bleibt die schnelle Entscheidungsfindung: Eine alte Volksweisheit besagt: „Schnelles Recht ist gutes Recht". Das bedeutet: Was nützt mir mein Recht, wenn ich es nicht rechtzeitig bekomme? Schnelles Recht darf man aber nicht verwechseln mit oberflächlicher Behandlung oder schematischer Urteilsfindung am Fließband. Gerade im juristischen Bereich gilt nämlich eine andere Volksweisheit: „Gut Ding will Weile haben". Zwischen beiden Komponenten, zwischen Schnelligkeit und Gründlichkeit, gilt es in jedem Einzelfall einen Ausgleich zu finden. Insofern ist es richtiger, statt von „schnellem Recht" von „zügigem Recht" zu sprechen. Bayern nimmt im Vergleich der Bundesländer fast in allen Justizbereichen bei der zügigen Erledigung einen hervorragenden Platz ein, was ich mit Anerkennung für unsere Gerichte anmerken darf.

Im Bereich der Gesetzgebung werden wir darauf hinwirken, dass der Kläger in Fällen klarer Sach- und Rechtslage noch schneller Vollstreckungstitel erwirken kann. Außerdem wollen wir die Handhabe der Zivilgerichte gegen missbräuchliche Prozessverzögerungen verbessern. Ein entsprechender Gesetzentwurf liegt dem Bundesrat bereits vor.

Auch durch die Nutzung moderner Computertechnik können Arbeitsabläufe vereinfacht und beschleunigt werden. Bereits jetzt ist der Servicebereich der Justiz weitgehend mit Computerarbeitsplätzen versehen. Mit unserem ehrgeizigen Großprojekt bayTech 2000 wollen wir bis zum Jahr 2006 alle für eine IT-Unterstützung geeigneten 12.300 Arbeitsplätze an den Gerichten und Staatsanwaltschaften mit vernetzten PCs und fortschrittlichen Fachprogrammen ausstatten. Damit werden auch die technischen Voraussetzungen dafür geschaffen, dass moderne Kommunikationsformen wie insbesondere E-Mail nicht nur den Informationsaustausch innerhalb der Justiz, sondern auch zwischen Bürger und Justiz erleichtern und beschleunigen.

Zu den Anforderungen an die Justiz gehört auch die Bürgernähe im wörtlichen Sinne, d. h. die örtliche Erreichbarkeit. Ortsnahe Justizeinrichtungen sparen dem Bürger Zeit und Kosten. Zudem schafft die räumliche Nähe Vertrauen. Die Bürger erhalten die Gewissheit, dass der

Richter, Staatsanwalt oder Rechtspfleger auch die örtlichen Verhältnisse und die regionalen Besonderheiten kennt. Ich bin daher sehr froh, dass es gelungen ist, Angriffe auf den traditionellen viergliedrigen Gerichtsaufbau abzuwehren.

In einem Rechtsstaat ist es die Aufgabe der Justiz, dem Recht in der Gesellschaft Geltung zu verschaffen. Das erfordert kompetente Qualifikation sowie eine hohe Motivation der Mitarbeiter in den Gerichten und in den Staatsanwaltschaften in allen Laufbahnen. Dass dies in Bayern gewährleistet ist, beruht auf mehreren Faktoren:

a) Keine Nachwuchsprobleme infolge der einheitlichen Juristenausbildung

Zum einen konnte die bayerische Justiz für den Nachwuchs im höheren Dienst gerade in den letzten Jahren gut qualifizierte Nachwuchskräfte gewinnen. Hierzu trägt bei, dass die Absolventen der einheitlichen Juristenausbildung den Richter- und Staatsanwaltsberuf nach wie vor als so attraktiv empfinden, dass Jahr für Jahr die Zahl der Bewerbungen den Bedarf bei weitem übersteigt.

b) Vorteile des Laufbahnwechsels

Zum anderen leistet einen wesentlichen Beitrag zur hohen Motivation der Staatsanwälte die in Bayern übliche Einheit von Staatsanwalts- und Richterlaufbahn. Bei uns muss grundsätzlich jeder Richter, bevor er auf Lebenszeit ernannt wird, einige Zeit als Staatsanwalt tätig gewesen sein. Dabei entspricht es bewährter bayerischer Tradition, dass der weit überwiegende Teil der Dienstanfänger im höheren Justizdienst sein Berufsleben bei der Staatsanwaltschaft beginnt und im Landesdurchschnitt regelmäßig dort mehrere Jahre eingesetzt ist, bevor die erstmalige Ernennung zum Richter auf Lebenszeit erfolgt. Um diesen sogenannten Laufbahnwechsel beneiden uns viele andere Länder, bei denen die Richter- und die Staatsanwaltschaftslaufbahnen strikt getrennt sind. Es gibt in Bayern keinen leitenden Staatsanwalt, der nicht Richter war und keinen Richter auf Lebenszeit, der nicht Staatsanwalt war.

Der in Bayern übliche Laufbahnwechsel trägt nach meiner Überzeugung dazu bei, dass in der bayerischen Justiz ein großes Verständnis für die klassische, aus dem Rechtsstaatsprinzip fließende Aufgabe der Justiz besteht, nämlich den Rechtsfrieden zu bewahren und das staatliche Gewaltmonopol zu sichern. Aufgrund der zunehmenden Geringschätzung grundlegender Werte wie Leben, Gesundheit oder Eigentum, aufgrund ansteigender Gewaltbereitschaft und vielfältiger Erscheinungsformen

Organisierter Kriminalität gewinnt diese Aufgabe besondere Bedeutung. Die Gewährleistung der Inneren Sicherheit ist zugleich Voraussetzung für die persönliche Freiheit des Bürgers. Nur wenn Straftaten entschlossen verfolgt und geahndet werden, kann das Vertrauen der Rechtsgemeinschaft in das demokratische Staatswesen aufrecht erhalten und gestärkt werden.

Natürlich ist das Verhältnis zwischen Innerer Sicherheit und den Freiheitsrechten des Einzelnen nicht spannungsfrei. Der Rechtsstaat will Strafverfolgung nicht um jeden Preis. Es gehört zu den wesentlichen Funktionen der Grundrechte, den Unschuldigen vor Strafverfolgung zu schützen und dem Beschuldigten eine wirkungsvolle Verteidigung zu ermöglichen. Auf der anderen Seite stehen die berechtigten Ansprüche des Opfers auf Genugtuung und der Allgemeinheit auf Schutz vor weiteren Straftaten.

Wo ein verfassungsrechtlicher Spielraum besteht, ist nach unserer Meinung dem Opferschutz klar Vorrang einzuräumen vor dem Täterschutz. Aus diesem Grund etwa tritt die Bayerische Staatsregierung seit Jahren für die Verankerung der nachträglichen Sicherungsverwahrung im Strafrecht ein.

In den nächsten Jahren haben wir auch in der Justiz eine sehr schwierige Wegstrecke vor uns. Das Wirtschaftswachstum ist ins Stocken geraten. Die Steuereinnahmen bleiben beständig hinter den Erwartungen zurück und entsprechend schwerwiegend sind die Folgen für die Staatsfinanzen. Auch die Justiz ist von den notwendigen Einsparungen schmerzhaft betroffen. Bisher konnten wir unseren Sparbeitrag in erster Linie durch das Verschieben einiger großer Investitionsvorhaben erbringen. Unter allen Umständen möchte ich vermeiden, dass die Justiz Personal abbauen muss. Wir haben keinerlei personelle Reserven und sind dringend darauf angewiesen, ausscheidende Mitarbeiter durch Neueinstellungen zu ersetzen.

III. FORDERUNGEN NACH MEHR SELBSTVERWALTUNG IN DER JUSTIZ

Vor dem Hintergrund grundlegender Herausforderungen der Justiz erscheint mir die Diskussion um mehr formale Selbstständigkeit für die Dritte Gewalt für Deutschland und für Bayern nicht an erster Stelle zu stehen. Natürlich ist die richterliche Unabhängigkeit Kennzeichen und Prüfstein für eine rechtsstaatliche Justiz. In Deutschland indes ist die sachliche wie die persönliche Unabhängigkeit des Richters vielfältig rechtlich abgesichert und sie wird allseits respektiert. Darüber hinaus verwalten sich die Gerichte in einem entscheidenden Teilbereich selbst. Das durch die Richterschaft gewählte Präsidium bestimmt in richterlicher Unabhängigkeit über die Besetzung der Spruchkörper und die Verteilung der Geschäfte. Damit ist ein wesentlicher Bereich der internen Organisation der Entscheidungsgewalt des Justizministers und der Justizverwaltung entzogen.

In der Diskussion ist ein Vorschlag, die Leitung der Justizorganisation einem selbstständigen Verfassungsorgan anzuvertrauen, das als Justizverwaltungsrat bezeichnet wird. Dieses neue Organ soll sich aus den Präsidenten der Obergerichte sowie den Generalstaatsanwälten zusammensetzen und nahezu alle Funktionen der Justizminister übernehmen. Ich weiß, dass auch viele der osteuropäischen Staaten ein ähnliches Gremium aus ihrer nationalen Rechtsordnung kennen.

Sie werden verstehen, dass ich für Bayern derartige Vorstellungen ablehne. Für den vorgeschlagenen Systemwechsel gibt es im Hinblick auf unsere Rechtstradition und die hier seit langem bestehenden Strukturen keinen sachlichen Grund. Das kann ich auch auf Grund meiner eigenen Erfahrungen in Personalangelegenheiten versichern.

Das Bayerische Staatsministerium der Justiz gewährleistet eine langfristige, kontinuierliche und stringent am Leistungsgrundsatz ausgerichtet Personalpolitik. Bei den Personalentscheidungen berücksichtigen wir die Vorstellungen und Vorschläge der gerichtlichen und staatsanwaltschaftlichen Praxis. Wir würdigen auch die Voten des Präsidialrats und des Hauptstaatsanwaltschaftsrats, der beiden von den Richtern bzw. Staatsanwälten gewählten Mitbestimmungsorgane.

Abgesehen davon halte ich die derzeitige Praxis auch für verfassungsrechtlich geboten. Wo verwaltet wird, muss die Verantwortlichkeit gegenüber dem Parlament und die Kontrolle durch das Parlament gewährleistet sein. Für Versäumnisse und Fehler in der bayerischen Justiz muss ich als Minister im Parlament gerade stehen. Ein Beamten- und Richtergremium kann diese Verantwortung nicht übernehmen.

Im Übrigen benötigt derjenige, der die Interessen der Justiz erfolgreich vertreten will, Sitz und Stimme im Kabinett. Er muss hinter den Kulissen in der Fraktion und bei seinen Parteifreunden beständig für die

Bedürfnisse der Justiz werben können. Er muss bereit sein, um jeden Euro für die Justiz mit dem Finanzminister zu kämpfen und er darf sich nicht scheuen, im Konfliktfall sein ganzes politisches Gewicht in die Waagschale zu werfen. Dies dürfte für einen Selbstverwaltungsrat der Dritten Gewalt sehr schwierig, wenn nicht gar unmöglich sein.

A. Europarechtliche Rahmenbedingungen für die Zusammenarbeit in der Justiz

Alexandra Jour-Schröder, Brüssel*

Justiz und Inneres in den mittel- und osteuropäischen Ländern

INHALT

I. EINLEITUNG

Der Countdown für die Erweiterung der Union läuft! Die Beitrittsverhandlungen mit der Tschechischen Republik, Estland, Lettland, Litauen, Ungarn, Polen, Slowenien, der Slowakei sowie Zypern und Malta wurden auf der Tagung des Europäischen Rates am 13. Dezember 2002 in Kopenhagen abgeschlossen. Am 16. April 2003 unterzeichneten die derzeit 15 Mitgliedsstaaten der Union und die 10 Beitrittsländer den Vertrag über den Beitritt zur Europäischen Union in Athen. Damit ist die letzte Etappe eines spannenden und für alle Parteien herausfordernden Prozesses, der aller Wahrscheinlichkeit nach im Frühjahr 2004 abgeschlossen sein wird, eingeläutet.

---

* *Alexandra Jour-Schröder* ist Mitglied im Kabinett des EU Kommissars *António Vitorino*, zuständig für Justiz und Inneres. Der Beitrag ist ein leicht veränderter Text eines Vortrags, den die Verfasserin am 20.3.2003 anlässlich der IX. Münchener Ost-West-Rechtstagung gehalten hat. Der Aufsatz gibt ausschließlich die persönliche Meinung der Verfasserin wieder.

II. DAS KAPITEL 24

Im Dezember 1993 legte der Europäische Rat erstmals die politischen, wirtschaftlichen und besitzstandsbezogenen Kriterien - die Kopenhagener Kriterien - für die Mitgliedschaft fest, an denen sich der Beitrittsprozess orientiert hat. Der gemeinschaftliche Besitzstand der Union, der sogenannte *Acquis*, den die Kandidatenländer zu übernehmen und anzuwenden haben, ist in insgesamt 31 Kapiteln festgelegt worden. Die bevorstehende Erweiterung ist die erste, die das Rechtsgebiet Justiz und Inneres (Kapitel 24) umfasst. Auch wenn es unmöglich ist, die Kapitel nach ihrem Schwierigkeitsgrad zu klassifizieren, birgt das Kapitel 24 ganz besondere Herausforderungen für alle Beteiligten des Erweiterungsprozesses in sich. Gegenstand der Zusammenarbeit in den Bereichen Justiz und Inneres ist - und dies gilt gleichermaßen für die alten und die neuen Mitgliedsländer der Union - die Entwicklung eines Raums der Freiheit, der Sicherheit und des Rechts. Dies ist eine enorme Aufgabe! Seit Jahrhunderten gewachsene nationale Traditionen haben zu der Entwicklung sehr unterschiedlicher Rechtssysteme in Europa geführt. Hinzu kommt, dass innen- und rechtspolitische Fragen, wie das Asylrecht, die Steuerung der legalen und Bekämpfung der illegalen Migration, der Schutz von Staatsgrenzen sowie die Aktivitäten der Polizei- und Justizbehörden einen klassischen Kernbestand der staatlichen Hoheitsgewalt darstellen. Dies macht die Konsensfindung für gemeinsame europäische Maßnahmen nicht einfach.

Seit dem Inkrafttreten des Vertrags von Amsterdam im Mai 1999 und den wegweisenden Schlussfolgerungen des Europäischen Rates von Tampere[1] im Oktober desselben Jahres hat die Innen- und Justizpolitik in Europa jedoch eine starke Dynamik erlangt. Auch wenn sich einige - zumindest von der Europäischen Kommission gehegte - Erwartungen für eine verbesserte europäische Zusammenarbeit in der Innen- und Justizpolitik bislang nicht vollständig erfüllt haben, sind in den vergangenen vier Jahren große Fortschritte hin zu einem gemeinsamen europäischen Rechtsraum erzielt worden. Für die justizielle Zusammenarbeit in Strafsachen sind insb. der gemeinsame europäische Haftbefehl[2] und eine Reihe von Rahmenbeschlüssen zur Harmonisierung des materiellen Straf-

---

1 Ratsdokument SI (1999) 800.

2 ABl. 2002 Nr. L 190, S. 1.

rechts[3] zu nennen. Im Bereich des Zivilrechts wurden fünf wichtige Verordnungen zur Harmonisierung des internationalen Privatrechts und des Zivilprozessrechts[4] verabschiedet. Kürzlich trat die Richtlinie zur Gewährung von Prozesskostenhilfe in grenzüberschreitenden Streitsachen in Kraft[5].

Für die Beitrittsländer gilt es, den gesamten Besitzstand des Kapitels Justiz und Inneres zu übernehmen. Neben den seit 1999 auf der Grundlage des Vertrags von Amsterdam entwickelten *Acquis* treten die bereits auf der Grundlage des Vertrages von Maastricht verabschiedeten Rechtsinstrumente. Weiter sind die im Rahmen des Europarates, der OECD und der Vereinten Nationen bestehenden internationalen Übereinkommen zu ratifizieren. Hinzu kommt schließlich der durch das Schengener Durchführungsübereinkommen vom 19. Januar 1990 geprägte „*Schengen-Acquis*", der durch das Schengen-Protokoll in den Amsterdamer Vertrag integriert wurde. Dies ist ein recht heterogener Besitzstand. Er setzt sich aus höchst unterschiedlichen Elementen zusammen, internationalen Konventionen, gemeinsamen Maßnahmen gem. Art. K.3 des Maastricht Vertrags sowie Rahmenbeschlüssen und Beschlüssen auf der Grundlage von Art. 34 des Amsterdamer Vertrags, die insb. im Hinblick auf ihre Rechtsfolgen und ihre Rechtsverbindlichkeit unterschiedlich ausgestaltet

---

3 U.a. Rahmenbeschluss zur Terrorismusbekämpfung (ABl. 2002 Nr. L 164, S. 3), Rahmenbeschluss zur Bekämpfung des Menschenhandels (ABl. 2002 Nr. L 203, S. 1), Rahmenbeschluss zur Bekämpfung von Betrug und Fälschung im Zusammenhang mit unbaren Zahlungsmitteln (ABl. 2001 Nr. L 149, S. 1), Rahmenbeschluss über Geldwäsche und Einziehung von Tatwerkzeugen und Erträgen aus Straftaten (ABl. 2001 Nr. L 182, S. 1).

4 Verordnung über die gerichtliche Zuständigkeit und die Anerkennung und Vollstreckung von Entscheidungen in Zivil- und Handelssachen (ABl. 2001 Nr. L 12, S. 1), Verordnung über die Zuständigkeit und die Anerkennung und Vollstreckung von Entscheidungen in Ehesachen und in Verfahren betreffend die elterliche Verantwortung für die gemeinsamen Kinder der Ehegatten (ABl 2000 Nr. L 160, S. 19), Verordnung über die Zusammenarbeit zwischen den Gerichten der Mitgliedsstaaten auf dem Gebiet der Beweisaufnahme in Zivil- und Handelssachen (ABl. 2001 Nr. L 174, S. 1), Verordnung über die Zustellung gerichtlicher und außergerichtlicher Schriftstücke in Zivil- und Handelssachen in den Mitgliedsstaaten (ABl. 2000 Nr. L 160, S. 37), Verordnung über Insolvenzverfahren (ABl. 2000 Nr. L 160, S. 1).

5 Richtlinie zur Verbesserung des Zugangs zum Recht bei Streitsachen mit grenzüberschreitendem Bezug durch Festlegung gemeinsamer Mindestvorschriften für die Prozesskostenhilfe in derartigen Streitsachen, ABl. 2003 Nr. L 26, S. 41.

sind. Eine weitere Schwierigkeit ist darin begründet, dass der Justiz- und Innen-*Acquis* sich ständig weiterentwickelt im Einklang mit den von Amsterdam und Tampere vorgegebenen Zeitplänen. Dennoch ist der JI-*Acquis* mit Beitritt uneingeschränkt zu übernehmen. Es gibt keine Übergangsfristen, wie es für viele andere Erweiterungskapitel der Fall ist. Notwendig war und ist es vielmehr, Wege zu finden, um das Vertrauen der 15 Mitgliedsstaaten dahingehend aufzubauen, dass die Beitrittsländer tatsächlich in der Lage sind, den Besitzstand zu übernehmen und umzusetzen.

III. DREI BLEIBENDE HERAUSFORDERUNGEN

Drei wichtige Bereiche behalten über die Ratifizierung der Beitrittsverträge hinaus Aktualität:

- der Aufbau eines funktionierenden Justiz- und Verwaltungssystems;
- die korrekte Anwendung von Maßnahmen zur gegenseitigen Anerkennung gerichtlicher Entscheidungen sowie
- ein effizientes Management der Grenzkontrollen.

1. Justiz und Verwaltung

Die Schaffung und Aufrechterhaltung von Gerichts- und Verwaltungsbehörden ist eine der großen Aufgaben des Beitrittsprozesses. Eine gut funktionierende Justiz ist für den Rechtsstaat und für die Umsetzung und Durchführung von Gemeinschafts- und Unionsrecht von entscheidender Bedeutung. Sie ist unabdingbare Voraussetzung für gegenseitiges Vertrauen, das für die Mitgliedschaft in der Union unverzichtbar ist. Im Jahr 2002 erarbeitete die Europäische Kommission gemeinsam mit jedem einzelnen Bewerberland einen Aktionsplan zum Ausbau der Kapazitäten von Verwaltung und Justiz. Die Pläne enthalten die Maßnahmen, die nötig sind, damit die Länder bis zum endgültigen Beitritt über ausreichende Verwaltungskapazitäten verfügen. Die Aktionspläne haben sich als sehr nützlich erwiesen und die Reformen bemerkenswerte Impulse gewonnen. Fortschritte gab es bei der Verabschiedung grundlegender Rechtsvorschriften und der Stärkung der Humanressourcen. Die Mechanismen zur Verkürzung von

Gerichtsverfahren, für eine wirksame Durchsetzung von Gerichtsentscheidungen und den verbesserten Zugang der Bürgerinnen und Bürger zum Recht sind verbessert und verstärkt worden. Die Kapazitäten müssen aber noch ausgebaut werden. Dies gilt insbesondere für die Mechanismen zur Bekämpfung von Betrug und Korruption. Die meisten Beitrittsländer haben Strategien zur Korruptionsbekämpfung entwickelt und die hierfür zuständigen Behörden verstärkt. Die Gesetzgebung wurde weiter ausgebaut und Anstrengungen zur Sensibilisierung für dieses Thema unternommen. Wichtig sind in diesem Zusammenhang die vielversprechenden Entwicklungen, die in bezug auf Transparenz, Rechenschaftspflicht und Effizienz öffentlicher Verwaltungen festgestellt wurden.

2. Gegenseitige Anerkennung von Entscheidungen - die Schutzklausel

Die Schlussfolgerungen des Gipfels von Tampere haben dic Notwendigkeit zur Schaffung eines europäischen Rechtsraums hervorgehoben, in dem die Bürger sich in jedem anderen Mitgliedstaat genauso einfach wie in ihrem eigenen Staat an die Gerichte und Behörden wenden können. Für die Einrichtung eines gemeinsamen Rechtsraums ist gegenseitiges Vertrauen in die Rechtssysteme anderer Länder *conditio sine qua non*. Hier ist der Grundsatz der gegenseitigen Anerkennung ein wesentliches Element. Dies gilt sowohl für die Zusammenarbeit in Zivil- als auch in Strafsachen.

Im November 2002 verabschiedete der Rat der europäischen Justizminister eine spezielle „Justiz-Schutzklausel", die in den Beitrittsvertrag aufgenommen wurde. Die Schutzklausel ermöglicht es den alten Mitgliedstaaten, in einem Zeitraum von drei Jahren nach dem Inkrafttreten des Beitrittsvertrages geeignete Maßnahmen zu treffen, sofern ein schwerwiegender Verstoß oder die Gefahr eines schwerwiegenden Verstoßes bei der Anwendung oder Umsetzung von EG/EU-Rechtsinstrumenten zur gegenseitigen Anerkennung besteht. Diese Maßnahmen können darin bestehen, dass die Anwendung dieser Rechtsinstrumente gegenüber den neuen Mitgliedstaaten zeitweilig außer Kraft gesetzt wird. Die Schutzklausel tritt mit dem ersten Tag des Beitritts in Kraft, kann aber bereits vor Beitritt auf der Grundlage von Überwachungsberichten angewandt werden. Zuständig für die Anwendung der Schutzklausel ist die Europäische Kommission, die entweder auf begründeten Vorschlag eines EU-15 Mitgliedsstaats oder aus eigener Initiative und nach Konsultation der Mitgliedsstaaten tätig werden kann. Es ist davon auszugehen, dass die Kommission die Schutzklausel nur auf der Grundlage begründeter Unzulänglichkeiten bei der Umsetzung von Instrumenten zur gegenseitigen Anerkennung anwenden dürfte. Die Schutzklausel ist nicht Ausdruck fehlenden Vertrauens in die Arbeit der Gerichte der Beitrittsländer. Ihre Einführung beruht auf der Tatsache, dass die Mitgliedsstaaten bislang nicht die Möglichkeit hatten, das gleiche Erfahrungsniveau, das sie untereinander in bezug auf die gegenseitige Anerkennung gewonnen haben, mit den Beitrittsländern aufzubauen. Der strafrechtliche Bereich ist besonders heikel, da er einschneidende Auswirkungen auf Grundrechte von Personen haben kann. Der Ministerrat hat darüber hinaus entschieden, die Schutzklausel auf die justizielle Zusammenarbeit in Zivilsachen auszudehnen. Diese Entscheidung ist im Hinblick auf die sehr ehrgeizige Reichweite des Grundsatzes der gegenseitigen Anerkennung in Zivilsachen zu sehen. So sind Gerichte auf der Grundlage der sog. „Brüssel I Verordnung“[6] u. U. verpflichtet, Urteile über sehr hohe Entschädigungssummen anzuerkennen. Auch die von der „Brüssel II Verordnung“[7] erfassten Tatbestände, wie die Anerkennung der elterlichen Sorge, können weitreichende Folgen haben.

---

6 Verordnung über die gerichtliche Zuständigkeit und die Anerkennung und Vollstreckung von Entscheidungen in Zivil- und Handelssachen, s. Fn. 4.

7 Verordnung über die Zuständigkeit und die Anerkennung und Vollstreckung von Entscheidungen in Ehesachen und in Verfahren betreffend die elterliche Verantwortung für die gemeinsamen Kinder der Ehegatten, s. Fn. 4.

3. Der Schengen Acquis – Binnen- und Außengrenzen

Die Übernahme des sog. *Schengen Acquis* ist möglicherweise das sichtbarste Element einer europäischen Innen- und Justizpolitik. Der *Schengen Acquis* besteht aus zwei grundlegenden Elementen: die Abschaffung der Personenkontrollen an den Binnengrenzen der Schengen-Vertragsstaaten[8] und „Ausgleichmaßnahmen“ gegen mögliche Sicherheitsdefizite auf Grund des Abbaus der Grenzkontrollen. Letztere betreffen insb. eine effiziente Kontrolle an den Außengrenzen und eine gemeinsame Visa- und Asylpolitik der Mitgliedsstaaten. Hinzu treten Maßnahmen zur polizeilichen und justiziellen Zusammenarbeit in Strafsachen sowie die Teilnahme am Schengener Informationssystem (SIS), der europäischen Datenbank zum Zwecke der Personen- und Sachfahndung.

Die vollständige Umsetzung des Schengen-Besitzstandes für die Beitrittsländer muss und wird in zwei Etappen erfolgen: erstens Beitritt und zweitens Aufhebung der neuen EU-Binnengrenzen, der jetzigen Außengrenzen. Der Wegfall der jetzigen EU-Außengrenzen hängt maßgeblich davon ab, ob das Beitrittsland in der Lage ist, vollständig die Sicherheit der zukünftigen Außengrenzen zu gewährleisten. Der Grenzschutz mit allen zukünftigen Anrainerstaaten muss ein sehr hohes Niveau haben. Die Kandidatenländer müssen u.a. gewährleisten, dass Personen Grenzen nur an offiziellen Grenzübergängen überschreiten, dass alle Personen, welche die Grenze passieren im Besitz gültiger Dokumente sind, und dass diese Dokumente mit angemessener Ausrüstung von spezialisierten und ausgebildeten Fachleuten überprüft werden. Die Sicherheit der Außengrenzen der Union ist ein wesentliches Anliegen der Bürgerinnen und Bürger. Die Außengrenzen werden als das Element angesehen, dass die innere Sicherheit in den Mitgliedsstaaten besonders gefährdet, insb. in einem Raum ohne Binnengrenzen. Hier müssen vertrauensbildende Maßnahmen etabliert werden. Auch wenn die Aufhebung der jetzigen Außengrenzen nicht automatisch mit dem Beitritt vollzogen werden wird, hielt es die Europäische Kommission für erforderlich, dass alle die

---

8 Das Vereinigte Königreich und Irland sind nicht durch den Schengen-Besitzstand gebunden, allerdings gelten eine Reihe von Bestimmungen betreffend die justizielle und polizeiliche Zusammenarbeit. Im Hinblick auf Dänemark gilt das Protokoll über die Position von Dänemark zum Amsterdamer Vertrag.

Vorschriften des *Schengen Acquis*, die nicht in unmittelbarem Zusammenhang mit der Aufhebung der Binnengrenzen stehen, unmittelbar mit Beitritt von den neuen Mitgliedsländern anzuwenden sind. Hierzu zählen insb. die Regeln über die Zusammenarbeit in Strafsachen und die meisten Vorschriften im Bereich der polizeilichen Zusammenarbeit.

Die Kontrollen an den zukünftigen Binnengrenzen werden erst zu einem späteren Zeitpunkt nach dem Beitritt wegfallen. Dies ist kein Novum der bevorstehenden Erweiterung, sondern war bereits in der Vergangenheit, so in jüngerer Zeit mit dem Beitritt von Österreich, Schweden und Finnland der Fall. Ein entsprechender Beschluss des Ministerrates muss für jeden neuen Mitgliedsstaat auf Grund einer eingehenden Evaluierung getrennt ergehen. Die Teilnahme der Beitrittsländer am Schengener Informationssystem ist ein sehr wichtiger Aspekt in diesem Zusammenhang. Die Kapazität des derzeitigen SIS reicht für nicht mehr als 18 Teilnehmerstaaten aus. Aus diesem Grund ist die Entwicklung eines Schengener Informationssystems der zweiten Generation (SIS II) erforderlich. Dieses soll nach gegenwärtigen Planungen Ende 2005/Anfang 2006 operationell sein.

IV. SCHLUSSBEMERKUNG

Damit die Erweiterung Europas Realität wird, hatten und haben die Bürgerinnen und Bürger in Mittel- und Osteuropa eine einzigartige Umwandlung ihrer Gesellschaft unternommen. Über einen relativ kurzen Zeitraum ist es 10 Beitrittsländern gelungen, bemerkenswerte Reformen zu unternehmen, um die Integration in die Europäische Union Wirklichkeit werden zu lassen. Die Verhandlungen mit den Beitrittsländern im Bereich Justiz und Inneres haben sich trotz der hohen Komplexität des Kapitels 24 als besonders konstruktiv erwiesen. Dies ist ein sehr guter Erfolg. Die Übernahme des Besitzstandes ist jedoch nur ein Teil des Beitrittsprozesses. Die konkrete und vollständige Umsetzung ist ebenso wichtig. Gerade sie schafft das Vertrauen, das für die Akzeptanz des Beitritts nötig ist.

ANDREAS STEIN, BRÜSSEL*

Neuere Entwicklungen bei der gegenseitigen Anerkennung und Vollstreckung von zivilrechtlichen Urteilen in Europa

INHALT

* Der Autor ist Beamter der Europäischen Kommission in der Generaldirektion Justiz und Inneres, Abteilung 'Justizielle Zusammenarbeit in Zivilsachen'. Er gibt ausschließlich seine persönliche Auffassung wieder.

I. EINLEITUNG

Mit dem Inkrafttreten des Vertrages von Amsterdam zur Änderung des Vertrages über die Europäische Union, der Verträge zur Gründung der Europäischen Gemeinschaften sowie einiger damit zusammenhängender Rechtsakte[1] am 1. Mai 1999 ist die justizielle Zusammenarbeit in Zivilsachen vergemeinschaftet worden. Im Rahmen des Auftrags zur Schaffung eines „Raumes der Freiheit, der Sicherheit und des Rechts" ist die EU ermächtigt worden, insbesondere die in Artikel 65 EGV genannten Gebiete der justiziellen Zusammenarbeit in Zivilsachen zu regeln, soweit sie einen grenzüberschreitenden Bezug aufweisen und für das reibungslose Funktionieren des Binnenmarktes erforderlich sind. Die nicht abschließende Aufzählung des Artikel 65 EGV umfasst unter anderem die Materie der Anerkennung und Vollstreckung gerichtlicher und außergerichtlicher Entscheidungen in Zivil- und Handelssachen. In letzterem Bereich hat der Gemeinschaftsgesetzgeber durch den Erlass der Verordnung (EG) Nr. 44/2001 des Rates vom 22. Dezember 2000[2], der sogenannten Europäische Gerichtsstands- und Vollstreckungsverordnung (EuGVVO), Gebrauch von seiner neu gewonnenen Kompetenz gemacht. Diese Verordnung, die am 1. März 2002 in Kraft getreten ist und in den neuen Mitgliedstaaten ab ihrem Beitritt unmittelbar anwendbar sein wird, bringt einige Neuerungen bei der gegenseitigen Anerkennung und Vollstreckung von zivilrechtlichen Urteilen mit sich, deren Grundzüge in diesem Beitrag erläutert werden sollen. Um den Neuheitswert der EuGVVO einordnen und die Entwicklungstendenzen aufzeigen zu können, ist es allerdings unumgänglich, zunächst (unter II) auf ihren „Rechtsvorgänger", des Europäischen Gerichtsstands- und Vollstre-

---

1 BGBl. 1999 II 296.
2 ABl. EG 2001, L 12/1.

ckungsübereinkommens vom 27. September 1968[3] (EuGVÜ) einzugehen, einen völkerrechtlichen Vertrag zwischen den EU-Mitgliedstaaten auf der Basis von Artikel 293 EGV, das weithin zu den weltweit erfolgreichsten Übereinkommen im Bereich des internationalen Zivilverfahrensrechts gezählt wird. Im Anschluss hieran werden (unter III.) die wesentlichen durch die EuGVVO herbeigeführten Änderungen skizziert, bevor (unter IV.) ein abschließender Ausblick auf die in näherer Zukunft zu erwartenden Fortentwicklungen erfolgt.

II. DER AUSGANGSPUNKT – DAS EUROPÄISCHE GERICHTSSTANDS- UND VOLLSTRECKUNGSÜBEREINKOMMEN VOM 27. SEPTEMBER 1968 (EUGVÜ)

1. Die Anerkennung von Urteilen

Die Anerkennung von Urteilen eines anderen Mitgliedstaates erfolgt nach Artikel 26 I EuGVÜ automatisch, also ohne dass es hierfür eines besonderen Anerkennungsaktes bedürfte. Dieser Grundsatz darf allerdings nicht dahingehend missverstanden werden, alle Urteile aus anderen Mitgliedstaaten seien unterschiedslos anzuerkennen. Das Übereinkommen formuliert eine Reihe von Anerkennungsvoraussetzungen negativ in Form von Anerkennungshindernissen. Das Prinzip der automatischen Anerkennung beschränkt sich daher auf die Entbehrlichkeit einer gesonderten gerichtlichen Entscheidung hierüber. Dies hat praktisch zur Folge, dass jedes Gericht und jede Verwaltungsbehörde, für deren Entscheidung die Frage der Anerkennung von Bedeutung ist, hierüber von Fall zu Fall als Vorfrage inzident und ohne Bindungswirkung für etwaige nachfolgende Verfahren zu entscheiden hat. Allerdings stellt Artikel 26 II fakultativ ein für alle Mitgliedstaaten einheitliches Feststellungsverfahren zur Verfügung, mit dem eine rechtskraftfähige Entscheidung darüber erlangt werden kann, ob die Wirkungen des erststaatlichen Urteils im Zweitstaat zu beachten sind oder nicht[4]. Da zur Ausgestaltung dieses Feststellungs-

---

3 Konsolidierte Fassung ABl. EG 1998, C 27/1.

4 Ein Bedürfnis nach einer solchen Entscheidung kann etwa dann bestehen, wenn ein Urteil in einem Mitgliedstaat die Verpflichtung zum Ersatz aller aus einem Verkehrsunfall noch entstandener und noch entstehender Gesundheitsschäden feststellt, aber bei zu erwartenden Folgeprozessen in einem anderen Mitgliedstaat

verfahrens umfassend auf die Vorschriften zum Vollstreckbarerklärungsverfahren verwiesen wird und auch die Anerkennungshindernisse im gleichen Masse im Vollstreckbarerklärungsverfahren zu berücksichtigen sind, kann insoweit auf die nachfolgenden Ausführungen Bezug genommen werden.

2. Das Verfahren der Vollstreckbarerklärung

a) Die Antragstellung

Anders als bei der Anerkennung setzt die Vollstreckung eines Urteils in einem anderen Mitgliedstaat zwingend eine gerichtliche Entscheidung im Staat, in dem die Zwangsvollstreckung betrieben werden soll, voraus, die das Urteil auf dem Territorium des Zweitstaates für vollstreckbar erklärt. Dieses sogenannte Exequaturverfahren ist, einschließlich der Bestimmung der in den einzelnen Mitgliedstaaten hierfür sachlich zuständigen Gerichte, im EuGVÜ einheitlich geregelt.

Das Verfahren wird eingeleitet durch einen Antrag, dem eine Reihe von Dokumenten beigefügt werden muss, so in jedem Falle eine Ausfertigung der zu vollstreckenden Entscheidung (Artikel 46 Nr. 1) und die Urkunden, aus denen sich ergibt, dass diese Entscheidung nach dem Recht des Ursprungsstaat vollstreckbar und dass sie dem Urteilsschuldner zugestellt worden ist (Artikel 47 Nr. 1). Bei der Vollstreckbarerklärung einer Versäumnisentscheidung ist zudem eine Urkunde vorzulegen, aus der sich ergibt, dass das den Rechtsstreit einleitende Schriftstück der säumigen Partei zugestellt worden ist (Artikel 46 Nr. 2)[5].

b) Die Entscheidung über den Antrag

Wenn die entsprechenden Nachweise vorliegen, hat das zuständige Gericht unverzüglich über den Antrag auf Vollstreckbarerklärung zu entscheiden. Das dieser Entscheidung vorausgehende Verfahren ist durch zwei grundlegende Charakteristika geprägt.

---

die Gefahr besteht, die unterlegene Partei könne sich jeweils auf die fehlende Anerkennbarkeit des Feststellungsurteils berufen.

5 Die Vorlage einer Übersetzung dieser Dokumente ist nach Artikel 48 II nicht zwingend, sondern nur auf Verlangen des Exequaturgerichts erforderlich.

Zum einen wird der gegnerischen Partei, also dem Urteilsschuldner, gemäß Artikel 34 I in erster Instanz keinerlei Gelegenheit eingeräumt, sich zu äußern. Die Exequatur-Entscheidung ergeht mit anderen Worten *ohne rechtliches Gehör des Antragsgegners*, eine Verfahrenskonstruktion, die offensichtlich der Beschleunigung dient. Sofern das ausländische Urteil für vollstreckbar erklärt wird, hat der hiervon betroffene Urteilsschuldner erstmals im ebenfalls zentral geregelten Rechtsbehelfsverfahren die Möglichkeit, seinerseits der Vollstreckbarerklärung, im wesentlichen durch die Geltendmachung von Anerkennungsverweigerungsgründen, entgegenzutreten.

Zum anderen hat aber das erstinstanzliche Gericht nach Artikel 34 II *von Amts wegen das Vorliegen von Anerkennungshindernissen* zu überprüfen[6] und übernimmt somit eine gewisse Schutzfunktion für den nicht angehörten Antragsgegner, auch wenn in der Praxis fraglich sein dürfte, inwieweit es diese Rolle angesichts der begrenzten ihm zur Verfügung stehenden Informationsquellen auszufüllen vermag, soweit sich ein Anerkennungshindernis nicht geradezu aufdrängt.

Gegen die erstinstanzliche Entscheidung über den Antrag auf Vollstreckbarerklärung steht der unterlegenen Partei ein fristgebundener Rechtsbehelf zur Verfügung, gegen die daraufhin getroffene Entscheidung ist ein weiteres Rechtsmittel, in Deutschland die Rechtsbeschwerde zum Bundesgerichtshof, möglich.

Vor der Befassung mit den Gründen für die Verweigerung der Vollstreckbarerklärung soll klarstellend hervorgehoben werden, dass das EuGVÜ für die Verleihung der Exequatur nicht etwa die Rechtskraft des Ursprungsurteils, sondern lediglich dessen Vollstreckbarkeit voraussetzt. Dem Risiko der vorschnellen Befriedigungsvollstreckung einer vorläufig vollstreckbaren Entscheidung nach einem *ex parte* Exequaturverfahren wirkt das Übereinkommen durch einen recht komplexen Sicherungsmechanismus eigener Art entgegen. Solange die Frist für den Rechtsbehelf gegen die Vollstreckbarerklärung nicht abgelaufen bzw. im Falle der Einlegung eines Rechtsbehelfs hierüber in zweiter Instanz entschieden worden ist, darf nach Artikel 39 die Zwangsvollstreckung nicht über

---

6 Dies ergibt sich aus dem Wortlaut der Artikel 27 und 28 („Eine Entscheidung wird nicht anerkannt, wenn ...") und dem Verweis auf diese Vorschriften in Artikel 34 II. Vgl. hierzu *Wagner, Vom Brüsseler Übereinkommen über die Brüssel I-Verordnung zum Europäischen Vollstreckungstitel*, IPRax 2002, 75, 79.

Sicherungsmaßnahmen hinausgehen, d.h. nicht zur Befriedigung des Urteilsgläubigers führen. Das Rechtsbehelfsverfahren selbst kann nach Artikel 38 auf Antrag ausgesetzt werden, wenn gegen die für vollstreckbar erklärte Entscheidung im Ursprungsstaat ein ordentlicher Rechtsbehelf eingelegt worden ist.

3. Die Gründe für die Versagung der Vollstreckbarerklärung

Wie bereits erwähnt, wird im Rahmen der Regelung der Verweigerungsgründe für die Exequatur umfassend Bezug genommen auf den Katalog der Anerkennungshindernisse in den Artikeln 27 und 28 EuGVÜ. Es ist im Rahmen dieses Beitrags nur möglich, einige zentrale Grundsätze aufzuzeigen und sich auf den in der Praxis mit Abstand bedeutsamsten Versagungsgrund zu konzentrieren.

a) Die beschränkte Überprüfung der internationalen Zuständigkeit des Ursprungsgerichts

Das EuGVÜ errichtet zwar neben den Regeln zur Anerkennung und Vollstreckung auch eine einheitliche europäische Zuständigkeitsordnung. Es verzichtet zugleich aber auf die Nachprüfungsmöglichkeit der Einhaltung der Vorschriften zur internationalen Zuständigkeit im Anerkennungs- bzw. Vollstreckungsverfahren. Prinzipiell muss das Urteil eines Mitgliedstaates also in einem anderen Mitgliedstaat anerkannt und vollstreckt werden, auch wenn sich das Ursprungsgericht etwa unter Missachtung der Vorschriften des EuGVÜ fehlerhaft für international zuständig gehalten haben sollte. Da entsprechende Einwände dem Beklagten im Vollstreckbarerklärungsverfahren abgeschnitten sind, ist er dazu angehalten, sich auch im Falle einer von ihm angenommenen internationalen Unzuständigkeit vor dem Erstgericht zumindest hierzu einzulassen; auf eine spätere Geltendmachung im Exequaturverfahren kann er sich nicht mehr zurückziehen.

Von dieser Regel der Erweiterung der Gerichtspflichtigkeit des Beklagten wird allerdings in zwei verschiedenen Fallgruppen eine wichtige Ausnahme gemacht.

Zum einen bleibt die Unzuständigkeit des Ursprungsgericht nach Artikel 28 EuGVÜ ein Anerkennungshindernis dann, wenn die Zuständigkeitsnormen den Schutz sozial strukturell unterlegener und damit in besonderem Masse schutzbedürftiger Parteien bezwecken und es vor diesem Hintergrund als unzumutbar erscheint, ihnen die Verteidigung mit dem Einwand fehlender Zuständigkeit des Erstgerichts im Verfahren zur Vollstreckbarerklärung zu versagen. Diese Konstellation ist bei *Versicherungs- und Verbrauchersachen* gegeben.

Zweitens bleibt die Überprüfung der internationalen Zuständigkeit im Exequaturverfahren möglich, sofern es um die in Artikel 16 niedergelegten Regeln zur *ausschließlichen Zuständigkeit*[7] geht, deren Einhaltung durch die Wertung des EuGVÜ ein besonders hoher Rang verliehen wurde und daher bei aller Erleichterung der grenzüberschreitenden Vollstreckung als unerlässlich angesehen wird.

b) Der Verstoß gegen die öffentliche Ordnung des Anerkennungsstaates

Das in Artikel 27 Nr. 1 EuGVÜ genannte Anerkennungshindernis der Unvereinbarkeit der Anerkennung der ausländischen Entscheidung mit dem *ordre public* des Zweitstaates zeichnet sich aus durch die Verbindung hoher politischer Sensibilität - schließlich gilt es hier zumindest vermeintlich, die Souveränitätsrechte des Anerkennungsstaates zu schützen – mit verschwindend geringer praktischer Relevanz.

So wird der *ordre public* Einwand zwar nicht selten erhoben, er führt aber infolge der sehr restriktiven Rechtsprechung des EuGH und, darauf fußend, der mitgliedstaatlichen Gerichte so gut wie nie zum Erfolg. In der Bundesrepublik Deutschland etwa ist seit Inkrafttreten des EuGVÜ gerade einmal drei Urteilen aus anderen Mitgliedstaaten aufgrund einer Unvereinbarkeit mit der öffentlichen Ordnung die Vollstreckung versagt geblieben[8].

Innerhalb der Kategorie der Verstöße gegen die öffentliche Ordnung, die Anlass zur Verweigerung der Anerkennung und Vollstreckung nur bieten kann, wenn letztere mit den Wertungen der heimischen Rechtskultur schlechterdings untragbar erschiene, ist zwischen zwei verschie-

---

7 Etwa der Gerichtsstand der Belegenheit für Klagen mit dinglichen Rechten an unbeweglichen Sachen oder der Miete oder Pacht von unbeweglichen Sachen als Streitgegenstand, Artikel 16 Nr. 1 a.

8 *Schlosser, EU-Zivilprozessrecht*, 2. Aufl., Art. 34 – 36 EuGVVO, Rz. 2. Auch in diesen Fällen war die Berechtigung z.T. stark umstritten; vgl. etwa zu BGHZ 123, 268 *Geimer/Schütze, Europäisches Zivilverfahrensrecht*, Art. 27, Rz. 15.

denen Untergruppen zu unterscheiden. Der *materiell-rechtliche ordre public*, also eine Anerkennungsverweigerung aufgrund grundlegend fremdartiger Wertungen des im Urteilsstaat angewandten materiellen Rechts, kann als eine in der Praxis zwischen EU-Mitgliedstaaten heute kaum noch vorstellbare Fallkonstellation bezeichnet werden[9].

Etwas anders verhält es sich mit dem *verfahrensrechtlichen ordre public*, der dann einschlägig werden kann, wenn im Prozess im Ursprungsstaat derart grobe Pannen aufgetreten sind, etwa durch die Verweigerung rechtlichen Gehörs, dass im Endeffekt nicht davon ausgegangen werden kann, dass die Entscheidung in einem geordneten rechtsstaatlichen Verfahren ergangen ist. Derartige Konstellationen sind in Einzelfällen immer denkbar. Eine gewisse „Renaissance“ hat der verfahrensrechtliche *ordre public* in jüngster Vergangenheit etwa durch die *Krombach* – Entscheidung des EuGH[10] erhalten. Im zugrundeliegenden Fall war ein deutscher Arzt aufgrund des Todes einer von ihm behandelten französischen Patientin trotz persönlicher Ladung zur in Frankreich anberaumten Verhandlung sowohl im Strafverfahren als auch im zivilrechtlichen Adhäsionsverfahren nicht erschienen, wollte sich jedoch anwaltlich vertreten lassen. In Anwendung der einschlägigen Norm der französischen Strafprozessordnung durften die Rechtsanwälte des Angeklagten nicht gehört werden, der wegen vorsätzlicher Körperverletzung mit Todesfolge zu einer hohen Freiheitsstrafe sowie zivilrechtlich zu einer Schadensersatzzahlung erheblichen Umfangs verurteilt wurde. Die eklatante Versagung rechtlichen Gehörs wurde zwar vom EuGH als möglicher Anwendungsfall einer Verweigerung der Vollstreckbarerklärung ausdrücklich anerkannt. Es muss jedoch in Rechnung gestellt werden, dass es im Bereich des Verfahrensrecht im Grunde bereits einen gemeineuropäischen *ordre public* in Form des in Artikel 6 EMRK, der alle Mitgliedstaaten bindet, verbürgten Rechts auf ein faires Verfahren gibt, so dass sich eine Anerkennungsversagung weniger aus der Verschiedenartigkeit der Auffassungen zu elementaren Fragen der öffentlichen Ordnung im prozessualen Bereich zwischen Mitgliedstaaten ergeben kann als vielmehr alleine aus der Unvereinbarkeit einzelner nationaler Regelungen oder Praktiken mit den einheitlichen Anforderungen, die Artikel 6 EMRK stellt.

---

9 So ausdrücklich *Schlosser*, a.a.O., Art. 34 – 36, Rz. 2.

10 Rechtssache C-7/98, Urteil vom 28. März 2000, Slg. Rspr. 2000, S. I-01935.

c) Zustellungsmängel im Zusammenhang mit Säumnisentscheidungen

Unbestritten ist Artikel 27 Nr. 2 EuGVÜ der Anerkerkennungshinderungsgrund von mit weitem Abstand größter praktischer Bedeutung. Er verbietet die Anerkennung und Vollstreckung, wenn einem Beklagten, der sich auf das Verfahren nicht eingelassen hat, das dieses Verfahren einleitende Schriftstück oder ein gleichwertiges Schriftstück nicht ordnungsgemäß und nicht so rechtzeitig zugestellt worden ist, dass er sich hätte verteidigen können.

Die Zielrichtung dieser Regelung ist ebenso einfach wie einleuchtend. In Verfahren, in denen ein Urteil erlassen wird, ohne dass sich der Beklagte darauf eingelassen hätte, in Deutschland also hauptsächlich bei Versäumnisurteilen oder bei im Mahnverfahren ergangenen Entscheidungen, wird der Passivität des Beklagten in aller Regel ein Wert beigemessen, der auf die stillschweigende Anerkennung entweder des geltend gemachten Anspruchs oder aber der vom Kläger aufgestellten Behauptungen hinausläuft. Dies ist nur haltbar, wenn es infolge der Zustellung des verfahrenseinleitenden Schriftstücks dem Beklagten möglich gewesen wäre, sich gegen das Begehren des Klägers zur Wehr zu setzen und ihm demzufolge das Fernbleiben vom Verfahren als, aus welchen Gründen auch immer, bewusst getroffene Entscheidung zugerechnet werden kann.

Nichtsdestotrotz hat die inhaltliche Ausgestaltung dieses Anerkennungshindernisses und seine streng wortgetreue Auslegung durch den EuGH zur Folge gehabt, dass er auch in Fällen zur Verweigerung der Vollstreckbarerklärung führen musste, in denen dies kaum geboten erschien und die Regelung damit entgegen der Zielsetzung des EuGVÜ eine eher anerkennungsfeindliche Tendenz entwickelte. Dies lässt sich insbesondere auf die folgenden Erfordernisse des Artikel 27 Nr. 2 zurückführen.

Zunächst fordert diese Vorschrift die *ordnungsgemäße* Zustellung des verfahrenseinleitenden Schriftstücks an den Beklagten, die nur gewährleistet ist, wenn das Zustellungsrecht des Urteilsstaates eingehalten worden ist. Aus dieser Verknüpfung ergibt sich, dass die Anerkennung und Vollstreckung etwa bei Fehlern formaler Natur nach dem Recht des Ursprungsstaates auch dann verweigert werden muss, wenn im Ergebnis feststeht, dass der Beklagte das Dokument so rechtzeitig erhalten hat, dass es ihm ohne weiteres möglich gewesen wäre, sich gegen die Klage zur Wehr zu setzen[11].

Erschwerend kommt zweitens hinzu, dass es im Hinblick auf Artikel 27 Nr. 2 ausschließlich und abschließend auf die *Zustellung des verfahrenseinleitenden Schriftstücks* ankommt und somit spätere prozessuale Entwicklungen zwangsläufig für die Anerkennung und Vollstreckung keine Rolle mehr spielen können. Wenn also beispielsweise eine Klagschrift nicht im Einklang mit dieser Vorschrift, etwa zu spät, um eine Verteidigung zu erlauben, zugestellt worden und ein Versäumnisurteil ergangen ist, so bleibt es für die Anerkennung und die Vollstreckbarerklärung ohne Auswirkung, wenn die Entscheidung selbst in jeder Hinsicht vorbildlich an den Beklagten zugestellt worden ist. Trotz voller Kenntnis des Versäumnisurteils ist der Beklagte insbesondere nicht gehalten, Rechtsmittel gegen die Säumnisentscheidung einzulegen. Er kann vielmehr auf die Möglichkeit, sich durch einen Rechtsbehelf noch rechtliches Gehör zu verschaffen, getrost verzichten und sich darauf verlassen, dass das Urteil schon wegen des ursprünglichen Zustellungsfehlers nicht anerkennungsfähig sein wird. Der EuGH hat sich insoweit auf der Grundlage des Wortlauts des EuGVÜ sicher konsequent auf den Standpunkt gestellt, dass die Verteidigungsmöglichkeit gegen eine Klage von Prozessbeginn an, die Schutzzweck der Regelung ist, nicht mit der Gelegenheit gleichgesetzt werden kann, nachträglich ein Rechtsmittel gegen die ergangene Entscheidung einzulegen[12].

---

11 Vgl. etwa die Entscheidung des EuGH in der Rechtssache C-305/88 – Lancray/Peters – Urteil vom 3.7.1990, Slg. Rspr. 1990, S. I 2725; hier hatte die Beklagte, eine deutsche GmbH, die Klageschrift unbestritten rechtzeitig erhalten, sie wurde allerdings, da der Geschäftsführer in den Geschäftsräumen nicht anzutreffen war, einem Mitarbeiter übergeben, was nach deutschem Zustellungsrecht nicht korrekt war.

12 Rechtssache C-123/91 – Minalmet/Brandeis – Urteil vom 12.11.1992, Slg: Rspr. 1992, S. I-05661.

III. DIE FORTENTWICKLUNG – DIE EUROPÄISCHE GERICHTSSTANDS- UND VOLSTRECKUNGSVERORDNUNG VOM 22. DEZEMBER 2000 (EUGVVO)

Vor dem Hintergrund der soeben skizzierten Charakteristika lässt sich nunmehr aufzeigen, in welchen Bereichen und in welchem Umfang durch die EuGVVO Änderungen des zwischen den EU-Mitgliedstaaten geltenden Anerkennungs- und Vollstreckungsregimes eingetreten sind.

Es kann insoweit bereits vorausgeschickt werden, dass das System des EuGVÜ nicht revolutioniert oder in seinen Grundfesten erschüttert, sondern eher behutsam fortgeschrieben worden ist[13]. Kennzeichnend für die Reformbemühungen ist sichtlich das Bestreben, durch das Drehen an einigen Stellschrauben dafür zu sorgen, dass der im großen und ganzen als bewährt und erfolgreich angesehene Mechanismus des EuGVÜ noch reibungsloser und schneller ablaufen soll als bisher.

1. Die Anerkennung von Urteilen

Das oben geschilderte Anerkennungssystem, nunmehr geregelt in Artikeln 33 ff. EuGVVO, ist inhaltlich mit Ausnahme des Katalogs der Anerkennungshindernisse, auf den noch im Hinblick auf die Versagung der Vollstreckbarerklärung näher eingegangen wird, gänzlich unverändert geblieben.

2. Das Verfahren der Vollstreckbarerklärung

a) Die Antragstellung

Hier ist zunächst darauf hinzuweisen, dass einige auf Anhieb nebensächlich erscheinende, in der Praxis allerdings nicht ganz unbedeutende Vereinfachungen hinsichtlich der vom Antragsteller vorzulegenden Urkunden eingetretenen sind. Statt einer Mehrzahl von Dokumenten, die im Falle eines diesbezüglichen Verlangens des Exequaturgerichts allesamt unter in der Regel nicht unerheblichem Kostenaufwand zu übersetzen waren, ist nunmehr im Grundsatz gemäß Artikel 53 nur noch

---

13 *Geimer, Salut für die Verordnung (EG) Nr. 44/2001 (Brüssel I-VO)*, IPRax 2002, S. 69, 73, schätzt die Reformen als „sehr bescheiden und über die Maßen zurückhaltend“ ein.

waren, ist nunmehr im Grundsatz gemäß Artikel 53 nur noch die Einreichung einer Ausfertigung der für vollstreckbar zu erklärenden Entscheidung erforderlich. Dieser ist allerdings nach Artikel 53 II, 54 das ausgefüllte, im Anhang V zur EuGVVO enthaltene standardisierte Formblatt beizufügen, aus dem sich die wesentlichen für die Vollstreckbarerklärung relevanten Umstände ergeben, so insbesondere auch die Vollstreckbarkeit des Urteils nach dem Recht des Ursprungsstaates und im Falle einer Säumnisentscheidung das Datum der Zustellung des verfahrenseinleitenden Schriftstücks an den Beklagten. Die Zustellung des Urteils selbst muss nach der EuGVVO nicht mehr nachgewiesen werden, ist also irrelevant, soweit sie nicht ihrerseits nach dem nationalen Recht des Urteilsstaates Voraussetzung der Vollstreckbarkeit ist. Neben der Verringerung der nachzuweisenden und ggf. zu übersetzenden Urkunden hat die Einführung eines standardisierten Formblattes ferner die erwünschte Konsequenz, dass das mit dem Exequaturverfahren befasste Gericht sich häufig auch bei fehlenden Sprachkenntnissen aufgrund der Vergleichsmöglichkeit mit dem Formular in der eigenen Sprache und der Knappheit und Übersichtlichkeit der einzutragenden Informationen – hauptsächlich handelt es sich hier um Namen, Adressen und Ziffern – ein Bild machen kann, so dass kostspielige Übersetzungen auf ein Minimum reduziert werden oder gar ganz entfallen können.

b) Die Entscheidung über den Antrag

Eine nicht unerhebliche Änderung für die erstinstanzliche Entscheidung ergibt sich hinsichtlich des Prüfungsumfangs des Exequaturgerichts. Während auch weiterhin dem Urteilsschuldner in diesem Verfahrensstadium kein rechtliches Gehör gewährt wird, fällt darüber hinaus die amtswegige Kontrolle von Versagungsgründen völlig weg. Im Gegenteil sieht Artikel 41 explizit vor, dass nur noch die soeben umrissenen Förmlichkeiten laut Artikel 53 zu überprüfen sind und bei Erfüllung der entsprechenden Voraussetzungen die Vollstreckbarerklärung unverzüglich zu erfolgen hat, *ohne dass eine Prüfung der Anerkennungshindernisse nach den Artikel 34 und 35 erfolgen darf.* Die Anerkennungshindernisse können also ausschließlich vom Schuldner im Rechtsbehelfsverfahren geltend gemacht werden und ggf. zur Aufhebung der Exequaturentscheidung führen. Somit ist es statt der zwingenden Wahrnehmung einer gewissen Schutzfunktion durch die Gerichte durch die Prüfung der

Anerkennungs- und Vollstreckungshindernisse nunmehr einzig und allein der Eigeninitiative des Schuldners überlassen, sich auf ebendiese Versagungsgründe zu berufen und auch das erst in der Berufungsinstanz.

Die Zielrichtung dieser weiteren Verschlankung des erstinstanzlichen Verfahrens ist eindeutig. Für die überwiegende Mehrzahl der Fälle, in denen gegen die Vollstreckbarerklärung im Ergebnis keine Bedenken bestehen, soll die Erteilung beschleunigt werden, indem der Prüfungsumfang des befassten Gerichts auf ein absolutes Mindestmaß zurückgeschraubt wird. Im Hinblick auf die wenigen Problemfälle wird es als ausreichend angesehen, die Frage der Existenz von Versagungsgründen der zweiten Instanz vorzubehalten, sofern der Urteilsschuldner das Vorliegen solcher Hindernisse rügt.

Zwar ist der Schuldner wie schon nach dem EuGVÜ nach der Regelung des Artikels 47 III EuGVVO gegen vorstellbare irreparable Nachteile durch diese Verfahrensgestaltung dadurch geschützt, dass eine Befriedigungsvollstreckung jenseits von Sicherungsmaßnahmen erst zulässig ist, sobald feststeht, dass ein Rechtsbehelf gegen die Vollstreckbarerklärung nicht mehr eingelegt werden kann oder aber zweitinstanzlich darüber entschieden worden ist. Dennoch ist es der Erwähnung wert, dass beispielsweise der Einwand der Unvereinbarkeit mit dem *ordre public* des Vollstreckungsstaates, der zumindest teilweise dem Schutz unmittelbarer Staatesinteressen des Zweitstaates dient[14], insoweit gewissermaßen „privatisiert" worden ist, als seine Prüfung ohne eine entsprechende Initiative des Urteilsschuldners überhaupt nicht mehr möglich ist. Selbst in Konstellationen also, in denen der Verstoß gegen die öffentliche Ordnung des Zweitstaates dem zu vollstreckenden Urteil auf der Stirn geschrieben steht und dies dem befassten Exequaturgericht auch erkennbar ist, ist es diesem Gericht verwehrt, die Anerkennung und Vollstreckung zu versagen. Es hat keine andere Wahl, als die Vollstreckbarerklärung zu erteilen und, überspitzt formuliert, auf die Einlegung eines Rechtsbehelfs durch den Schuldner zu hoffen.

---

14 Vgl. hierzu *Wagner*, a.a.O., S. 83; zur Unterscheidung zwischen den Zwecken des Schutzes von Staatsinteressen einerseits und des Schutzes der Parteiinteressen im Rahmen des *ordre public* - Einwandes auch *Geimer/Schütze,* a.a.O., Art. 27, Rz. 53 ff., die aus dieser Unterscheidung entgegen der ganz h.M. allerdings den Schluss ziehen, bereits nach dem EuGVÜ solle eine Prüfung von Amts wegen nur bezüglich unmittelbarer Staatsinteressen stattfinden.

3. Die Gründe für die Versagung der Vollstreckbarerklärung

Wie schon die Erörterung des Katalogs der Versagungsgründe nach dem EuGVÜ auf einige wenige Teilaspekte beschränkt war, ist es auch im Hinblick auf die Neuregelung im EuGVVO aus Platzgründen kaum möglich, diesen Komplex erschöpfend zu behandeln und deutlich über die Änderung im hoch praxisrelevanten Bereich der Zustellungsprobleme im Zusammenhang mit Säumnisentscheidungen hinauszugehen. Es sei jedoch angemerkt, dass die Liste der Anerkennungshindernisse in Artikel 34 einigen Modifikationen unterworfen wurde. So wurde etwa der - in der Praxis bedeutungslose – Artikel 27 Nr. 4 EuGVÜ, der in sehr begrenztem Umfang eine kollisionsrechtliche Kontrolle ermöglichte, ganz abgeschafft. Zudem wurde durch die Neufassung des Artikels 34 Nr. 4 EuGVVO der früher nur im Verhältnis zu Nichtvertragsstaaten des EuGVÜ geregelte Prioritätsgrundsatz bei unvereinbaren Entscheidungen ausdrücklich auch auf das im EuGVÜ gar nicht angesprochene Verhältnis zu Entscheidungen aus anderen EU-Mitgliedstaaten erstreckt[15].

a) Der Verstoß gegen die öffentliche Ordnung des Anerkennungsstaates

Insoweit ist lediglich kurz darauf hinzuweisen, dass nach der Neuregelung in Artikel 34 Nr. 1 EuGVVO der Widerspruch zum *ordre public* des Vollstreckungsstaates über seine bloße Existenz hinausgehend nunmehr auch noch das Merkmal der *Offensichtlichkeit* erfüllen muss, um einen Versagungsgrund im Exequaturverfahren darstellen zu können. Es herrscht allerdings Einigkeit darüber, dass die verbale Verschärfung der Anforderungen vor dem Hintergrund der oben bereits beschriebenen äußerst restriktiven Interpretation dieser Vorschrift ohne praktische Konsequenzen bleiben wird[16] und wohl eher als Formelkompromiss im Ringen um die ursprünglich von der Europäischen Kommission vorgeschlagene gänzliche Abschaffung der *ordre public* – Kontrolle zu verstehen ist.

---

15 Damit ergibt sich indes keine Änderung der Rechtslage, da nach allgemeiner Ansicht schon die insoweit bestehende Regelungslücke des EuGVÜ durch die Anwendung des Prioritätsgrundsatzes zu schließen war; vgl. hierzu *Schlosser*, a.a.O., Art. 34 – 36 EGVVO, Rz. 26.

16 *Wagner*, a.a.O., S. 82.

b) Zustellungsmängel im Zusammenhang mit Säumnisentscheidungen

Im Rahmen dieses, jetzt in Artikel 34 Nr. 2 EuGVVO geregelten Anerkennungshindernisses hat der europäische Gesetzgeber Änderungen vorgenommen, die darauf abzielen, die Schwächen der vorherigen Fassung in Artikel 27 Nr. 2 EuGVÜ zu beseitigen und die Verweigerung der Anerkennung bzw. Vollstreckbarerklärung auf diejenigen Situationen zu beschränken, in denen der Beklagtenschutz dies als Ergebnis der Abwägung mit dem Justizgewährleistungsanspruch des Klägers tatsächlich gebietet. Vor dem Hintergrund des Umstands, dass sich der Löwenanteil der Fälle der Verweigerung einer Vollstreckbarerklärung auf diese Vorschrift stützt, dürfte es sich hierbei um die praktisch bedeutsamste Veränderung des Anerkennungs- und Vollstreckungsregimes gegenüber dem EuGVÜ handeln.

Zum einen nimmt die EuGVVO Abschied vom Erfordernis der *Ordnungsgemäßheit* der Zustellung des verfahrenseinleitenden Schriftstücks. In der Fassung der EuGVVO kommt es alleine darauf an, ob dieses Dokument dem Beklagten so rechtzeitig und *in einer Weise* zugestellt worden ist, dass er sich verteidigen konnte. Diese auf den ersten Blick nicht besonders auffällige Neufassung hat insoweit weitreichende Konsequenzen, als sie es nicht länger ermöglicht bzw. sogar dazu verpflichtet, im Exequaturverfahren die Einhaltung des nationalen Zustellungsrechts des Urteilsstaats zu überprüfen und bei jeglicher Verletzung dieses Rechts die Vollstreckbarerklärung zu verweigern. Wie schon zuvor im Rahmen des Merkmals der Rechtzeitigkeit der Zustellung kommt es jetzt insgesamt nicht mehr auf eine *rechtliche* Beurteilung (Einhaltung der Vorschriften des Erststaats), sondern auf die *tatsächliche* Frage an, ob dem Beklagten das verfahrenseinleitende Schriftstück so übermittelt worden ist, dass er eine reale und faire Chance zur Verteidigung hatte. Diese Neufassung stellt eine erhebliche Verbesserung gegenüber der bisherigen Rechtslage dar. Denn im Rahmen eines gemeinschaftsrechtlichen Anerkennungs- und Vollstreckungssystems muss es darum gehen, die Einhaltung des allen Mitgliedstaaten gemeinen, in Artikel 6 EMRK und Artikel 47 II der Europäischen Grundrechte-Charta niedergelegten Rechts auf ein faires Verfahren, hier in Form der Einräumung einer Verteidigungsmöglichkeit durch die Art und Weise der Zustellung einer Klage, zu garantieren. Keine Bedeutung hat es aus diesem Blickwinkel, ob die Subtilitäten des Zustellungsrechts des Urteilsstaates eingehalten worden sind. Dem Exequaturgericht bleibt es erspart, diesbezüglich eine vollinhaltliche und umfassende Kontrolle durchzuführen. Die Einhaltung nationalen Zustellungsrechts bleibt nunmehr den Gerichten des Erststaates vorbehalten. Sollte hierbei ein Fehler unterlaufen sein, so wirkt sich dies auf das Vollstreckbarerklärungsverfahren aus, soweit hierdurch dem Beklagten eine ausreichende Chance zur Verteidigung nach dem Maßstab des Artikel 6 EMRK entzogen worden ist. Ist dies nicht der Fall, so bleibt es dem durch Säumnisentscheidung verurteilten Beklagten natürlich unbenommen, gegen diese Entscheidung vor den Gerichten des Urteilsstaates einen, auch auf die Verletzung des Zustellungsrechts gestützten, Rechtsbehelf einzulegen. Die Vollstreckbarerklärung selbst wird dadurch indes nicht gehindert[17].

Dies führt uns auch gleich zum zweiten Aspekt der Neuregelung dieses Anerkennungshindernisses in der EuGVVO. Denn dem Artikel 34 Nr. 2 ist ein Zusatz angefügt worden, demzufolge selbst bei Erfüllung der soeben geschilderten höheren inhaltlichen Anforderungen die Vollstreckbarerklärung nicht verweigert werden kann, wenn *der Beklagte gegen die Entscheidung keinen Rechtsbehelf eingelegt hat, obwohl er die Möglichkeit dazu hatte.* Wenn also, um an den für das EuGVÜ gebildeten Beispielsfall anzuknüpfen, einem Beklagten trotz eklatanten Zustellungsfehlers bezüglich der Klagschrift das u.U. sogar in seiner gänzlich unverschuldeten Unkenntnis von der Anhängigkeit eines Verfahrens gegen ihn ergangene Versäumnisurteil so zur Kenntnis gebracht worden ist, dass er einen Rechtsbehelf dagegen hätte einlegen können, so muss er von dieser Möglichkeit Gebrauch machen, will er nicht seinen an sich begründeten Einwand gegen die Anerkennung und Vollstreckung besagten Urteils in anderen Mitgliedstaaten verlieren. In dieser Regelung spiegelt sich unter anderem auch die Tendenz wider, dem Beklagten in größerem Umfang als bisher eine Einlassung auf in anderen Mitgliedstaaten

---

17 Falls in einer derartigen Konstellation ein ordentlicher Rechtsbehelf gegen das zu vollstreckende Urteil eingelegt worden ist, hat dies auf das Exequaturverfahren die bereits oben unter II 2 b umrissene, nunmehr in den Artikeln 46 und 47 EuGVVO geregelte Auswirkung, dass das zweitinstanzliche Exequaturgericht das Rechtsbehelfsverfahren über die Vollstreckbarerklärung aussetzen kann; hinzu kommt, dass in dieser Situation die Zwangsvollstreckung im Zweitstaat bis zur zweitinstanzlichen Entscheidung über die Exequatur ohnehin über Sicherungsmaßnahmen nicht hinausgehen darf.

gegen ihn stattfindende Zivilverfahren, und sei es im Wege der Einlegung eines Rechtsbehelfs, zuzumuten.

Insgesamt lässt sich resümieren, dass die Neufassung dieses Versagungsgrundes für die Vollstreckbarerklärung eine Reduzierung des Beklagtenschutzes hinsichtlich der Zustellung des verfahrenseinleitenden Schriftstücks in Säumnissituationen zur Folge hat, allerdings in Bereichen, in denen dieser Schutz zuvor nach dem EuGVÜ in einer Weise überzogen war, die den eigentlichen Zweck dieses Übereinkommens, die Erleichterung der Anerkennung und Vollstreckung von Urteilen zwischen EU-Mitgliedstaaten, konterkarierte.

III. AUSBLICK

Es bleibt abschließend zunächst darauf hinzuweisen, dass gegenwärtig auf verschiedenen Ebenen Bemühungen im Gange sind, den faktischen Anwendungsbereich der EuGVVO durch den Abschluss völkerrechtlicher Verträge auszudehnen. Paradoxerweise ist dies notwendig, um die Anwendung dieser Verordnung auf Dänemark, also einen Mitgliedstaat zu ermöglichen. Denn aufgrund des Protokolls über die Situation Dänemarks, auf das Artikel 69 EG-Vertrag Bezug nimmt, sind Rechtsakte auf der Basis des Titels IV des EG-Vertrages, also auch die EuGVVO, für diesen Mitgliedstaat nicht bindend. Dies spiegelt sich in Artikel 1 III wider, wonach Mitgliedstaat im Sinne dieser Verordnung jeder Mitgliedstaat mit Ausnahme Dänemarks ist. Daher gilt im Verhältnis zwischen Dänemark und den anderen Mitgliedstaaten weiterhin das EuGVÜ. Die dadurch eingetretene Aufspaltung der Rechtsquellen und die inhaltlichen Diskrepanzen werden allenthalben bedauert und sollen nunmehr durch ein sogenanntes Parallelabkommen zwischen der EG und Dänemark zur Übernahme der EuGVVO überwunden werden.

Darüber hinaus wird in absehbarer Zeit auch das Lugano – Übereinkommen vom 16.9.1988[18] revidiert und inhaltlich weitgehend an die EuGVVO angepasst werden. Dieses Übereinkommen, dem gegenwärtig neben allen EU-Mitgliedstaaten und dem Beitrittskandidaten Polen die Schweiz, Norwegen und Island angehören, bezweckte ausdrücklich die Miteinbeziehung dieser Staaten in das durch die EuGVÜ geschaffene

---

[18] BGBl. 1994 II, S. 2660.

„europäische Zivilprozessrecht" und ist im Prinzip mit diesem deckungsgleich. Die Aufrechterhaltung dieses Gleichlaufs bedingt die Notwendigkeit der Anpassung an die EuGVVO. So stehen dem Abschluss eines „Lugano II – Übereinkommens" auch weniger inhaltliche Meinungsverschiedenheiten, sondern vielmehr die Beantwortung der politisch delikaten EU-internen Frage entgegen, wer für den Abschluss eines derartigen Abkommens zuständig ist, die nunmehr vom Rat dem Europäischen Gerichtshof zur Erstattung eines Gutachtens vorgelegt worden ist.

Der Überblick über das neue Recht der gegenseitigen Anerkennung und Vollstreckung von zivilrechtlichen Urteilen in Europa bliebe schließlich unvollständig ohne die Klarstellung, dass die EuGVVO keinen auch nur vorläufigen Endpunkt, sondern vielmehr ein Zwischenstadium der Entwicklung darstellt. In den Schlussfolgerungen der Sondertagung des Europäischen Rates zur Justiz- und Innenpolitik von Tampere am 15./16. Oktober 1999[19] wurden der Rat und die Kommission aufgefordert, ein Maßnahmenprogramm zur Umsetzung des Grundsatzes der gegenseitigen Anerkennung im Zivilrecht zu erarbeiten. Dieses am 24. November 2000 vom Justiz- und Innenrat angenommene Maßnahmenprogramm[20] nimmt bereits auf die Vereinfachungen durch die erst kurz später verabschiedete EuGVVO Bezug, hält aber fest, dass das bloße Fortbestehen der Notwendigkeit eines Zwischenverfahrens zur Vollstreckbarerklärung ein zu beseitigendes Hindernis bei der Umsetzung des Prinzips der gegenseitigen Anerkennung darstelle. Entsprechend definiert das Programm das Ziel der *völligen Abschaffung des Exequaturverfahrens* im Bereich des Zivil- und Handelsrechts, also der automatischen unionsweiten Anerkennung von Urteilen, ohne dass es irgendwelcher Zwischenverfahren oder Gründe für die Verweigerung der Vollstreckung geben würde. Als Pilotprojekt für die schrittweise vorgesehene Annäherung an diesen Zustand einigte sich der informelle Justiz- und Innenrat von Stockholm am 9. Februar 2001 auf die sektorielle Abschaffung des Exequaturverfahrens im Bereich unbestrittener Forderungen. Die Europäische Kommission hat am 18. April 2002 den Vorschlag einer Verordnung zur Schaffung eines Europäischen Vollstreckungstitels für

---

19 NJW 2000, S. 1925.

20 ABl. EG 2001, C 12/1.

unbestrittene Forderungen vorgelegt[21], die sich momentan noch im Gesetzgebungsverfahren befindet. Nach diesem Entwurf soll der Gläubiger einer titulierten und im Gerichtsverfahren unbestritten gebliebenen Forderung neben dem Vollstreckbarerklärungsverfahren nach der EuGVVO auch die Möglichkeit haben, im Urteilsstaat selbst die Bestätigung als Europäischer Vollstreckungstitel zu beantragen, die ohne jedes Exequaturverfahren den direkten Zugang zur Vollstreckung in anderen Mitgliedstaaten eröffnen soll. In solchen Fällen, in denen der zu vollstreckende Titel nicht auf der ausdrücklichen Zustimmung (wie etwa beim Anerkenntnisurteil oder gerichtlichen Vergleich), sondern auf der Säumnis des Beklagten fußt (wie z.B. bei Versäumnisurteilen oder Vollstreckungsbescheiden), setzt diese Bestätigung die Einhaltung konkreter und in dem Verordnungsentwurf selbst niedergelegter Mindeststandards zur Zustellung des verfahrenseinleitenden Schriftstücks voraus. Letztere sind für die Mitgliedstaaten bindend nicht im Sinne einer Harmonisierung des Zustellungsrechts insgesamt, sondern nur insoweit, als die Bestätigung als Europäischer Vollstreckungstitel nur bei Erfüllung der entsprechenden Voraussetzungen möglich ist; anderenfalls ist der Gläubiger auf das Anerkennungs- und Vollstreckungsregime der EuGVVO zurückgeworfen.

In welcher Form auch immer Rat und Parlament den Inhalt dieser Verordnung beeinflussen werden, so bleibt doch festzuhalten, dass die politische Grundentscheidung, das Exequaturverfahren im Zivil- und Handelsrecht abzuschaffen, auf höchster politischer Ebene der Europäischen Union getroffen worden ist und von der praktischen Umsetzung dieser Entscheidung zumindest stufenweise und mittelfristig auszugehen ist.

---

[21] ABl. EG 2002, C 203/86; KOM (2002) 159 endg.

MATTHIAS WECKERLING, BONN*

Die Tätigkeit der IRZ-Stiftung im Bereich der Justiz

Die Deutsche Stiftung für internationale rechtliche Zusammenarbeit wurde vor etwas mehr als 10 Jahren auf Initiative des damaligen Bundesjustizministers Dr. Kinkel als eingetragener Verein gegründet. Im Vordergrund der damaligen Überlegungen und ersten Aktivitäten stand damals weniger die Justiz als die Unterstützung von Reformen des Wirtschaftsrechts. So wurde bereits 1992 eine Vereinbarung mit dem Obersten Wirtschaftsrat beim Präsidenten des Obersten Sowjet der Russischen Föderation geschlossen, deren Ziel „die Vervollkommnung der rechtlichen Bedingungen der Wirtschaftsreform in der Russischen Föderation" sein sollte. Diese faktische Schwerpunktsetzung, denn der Aufbau einer unabhängigen, funktionsfähigen Justiz einschließlich aller prozessrechtlichen Grundlagen gehörte von Anfang an zu den erklärten Zielsetzungen der IRZ-Stiftung, hat sich in der Folgezeit rasch zugunsten einer Implementierung des reformierten Wirtschaftsrechts durch die Justiz und schließlich hin zu einer unmittelbaren Kooperation mit der Justiz in unseren Partnerstaaten verändert. Heute kann man sagen, dass wir uns überwiegend um die Unterstützung des Justizaufbaus bemühen, was auch in der Quote der hierfür eingesetzten Finanzmittel zum Ausdruck kommt: Sie beträgt mittlerweile im Schnitt etwa 2/3 zugunsten von Maßnahmen der Aus- und Weiterbildung von Rechtsanwendern. Unsere Partner sind neben Regierungen und Parlamentsausschüssen vielfach Oberste Gerichte und Instanzgerichte, Verfassungsgerichte, Landesjustizräte, Richtervereinigungen, Generalstaatsanwaltschaften sowie Zusammenschlüsse bzw. Kammern der Rechtsanwälte und Notare in den Partnerstaaten. Zu den justizbezogenen Maßnahmen gehört auch die Unterstützung bestimmter Partner- oder Modellgerichte, z. B. in Albanien und in Serbien.

Dabei müssen wir uns natürlich der Tatsache bewusst sein, dass durch eine einzige, zumal relativ kleine Institution, eine systematische, flä-

* Der Verfasser ist Geschäftsführer der Deutschen Stiftung für internationale rechtliche Zusammenarbeit, Bonn.

chendeckende Arbeit kaum zu leisten ist. Vieles, was von uns im Bereich der Justiz getan wird und getan werden kann, muss notwendigerweise Stückwerk bleiben. Die Partnerstaaten erhalten in der Regel zahlreiche internationale Unterstützungsangebote von staatlicher oder privater Seite, deren Umsetzung zumeist unkoordiniert bleibt. Hinzu kommen Abstimmungsschwierigkeiten und Konkurrenzverhalten bei den zuständigen nationalen Instanzen wie etwa Justizministerien, Obersten Gerichten und Landesjustizräten. Ich kann also nur von unseren bescheidenen Versuchen und Beiträgen in unseren Partnerstaaten sprechen, von Mosaiksteinen also, nicht von dem ganz großen Wurf und will mich dabei vor allem auf Aktuelles konzentrieren; eine Darstellung unserer Aktivitäten in den vergangenen zehn Jahren würde die mir zur Verfügung gestellte Zeit weit überschreiten.

Die IRZ-Stiftung unterscheidet in ihrer Projektarbeit zwischen bilateraler, aus Bundesmitteln oder sonstigen Zuwendungen finanzierter Projektarbeit auf der einen und der Durchführung von zumeist durch die Europäische Kommission finanzierten Drittmittelprojekten auf der anderen Seite, wobei in der letztgenannten Kategorie vor allem Twinning-Projekte zu nennen sind. Während die bilaterale Arbeit es uns ermöglicht, Projekte frei zu gestalten und flexibel auf die Wünsche unserer Partnerstaaten bzw. Partnerinstitutionen einzugehen, hat der Anteil von Projekten, die durch die Europäische Kommission finanziert werden, in den letzten Jahren größere Bedeutung erlangt. Wir sehen unsere bilaterale, im Wesentlichen aus Haushaltsmitteln des Bundesministeriums der Justiz finanzierte Arbeit einerseits, die Durchführung von bzw. die Beteiligung an Projekten der Europäischen Kommission andererseits jedoch nicht als völlig voneinander getrennte Bereiche, sondern versuchen, unsere Projektarbeit mit den uns bekannten Vorhaben der Europäischen Kommission abzustimmen und insbesondere von oder mit uns durchgeführte Projekte der Europäischen Kommission mit unseren bilateralen Maßnahmen abzustimmen: Oft besteht Ergänzungs- und Fortführungsbedarf.

Im Folgenden möchte ich einige Beispiele aus unserer justizbezogenen Projektarbeit nennen, wobei ich nach vier Bereichen unterscheiden will: Zunächst geht es um die neuen unabhängigen Staaten der ehemaligen Sowjetunion, im Bereich unserer Tätigkeit sind dies die Russische Föderation, die Ukraine und Belarus, dann die der Europäischen Union 2004 beitretenden Staaten, drittens die Staaten Südosteuropas im Rahmen des Stabilitätspakts für Südosteuropa und last but not least will ich den multilateralen Bereich erwähnen, in dem wir versuchen, diese Partnerstaaten in all ihrer Unterschiedlichkeit zu bestimmten Veranstaltungen zusammenzuführen.

Ich möchte mit der Ukraine beginnen; sie ist seit längerem unser wichtigster Partnerstaat. Die Justizreform in der Ukraine war und ist ein zentraler Bereich unserer Tätigkeit, beginnend bei der Beratung zum Entwurf des Gesetzes über den Gerichtsaufbau – hier gab es zeitweise neun verschiedene Entwürfe, über die parallel zu diskutieren war -, des weiteren haben wir zum Zivilprozess-, zum Verwaltungsprozessgesetz, zum Richtergesetz, zum Notarrecht, zum Zwangsvollstreckungsrecht und zum Prozesskostenhilferecht beraten.

Zum Zivil- und zum Verwaltungsprozessgesetz liegen inzwischen nahezu fertig ausgearbeitete Gesetzentwürfe vor und es stimmt hoffnungsfroh, dass nach langer Diskussion nunmehr sowohl das Zivilgesetzbuch als auch der Wirtschaftskodex der Ukraine vom Präsidenten unterzeichnet worden sind, zum 1. Januar 2004 in Kraft treten werden und nun die Implementierung dieser Gesetze einschließlich der Folgegesetzgebung in Angriff genommen werden kann. Mitte dieses Monats hat eine Anhörung des Rechtsausschusses der Verhovna Rada zu den Änderungsvorschlägen zum Gesetz über den Gerichtsaufbau stattgefunden und es war für uns eine besondere Ehre, dass zu dieser Anhörung auch ein Experte und weitere Vertreter der IRZ-Stiftung eingeladen worden sind. Wir hoffen sehr, dass die Beratungen des Rechtsausschusses zu den Entwürfen für ein Zivilprozessgesetz und ein Verwaltungsprozessgesetz nun zügig voran kommen. Parallel hierzu werden wir in der nächsten Woche an der Bayerischen Richterakademie eine Arbeitstagung abhalten, an der neben Mitgliedern des Rechtsausschusses der Verhovna Rada, Richtern des Obersten Gerichts und Vertretern des Justizministeriums auch Personen, die als Mitautoren einer der beiden Verwaltungsprozessgesetzentwürfe in Erscheinung getreten sind, teilnehmen werden.

Am Anfang unserer Gesetzgebungsberatung in der Ukraine stand freilich die Diskussion um die Schaffung einer neuen Verfassung, eines Verfassungsgerichtsgesetzes und die Bildung eines nunmehr seit mehr als sechs Jahren bestehenden Verfassungsgerichts. Eine wichtige Rolle nahm ferner unsere Unterstützung der ukrainischen Arbeitsgruppe zur Zivilprozessordnung unter Leitung des Justizministeriums ein, der auch

Richter des Obersten Gerichts angehören. Ausgehend vom deutschen Zivilprozessrecht hat die Arbeitsgruppe Informationsbesuche bei deutschen Gerichten durchgeführt und sich zum Zweck intensiver Textarbeit mehrfach in Deutschland aufgehalten. Verschiedene Entwürfe wurden etliche Male begutachtet, gemeinsam mit ukrainischen und deutschen Experten erneut besprochen, überarbeitet und vor dem Hintergrund der parallelen Arbeiten an den anderen gerichtsverfassungsrechtlichen und prozessrechtlichen Gesetzentwürfen wie dem Gesetz über den Gerichtsaufbau, dem Verwaltungsprozessgesetz und dem Wirtschaftsprozessgesetz erörtert sowie später an die Vorgaben der sogenannten „kleinen Justizreform" des Gesetzes über den Gerichtsaufbau angepasst. Einige dieser Maßnahmen haben wir gemeinsam mit dem Europarat durchgeführt, der uns vor einiger Zeit auch um eine abschließende Begutachtung eines vom ukrainischen Justizministerium vorgelegten Zivilprozessgesetzentwurfs gebeten hat. Von erheblicher Bedeutung ist auch die von uns begleitete Arbeit am Entwurf zu einem Verwaltungsprozessgesetz, bei dem es zunächst ganz wesentlich darauf ankam, diese Materie vom Zivilprozessgesetz und vom Ordnungswidrigkeitenrecht abzugrenzen und auf die Besonderheiten des Verwaltungsrechts und des Verwaltungsprozesses nach unserem Verständnis hinzuweisen. Zu den besonderen Schwierigkeiten dieses Prozesses gehörte es, das überkommene Verständnis vom Verwaltungsprozess als bloße Möglichkeit der Ahndung von Ordnungswidrigkeiten („Verwaltungsstrafen") zu überwinden und den ungewohnten Aspekt der Durchsetzung subjektiver Bürgerrechte gegen den Staat in den Vordergrund zu rücken. Die Verabschiedung des Gesetzentwurfs drängt deshalb, weil in diesem Jahr in der Ukraine eine eigenständige Verwaltungsgerichtsbarkeit eingerichtet werden soll. Auch dieses Thema haben wir gemeinsam mit der OSZE aufgegriffen und führen seit nunmehr bereits zwei Jahren das Projekt „Aufbau von Modellverwaltungsgerichten" in der Ukraine durch, in dessen Rahmen zwischenzeitlich in Kiew drei Modellverwaltungsgerichte aller drei Instanzen aufgebaut werden konnten. Wir haben dafür drei deutsche Partnergerichte, das Verwaltungsgericht Trier, das Oberverwaltungsgericht Koblenz und auch das Bundesverwaltungsgericht für eine Mitwirkung gewinnen können; hier hat sich inzwischen ein intensiver und reger fachlicher Austausch entwickelt. Neben prozess- und materiellrechtlichen Problemstellungen geht es dabei ganz wesentlich auch um Fragen der Gerichtsorganisation, des Geschäftsgangs, der Prozessleitung und auch der Fortbildung, um die zukünftigen ukrainischen Verwaltungsrichter auf ihre bevorstehenden neuen Aufgaben vorzubereiten.

Erwähnen möchte ich auch unsere Veranstaltungen in Zusammenarbeit mit der Beauftragten für Menschenrechtsfragen im ukrainischen Justizministerium, die Richter, Strafvollzugsbedienstete und anderes Justizpersonal mit praktischen Fallgestaltungen vertraut machen sollen, um der Europäischen Menschenrechtskonvention in der Praxis zu einer stärkeren Anwendung und Beachtung zu verhelfen. Natürlich können wir Maßnahmen der Richterfortbildung in der Ukraine nur in geringem Umfang fördern und hoffen sehr, dass die Europäische Kommission in diesem Bereich demnächst größere Projekte konzipiert und ausschreibt. Im vergangen Jahr haben wir das zweijährige Tacis-Projekt „Strengthening the Capacity of the Judicial System in Ukraine“, das insbesondere institutionellen und personellen Maßnahmen der Richterfortbildung gewidmet war, gemeinsam mit dem niederländischen Centre of International Legal Cooperation (CILC) erfolgreich beendet. Bei der Abschlussveranstaltung des Projektes am 20. Dezember 2002 in Kiew stellten die ukrainischen Vertreter ein „Nationales Programm zur Aus- und Fortbildung der Richter der Ukraine“ vor, welches viele von den Projektexperten vorgeschlagene Komponenten enthielt. Wir hoffen, dass diese ehrgeizigen Ziele möglichst bald in Angriff genommen werden können.

Der Zusammenarbeit mit dem ukrainischen Verfassungsgericht messen wir ganz besonders große Bedeutung zu: in diesem Jahr wird bereits das Siebte deutsch-ukrainische verfassungsrechtliche Kolloquium veranstaltet. Daran nehmen auf beiden Seiten aktive und ehemalige Verfassungsrichter, Wissenschaftler und auf ukrainischer Seite auch vermehrt wissenschaftliche Mitarbeiter des Verfassungsgerichts teil. Im April dieses Jahres soll es um das Thema „soziale Grundrechte“ gehen. Von diesem Kolloquium versprechen wir uns mittelbar eine Ausstrahlungswirkung auf die übrige Gerichtsbarkeit und die übrigen Staatsgewalten.

Weniger vielfältig und intensiv stellen sich unsere Maßnahmen der Zusammenarbeit mit der Russischen Föderation dar. Immerhin haben wir zu allen drei Teilen des russischen Zivilgesetzbuchs beraten, weiterhin ist unsere Mitwirkung im Bereich der Gesetzgebung zum Insolvenzrecht und zum gewerblichen Rechtsschutz zu nennen. Nach einer Umstrukturierung unserer Arbeit in der Russischen Föderation haben wir Mitte vergangenen Jahres damit begonnen, uns stärker dem Gebiet der Richterfortbildung zu widmen. Eine Delegation der Russischen Justizakademie beim Obersten Gericht und Obersten Wirtschaftsgericht ist Ende vergangenen Jahres auf Einladung der IRZ-Stiftung zu einem Arbeitsbesuch zur Richterfortbildung und Juristenausbildung nach Deutschland gekommen. Ein erstes Seminar in der Russischen Justizakademie zur Anwendung der Europäischen Menschenrechtskonvention in Zusammenarbeit mit dem Institut für Ostrecht Köln wird im April stattfinden. Wir hoffen sehr darauf, dass wir gemeinsam mit einer britischen und niederländischen Partnerorganisation beauftragt werden, ein unlängst ausgeschriebenes, breit angelegtes Tacis-Projekt zur Richteraus- und –weiterbildung durchführen zu können. Ein Tacis-Projekt zur Zwangsvollstreckung und zum Gerichtsvollzieherwesen, mit dessen Durchführung wir bereits beauftragt waren, ist leider kurzfristig auf Bitte der russischen Seite wieder zurückgezogen worden. Neu installiert ist auch die Zusammenarbeit mit der Verwaltung des Präsidenten der Russischen Föderation und der Exekutivorgane der Föderationssubjekte im Bereich Gnadenverfahren, Strafprozessrecht und Jugendstrafrecht. Hier wird es im Juni ein Seminar in Tscheboksary (Tschuwaschien) geben, welches das Gnadenverfahren und den Strafvollzug in den Mittelpunkt stellt. Zu erwähnen ist auch unsere Zusammenarbeit mit der Staatsduma und der Russischen Akademie für den öffentlichen Dienst zur Erarbeitung des Entwurfs eines Verwaltungsverfahrensgesetzes, der früher oder später, dem Beispiel der Ukraine folgend, die Frage nach einer Verwaltungsgerichtsbarkeit und der hierfür zu schaffenden gesetzlichen Grundlagen nach sich ziehen könnte. In allen genannten Bereichen stehen wir aber erst am Anfang unserer Bemühungen.

In jeder Hinsicht einen Sonderfall stellt sicherlich die Situation in Belarus dar. Seit Anfang 2000 versuchen wir in verstärkten Maße, zur Schaffung eines offenen, kritischen und sachbezogenen Rechtsstaatsdialogs beizutragen mit dem Versuch, Vertreter von Ministerien, Gerichten, anderen staatlichen Stellen und Vertreter der zumeist oppositionellen Nichtregierungsorganisationen an einen Tisch zu bringen. Im Laufe der Zeit ist hieraus ein relativ offener Fachdialog zu verschiedenen rechtlichen Themen entstanden. Vereinzelt werden der IRZ-Stiftung auch offizielle Gesetzentwürfe zur Begutachtung übergeben. Im Hinblick auf die politischen Rahmenbedingungen in der Republik Belarus kann aber von einer konsistenten Gesetzgebungsberatung im Justizbereich nicht die Rede sein. Immerhin gab es im vergangenen Jahr ein Seminar zur Europäischen Menschenrechtskonvention gemeinsam mit dem belarussischen

Verfassungsgericht und eine Vortragsreihe zum internationalen Wirtschaftsrecht im Obersten Wirtschaftsgericht in Minsk. Auch hier kann nur von ersten Anfängen einer Zusammenarbeit gesprochen werden.

Sehr unterschiedlich sind auch unsere Projekte der Zusammenarbeit mit den Beitrittsstaaten. Ich möchte mit den baltischen Staaten beginnen: Am intensivsten haben wir zweifellos mit der Republik Estland und dem dortigen Justizministerium zusammengearbeitet. Nach Beratungen u. a. zum Handelsgesetzbuch, zum Sachenrechtsgesetz und zum Schuldrechtsgesetz konzentriert sich unsere Zusammenarbeit im Justizbereich nun auf die Unterstützung bei der Reform des Verfahrensrechts und auf die Effizienzsteigerung im Bereich der Justiz. Wir werden demnächst mit der Durchführung eines Projekts der Europäischen Kommission zum Strafprozess beginnen. Im Übrigen sind wir insbesondere an den Arbeiten zur Reform des Zivilprozessrechts beteiligt.

In Litauen konzentrieren wir uns derzeit auf den Bereich des Strafverfahrensrechts in Zusammenarbeit mit der litauischen Generalstaatsanwaltschaft mit dem Ziel einer wirksamen Implementierung der kürzlich in Kraft getretenen Strafprozessreform. Dabei spielt auch die Förderung der Kooperationsfähigkeit der litauischen Generalstaatsanwaltschaft im Bereich der internationalen Rechtshilfe in Strafsachen eine wesentliche Rolle. Bei alledem ist es von wesentlicher Bedeutung, dass sich die reformierte litauische Strafprozessordnung stark am deutschen Strafprozessrecht orientiert.

Weiter gestreut ist unsere Zusammenarbeit mit Lettland: Bei der Gesetzgebungsberatung spielt die Beschleunigung des Zivilprozesses eine besondere Rolle, wobei sich Lettland an der Einführung des deutschen Mahnverfahrens orientieren sowie die Möglichkeit von Versäumnis- und Anerkenntnisurteilen einführen will. Große Bedeutung messen wir in Lettland auch der Richterfortbildung zu und unterstützen das personell und finanziell schwach ausgestattete Judicial Training Center unter anderem durch Seminare zur praktischen Tätigkeit des Richters, wie etwa zur „Tatsachenfeststellung vor Gericht, Grundlagen der Lehren von Glaubwürdigkeit, Vernehmung und Beweis“ und zur Auslegung von gesetzlichen Normen. Eine enge Zusammenarbeit verbindet uns auch mit dem lettischen Verfassungsgericht, mit dem wir in den vergangenen zwei Jahren mit Beteiligung von Richtern des Bundesverfassungsgerichts Seminare zur Verfassungsbeschwerde und zur Richtervorlage durchgeführt haben. Diese Seminare wurden vom lettischen Verfassungsgericht für einen weiten Kreis lettischer Juristen geöffnet.

Die justizrelevante Zusammenarbeit mit den Beitrittsstaaten Polen, Ungarn. der Tschechischen Republik, der Slowakei und Slowenien ist seit einigen Jahren im Wesentlichen durch einschlägige Phare-Twinning-Projekte gekennzeichnet, die wir zum großen Teil zusammen mit anderen Mitgliedstaaten und Institutionen, zum Teil aber auch allein durchgeführt haben. Dabei handelte und handelt es sich um insgesamt 16 Projekte, die sich zum Teil mit der Ausbildung von Richtern und Staatsanwälten befassen (z. B. in Litauen, in der Slowakei und Ungarn) oder die Reform bzw. Modernisierung der Justiz zum Gegenstand haben. Hierzu sind jeweils zwei Projekte in der Tschechischen Republik und in Slowenien zu nennen. Daneben gibt es z. B. in der Slowakei noch eine intensive Zusammenarbeit mit der Generalstaatsanwaltschaft im Bereich der Rechtshilfe und im Rahmen der Bekämpfung der organisierten Kriminalität. Soweit es unsere finanziellen Möglichkeiten zulassen, wollen wir die bilaterale Zusammenarbeit mit den genannten Staaten auch nach deren Beitritt gern fortführen; im Vordergrund werden aber weiterhin einschlägige Projekte, insbesondere Twinning-Projekte der Europäischen Kommission stehen, die sich bis in das Jahr 2006 erstrecken sollen.

Erst jüngeren Datums ist die Zusammenarbeit der IRZ-Stiftung mit den Staaten Südosteuropas. Bereits vor Beginn des deutschen Beitrags zum Stabilitätspakt vor zweieinhalb Jahren war die IRZ-Stiftung an justizrelevanten Phare-Twinning-Projekten in Rumänien und Bulgarien beteiligt, wobei in jüngster Zeit ein allein von der IRZ-Stiftung durchzuführendes Projekt in Rumänien zur Stärkung der rumänischen Gerichtsbarkeit und insbesondere seines Obersten Justizrats zu nennen ist. In Rumänien führen wir aber auch zahlreiche Maßnahmen zur Richterfortbildung im Rahmen des Stabilitätspaktes durch; insbesondere die Seminare zur Europäischen Menschenrechtskonvention stoßen bei den teilnehmenden rumänischen Richtern auf großes Interesse, da sie praxisorientiert konzipiert sind. Wichtiger Partner bei unseren Weiterbildungsmaßnahmen in Rumänien ist auch die Generalstaatsanwaltschaft.

Im Mittelpunkt unserer Projektarbeit in Bulgarien steht die Unterstützung des Justizministeriums bei der Erarbeitung eines Gesetzes über die internationale Rechtshilfe in Strafsachen, das sich stark am deutschen IRG orientieren wird. Hinzu kommen entsprechende Aus- und Weiterbildungsmaßnahmen, in die neuerdings auch die Generalstaatsanwaltschaft einbezogen worden ist.

In Kroatien stand bisher die Fortbildung kroatischer Richter im Europäischen Gemeinschaftsrecht im Vordergrund, die wir zusammen mit Obersten Gericht durchführen; ein ähnliches Programm gab und gibt es auch für die kroatische Notarkammer. Künftig wollen wir uns beim Aufbau einer kroatischen Richterakademie engagieren und in diesem Rahmen, oder zunächst auch parallel dazu, Fortbildungsmaßnahmen mit dem Ziel einer effizienteren Anwendung des nationalen Rechts in Kroatien durchführen.

In Serbien verbindet uns seit etwa zwei Jahren eine gute Zusammenarbeit mit dem serbischen Richterverband. Mit ihm zusammen versuchen wir in einem Modellgericht in Ostserbien die Möglichkeiten einer modernen, EDV-gestützten Gerichtsverwaltung weiten Kreisen der serbischen Richterschaft zugänglich zu machen. Wir beteiligen uns an einer Arbeitsgruppe des Rates der serbischen Regierung zur Justizreform (JRC) und werden, wenn die aktuellen Entwicklungen dies noch zulassen, demnächst den Obersten Gerichtshof Serbiens in Fragen der außergerichtlichen Streitbeilegung, insbesondere der Mediation, beraten. Eine multilaterale Richterkonferenz „Aktuelle Reformen der Gerichtsbarkeit in Serbien im europäischen Kontext", die wir in der vergangenen Woche mit dem Serbischen Richterverband und der europäischen Richterorganisation MEDEL durchführen wollten, musste wegen der Ereignisse nach der Ermordung des serbischen Ministerpräsidenten Djindjic verschoben werden. Jeweils im Dezember präsentieren wir uns auf dem einmal jährlich stattfindenden, wohl größten Forum serbischer Juristen in Kopaonik /Südserbien. Dabei versuchen wir insbesondere die spezifischen Erfahrungen Deutschlands bei der Wiedervereinigung einzubringen. Ende letzten Jahres ging es beispielsweise um die spezifischen Übergangsprobleme in den neuen Bundesländern beim Aufbau einer unabhängigen Justiz, dargestellt durch einen früheren Justizminister eines der neuen Bundesländer. Auch im Übrigen können wir bei unserer Arbeit auf deutsche Experten zurückgreifen, die bei der Herstellung der Rechtseinheit in Deutschland – insbesondere im Bundesministerium der Justiz - wertvolle und praxisrelevante Erfahrungen gesammelt haben; darin liegt natürlich ein ganz besonderer Mehrwert des deutschen Beitrags zur Justizreform in unseren Partnerstaaten. Darüber hinaus widmen wir uns in Serbien der Fortbildung von Staatsanwälten und Justizvollzugsbeamten; bei den

Staatsanwälten spielt auch die Frage des Umgangs mit den Medien eine wichtige Rolle.

Das letztgenannte Thema haben wir auch bei Veranstaltungen in Albanien in Zusammenarbeit mit dem albanischen Verfassungsgerichtshof aufgegriffen; einer Veranstaltung im November vergangenen Jahres ist in diesem Monat ein einwöchiger Workshop zum Thema „Justiz und Medien" für Mitarbeiter des albanischen Verfassungsgerichtshofs gefolgt. Wie in Serbien haben wir auch in Albanien ein Partner- bzw. Modellgericht ausgewählt, dessen Arbeit wir gezielt, unter anderem auch durch technische Hilfe (EDV und Fachliteratur) unterstützen. Darüber hinaus ist eine Seminarreihe zum Thema „Richterliche und staatsanwaltschaftliche Arbeitstechnik" für den Frühsommer dieses Jahres in mehreren Orten Albaniens geplant. Wie bei anderen Partnerstaaten auch, finden unsere justizbezogenen Veranstaltungen nicht nur in Albanien statt. Wir wollen den Angehörigen der Institutionen, mit denen wir zusammenarbeiten, Einblick in die praktische Arbeit der deutschen Justiz geben; beispielsweise fanden in diesem Zusammenhang ein Informationsbesuch des albanischen Generalstaatsanwalts in Deutschland zu praktischen Fragen der Kriminalitätsbekämpfung und eine Studienreise für eine Justizdelegation unserer Partnerinstitutionen aus Korča zur Vermittlung praktischer Einblicke in die Organisation und die Verfahrensabläufe der deutschen Justiz statt. Auch in Albanien bemühen wir uns übrigens um eine praxisbezogene Vermittlung der Europäischen Menschenrechtskonvention, einschließlich des Verfahrens vor dem Europäischen Gerichtshof für Menschenrechte. Hierzu haben wir im April vergangenen Jahres an vier verschiedenen Orten Albaniens eine Seminarreihe durchgeführt und dabei vor allem auch Rechtsanwälte einbezogen.

Im Bereich der bilateralen Zusammenarbeit in Südosteuropa möchte ich noch ganz kurz auf die eher untypische Situation in Bosnien-Herzegowina und im Kosovo eingehen. In Bosnien-Herzegowina führt die IRZ-Stiftung eine Reihe von justizrelevanten Seminaren durch, die wir in der Regel allen juristischen Berufsgruppen öffnen. Beispielsweise fand im November vergangenen Jahres in Bjelašnica ein Seminar zu den neuen gesetzlichen Regelungen im Bereich der Gerichtsbarkeit und der Anwaltschaft des Dachstaates statt; es ging u.a. um Gerichtsorganisation, die Neubesetzung von Richterstellen und das neue Rechtsanwaltsgesetz. Diese Seminare dienen über ihre Thematik hinaus auch als Forum für juristische Organisationen in Bosnien und Herzegowina, um Einzelvorhaben für eine Justizreform zu präsentieren und zu erörtern. In Zusammenarbeit mit dem Auswärtigen Amt haben wir einen Berater zum Verfassungsgerichtshof des Dachstaates Bosnien-Herzegowina entsandt, dessen derzeitige Aufgabe im Wesentlichen darin besteht, die Zusammenlegung der Menschenrechtskammer mit dem Verfassungsgerichtshof fachlich zu begleiten. Ferner beraten wir zu Gesetzgebungsvorhaben wie der Strafprozessordnung, der Zivilprozessreform und dem Zwangsvollstreckungsrecht sowohl für den Dachstaat als auch für Föderation Bosnien-Herzegowina.

Für den Kosovo möchte ich lediglich das in Zusammenarbeit mit dem Auswärtigen Amt verwirklichte Projekt einer Entsendung von zunächst 23 Justizvollzugsbeamten zur Bewachung von Inhaftierten einer Strafanstalt für Schwer- und Kriegsverbrecher sowie zur Unterstützung und Fortbildung des lokalen Justizvollzugspersonals im Rahmen von UNMIK erwähnen. Hier hat sich die IRZ-Stiftung zum ersten Mal an die personelle Basis einer praktischen Justizunterstützung begeben. Das Projekt ist im Februar ausgelaufen, aber es war für uns eine sehr vielseitige und lehrreiche Erfahrung.

Im multilateralen Bereich liegt unser Schwerpunkt bei mehrwöchigen bzw. mehrmonatigen Hospitationsprogrammen für Rechtsanwälte, Notare, Richter und Staatsanwälte in Zusammenarbeit mit dem Deutschen Richterbund, der Bundesrechtsanwaltskammer, der Bundesnotarkammer, dem Deutschen Anwaltverein und den Landesjustizverwaltungen. Nach einem Einführungsseminar werden die Hospitanten in verschiedenen Orten in Deutschland Gerichten, Staatsanwaltschaften, Rechtsanwalts- und Notarkanzleien zugewiesen, erhalten dort Einblicke in die praktische Tätigkeit der jeweiligen Berufsgruppe und werden natürlich auch in die Bearbeitung konkreter Fälle einbezogen. Abschließend findet eine gemeinsame Auswertung der Erfahrungen statt. Diese Hospitationen haben sich als sehr wertvoll und effizient erwiesen; sie tragen auch zu guten persönlichen und beruflichen Kontakten der Hospitanten untereinander bei. Es entsteht so etwas wie ein Netzwerk junger osteuropäischer Juristen. Dies kam Ende 2001 eindrucksvoll in einer Veranstaltung in Budapest zum Ausdruck, zu der wir alle ehemaligen Rechtsanwaltshospitantinnen und –hospitanten der IRZ-Stiftung eingeladen hatten. Dieses Netzwerk ist uns sehr zugute gekommen bei der Vorbereitung einer multilateralen Konferenz, die wir Ende vergangenen Jahres in Dubrovnik auf Initiative des damaligen rechtspolitischen Sprechers der SPD-

Bundestagsfraktion und jetzigen Parlamentarischen Staatssekretärs bei der Bundesministerin der Justiz Hartenbach zum Thema „Bürger und Rechtsstaat – Anforderungen an eine moderne Justiz“ veranstaltet hatten. Zur inhaltlichen Strukturierung dieser Konferenz diente eine Vorbereitungskonferenz unter Beteiligung insbesondere von ehemaligen Hospitanten der IRZ-Stiftung in Deutschland, um die Schwerpunkte und Hauptdefizite beim Justizaufbau in Südosteuropa unter Beteiligung von Rechtspraktikern in den betreffenden Staaten klar herauszuarbeiten. Für die Hauptkonferenz wurden die Schwerpunkte richterliche Unabhängigkeit, Juristenausbildung, Verfahrensbeschleunigung im Zivilprozess und Zwangsvollstreckung festgelegt und zusätzlich Vorträge zur Verwaltungs- und Verfassungsgerichtsbarkeit angeboten. Im Nachgang zu dieser Konferenz haben wir zusammen mit unseren Partnerinstitutionen eine Reihe von gezielten bilateralen Folgemaßnahmen in den genannten Bereichen geplant, teilweise auch bereits durchgeführt.

Nicht ausschließlich justizbezogen, aber unter Einbeziehung von Justizvertretern finden unsere jährlichen Symposien zum Europäischen Gemeinschaftsrecht statt, die natürlich auch und insbesondere dem gegenseitigen Erfahrungsaustausch dienen sollen; das letztjährige Symposium widmete sich u.a. den verschiedenen Aspekten und Rechtsgrundlagen der strafrechtlichen Zusammenarbeit in Europa.

Dieser Überblick sollte lediglich Beispiele für unsere Zusammenarbeit mit Staaten und Partnerinstitutionen in Mittel-, Ost- und Südosteuropa im Bereich der Justiz geben. Ich räume gern ein, dass all dies nur Mosaiksteine sind und ich auch keine länderbezogene Evaluierung anbieten konnte, aber in der Zusammenschau mit Projekten der Europäischen Union, der Weltbank, der OSZE, des Europarats und anderer europaweit oder international tätiger Organisationen kann sich aus der Sicht des jeweiligen Empfängerstaates der Eindruck umfassender Unterstützung des Justizaufbaus ergeben. Dabei ist allerdings die Geberkoordinierung nach wie vor ein dringendes Anliegen. Unterstützung von außen kann nicht viel bewirken, wenn der Wille zur Veränderung in den staatlichen Institutionen der Partnerstaaten entweder noch nicht hinreichend existiert oder jedenfalls politisch umstritten ist. Deshalb setzen wir in unserer Arbeit nicht auch ausschließlich auf staatliche Partner, sondern versuchen einen möglichst weiten Kreis justizrelevanter Institutionen anzusprechen und einzubeziehen.

Als deutsche Institution zur Unterstützung justizbezogener Reformprozesse fühlen wir uns auch gegenüber globalen Bemühungen verpflichtet und haben deshalb im vergangenen Jahr Kontakte zur Weltbank aufgenommen, die sich derzeit besonders in Südosteuropa um eine Kohärenz der von ihr geförderten Projekte bemüht und sich zunehmend dem kontinentaleuropäischen Rechtssystem öffnet. Ende vergangenen Jahres haben wir an einem Seminar für die Mitarbeiter der Weltbank in Washington zu bestimmten Aspekten des deutschen Rechtssystems, wie z. B. zum Mahnverfahren und den Aufgaben des Rechtspflegers mitgewirkt und unsere Arbeit in den Partnerstaaten vorgestellt. Für die Weltbank haben wir 2002 auch ein Projekt zur Reform des rumänischen Insolvenzrechts durchgeführt.

So wichtig globale Ansätze bleiben, so wichtig ist es dennoch, gezielt auf bestimmte Wünsche aus den Partnerstaaten einzugehen und auch kurzfristig – im Rahmen des organisatorisch und finanziell Machbaren – bilateral Projektwünsche zu erfüllen. Ich wage zu behaupten, dass dies das Markenzeichen der IRZ-Stiftung ist: schnelle und unbürokratische Unterstützung im Detail, damit das große Projekt Justizreform wieder ein kleines Stück vorankommt. Dies ist, wer wollte es bezweifeln, oft ein langer, mühevoller Prozess, der allerdings für die IRZ-Stiftung weiterhin eine interessante Herausforderung darstellen wird.

B. Justizgrundrechte und Verwirklichung der EMRK

MDRG. A. D. DR. JENS MEYER-LADEWIG, WACHTBERG*

Justizgrundrechte in Osteuropa aus der Sicht des Europäischen Gerichtshofs für Menschenrechte

Der Europarat hat besonders reiche Erfahrungen mit dem Aufbau der Justiz in den Staaten Mittel- und Osteuropas seit dem Fall der Berliner Mauer. Mit der Aufnahme dieser Staaten in den Europarat, dem bisher nur die westeuropäischen Demokratien angehört hatten, wurde die Rückkehr der Staaten der früheren Sowjetunion in die Familie der europäischen Demokratien vollzogen. Es gibt hier Parallelen zu der deutschen Geschichte; der Europarat war die erste internationale Organisation, die Deutschland nach dem 2. Weltkrieg aufgenommen hat. Die Aufnahme in den Europarat hat Voraussetzungen und bringt Verpflichtungen mit sich. Jeder Mitgliedsstaat erkennt nach Artikel 3 der Satzung den Grundsatz der Vorherrschaft des Rechts an und den Grundsatz, dass jeder, der seiner Hoheitsgewalt unterliegt, der Menschenrechte und Grundfreiheiten teilhaftig werden soll. In Artikel 1 der Satzung werden die Ideale und Grundsätze erwähnt, die das gemeinsame Erbe der europäischen Staaten bilden. Besonders erwähnt wird der Schutz und die Fortentwicklung der Menschenrechte und Grundfreiheiten. Von den neuen Mitgliedstaaten wird erwartet, dass sie diese Verpflichtungen erfüllen und eine Reihe weiterer Grundsätze, Regeln, Standards und Werte beachten, die in den über 50 Jahren der Geschichte des Europarats für den demokratischen Pluralismus, die Menschenrechte und die Rechtsstaatlichkeit entwickelt worden sind. Außerdem müssen die neuen Mitgliedstaaten die Europäische Menschenrechtskonvention zeichnen und in angemessener Frist ratifizieren. Alle Mitgliedstaaten des Europarats sind zugleich Vertragsstaaten der Konvention. Weil es sich um eine sog. geschlossene Konvention handelt, können andere als die Europaratsstaaten ihr nicht angehören. Zu diesen allgemeinen Verpflichtungen kamen besondere, die von den Organen des Europarats in dem Verfahren zur Auf-

* Der Verfasser war Beauftragter für Menschenrechtsfragen beim Bundesministerium der Justiz, Berlin und Bonn.

nahme neuer Mitgliedstaaten entwickelt worden sind, nämlich von der parlamentarischen Versammlung und von dem Ministerkomitee des Europarats. Dazu gehört z.B. die Abschaffung der Todesstrafe oder die Verpflichtung, andere gesetzgeberische Maßnahmen zu treffen, etwa im Bereich der Justiz. Die Übernahme solcher Verpflichtungen ist nicht theoretischer Natur; die Einhaltung der allgemeinen und besonderen Verpflichtungen wird vielmehr überprüft. Es gibt sog. monitoring-Verfahren in der parlamentarischen Versammlung, im Ministerkomitee und beim Generalsekretär des Europarats. All dies heißt natürlich nicht, dass die neuen Mitgliedstaaten des Europarats ihren Verpflichtungen sofort haben nachkommen können. Das Ministerkomitee kann einen europäischen Staat nach Artikel 4 der Satzung schon einladen, Mitglied des Europarats zu werden, wenn er fähig und gewillt befunden wird, die Verpflichtungen zu erfüllen; es wird ihm also Zeit gegeben, die Rechtsstaatlichkeit in seinem Bereich zu organisieren. Auch später noch gibt es immer wieder Monitoring-Verfahren. Dazu gehört die Überprüfung, ob die Rechtsordnung des Mitgliedsstaats den Standards des Europarats entspricht. Solche Verfahren können sich lange hinziehen. Georgien z.B. hat die Konvention im Mai 1999 ratifiziert. Zur Zeit ist eine Expertengruppe damit beschäftigt, einen Bericht über die Vereinbarkeit des georgischen Rechts mit den Anforderungen des Europarats anzufertigen. Die Diskussionen darüber, ob ein Kandidat aufgenommen werden sollte oder nicht, waren manchmal sehr kontrovers. Dabei treffen nicht selten zwei Philosophien aufeinander: Nach der einen muss der Staat reif sein für den Europarat, also eine rechtsstaatliche Demokratie sein, die andere hält es für richtiger, den Staat einzubinden in die Gemeinschaft der westlichen Demokratien, auch wenn die Voraussetzungen der Satzung des Europarats noch nicht erfüllt sein mögen, um die Entwicklung zu beschleunigen und besser daran mitwirken zu können. Besonders schwierig und dann auch wegweisend war diese Diskussion bei der Aufnahme Russlands. Insgesamt sind inzwischen 20 mittel- und osteuropäischen Staaten dem Europarat beigetreten. Die ersten Staaten aus diesem Bereich, die die Konvention ratifiziert haben, waren Tschechien und die Slowakei im März 1992, der letzte Staat Bosnien-Herzegowina im Juli 2002, der nächste Staat, der dem Europarat beitritt, wird in Kürze wohl Serbien-Montenegro sein.

Auch wenn die rechtsstaatlichen Verhältnisse bei dem Beitritt nicht immer perfekt waren, hat es doch insgesamt eine sehr positive Entwicklung gegeben. Mit dem Beitritt der Staaten der früheren Sowjetunion zu dem Europarat hat es einen intensiven Dialog gegeben über Fragen der Rechtsstaatlichkeit und des Schutzes der Menschenrechte und es gibt Urteile des Europäischen Gerichtshofs für Menschenrechte in zunehmender Zahl, die sich auf mittel- und osteuropäische Staaten beziehen. In diesem Zusammenhang ist hervorzuheben, dass der Gerichtshof die Verhältnisse in neuen Mitgliedsstaaten mit derselben Elle misst wie die in den alten. Es gibt also bei der Einhaltung von Konventionsverpflichtungen kein Europa a deux vitesses, vielmehr gelten dieselben Maßstäbe. Das war einer der Gründe dafür, im Gerichtshof keine regional zuständigen Kammern zu schaffen.

Die Europäische Menschenrechtskonvention, der alle neuen Mitgliedsstaaten beigetreten sind, enthält eine Reihe von Verpflichtungen, die Justizgrundrechte zum Inhalt haben. Die Rechtsprechung des Gerichtshofs hat aus diesen Rechten allgemeine Grundsätze der Rechtsstaatlichkeit entwickelt und praktiziert sie in seiner Rechtsprechung. Justizgrundrechte im eigentlichen Sinn sind in Artikel 5 mit seinen Garantien für das Recht auf Freiheit und Sicherheit, Artikel 6 mit dem Recht auf ein faires Verfahren, Artikel 7 mit dem Grundsatz nulla poena sine lege, aber auch Artikel 2 mit dem Recht auf Leben, Artikel 3 mit dem Folterverbot und Artikel 8 mit dem Recht auf Achtung des Privat- und Familienlebens enthalten. Auch Artikel 13 mit seinem Recht auf eine wirksame Beschwerde zählt dazu. Der Europäische Gerichtshof für Menschenrechte muss inzwischen über zahlreiche Individualbeschwerden aus mittel- und osteuropäischen Staaten entscheiden. Im Jahr 2002 stand bei den Eingängen von Individualbeschwerden Polen mit fast 4.200 an erster Stelle, gefolgt von Russland mit etwa 4.000 eingelegten Individualbeschwerden. Die Ukraine betrafen rund 2.550 Fälle. Ich erwähne zum Vergleich, dass gegen die Türkei über 3.000 Beschwerden eingelegt worden sind, gegen Frankreich fast 2.800, gegen Deutschland fast 1.700 und gegen das Vereinigte Königreich fast 1.500. Es ist interessant zu sehen, dass z.B. gegen Rumänien mit 1.900 Beschwerden mehr Fälle an den Gerichtshof gelangt sind, als gegen Deutschland. Insgesamt sind im Jahre 2002 über 30 000 Individualbeschwerden eingelegt worden.

Die Erfahrungen zeigen, dass die Entwicklung in den mittel- und osteuropäischen Staaten sehr unterschiedlich verlaufen ist. In vielen Ländern sind neue gesetzliche Grundlagen geschaffen worden, die rechtsstaatlichen Anforderungen sehr weitgehend entsprechen. Das ist aber durchaus nicht immer geschehen, und man konnte in einigen Staaten beobachten, dass konservative Kräfte Neuregelungen zum Teil erheblich verzögert haben, z.B. in der Ukraine. In anderen Ländern waren Rückschritte nach vielversprechenden Anfängen zu beklagen, z.B. in Moldawien. Selbst dann aber, wenn die legislativen Grundlagen gut waren, hat es erhebliche Mängel bei der Ausführung der Gesetze gegeben, insbesondere auch in der Praxis der Gerichte. Die Schwierigkeiten waren für einige Staaten außerordentlich groß, wobei man berücksichtigen muss, dass die Bereinigung der Verhältnisse ungleich schwieriger war als in der früheren DDR, wo die Hilfe des Verwandten im Westen auch in personeller Hinsicht wirksam werden konnte. Die praktischen Schwierigkeiten hängen sehr oft auch mit sozialen Schwierigkeiten zusammen. Wenn der Staat nicht im Stande ist, seinen Richtern ein angemessenes Gehalt regelmäßig zu zahlen, muss er sich nicht wundern, wenn sich Korruption breit macht. Solche Schwierigkeiten gibt es in vielen Staaten, auch in der Justiz; das Problem der Korruption ist erkannt und man versucht, Gegenmaßnahmen zu ergreifen. Am weitesten fortentwickelt bei der Organisation des Rechtsstaats sind naturgemäß die Länder, die demnächst Mitgliedstaaten der Europäischen Union sein werden. Auch dort wird aber zum Teil über mangelndes Vertrauen in die Justiz geklagt. Ein gewisses Gegengewicht ist in vielen Staaten die Institution eines Ombudsmann, die in anderen Staaten mitunter den Eindruck erweckt, es handele sich um eine Alibi-Institution.

Die in Straßburg beim Gerichtshof eingelegten Individualbeschwerden und die darauf ergangenen Urteile des Gerichtshofs gegen Staaten aus Mittel- und Osteuropa zeigen einige Schwachpunkte in der Entwicklung der Rechtsstaatlichkeit deutlich. Verletzungen von Art. 6 Abs. 1 der Konvention mit seiner Garantie eines Rechts auf ein Gericht, des wirksamen Zugangs zu diesem Gericht und auf ein faires Verfahren, einschließlich einer abschließenden gerichtlichen Entscheidung innerhalb angemessener Frist, stehen deutlich im Vordergrund. Das ist aber auch bei den Urteilen gegen alte Mitgliedsstaaten des Europarats so. Verletzungen von Art. 5 der Konvention mit seiner Garantie des Rechts auf Freiheit folgen mit großem Abstand, es gibt einige Urteile, in denen Verletzungen von Art. 8 mit seinem Recht auf Achtung des Privat- und Familienlebens gefunden worden sind, auch Verletzungen von Art. 10 der Konvention, also des Rechts auf Freiheit der Meinungsäußerung, gab es in selteneren Fällen. Zu erwähnen sind noch die in Urteilen festgestellten Verletzungen von Art.1 des Zusatzprotokolls über den Eigentumsschutz.

Die meisten Urteile bezüglich Staaten aus Mittel- und Osteuropa sind gegen Polen ergangen, was ja bei der Vielzahl an Individualbeschwerden nicht anders zu erwarten war. 76 Urteile gibt es gegen Polen, an zweiter Stelle folgt Rumänien mit 45. Die Zahl der Urteile ist nicht gleichzusetzen mit der Zahl der Feststellungen von Konventionsverletzungen. Gegen Russland sind bisher nur zwei Urteile ergangen, die aber beide Schwachstellen deutlich zeigen, nämlich die Schwierigkeiten bei der Durchsetzung gerichtlicher Urteile und bei den Haftbedingungen. Die erheblich angewachsene Zahl der gegen Russland eingelegten Beschwerden lässt erwarten, dass auch die Zahl der Russland betreffenden Urteile schnell wachsen wird. Es liegt auf der Hand, dass Problembereiche wie der Tschetschenien-Konflikt eine ergiebige Quelle für Individualbeschwerden sind und sein werden. Das Gesagte zeigt, dass ein Bild nur aufgrund der vorliegenden Urteile höchst lückenhaft ist, eben weil die Zahl der Urteile zum Teil gering ist. Die Staaten haben die Konvention zu unterschiedlichen Zeitpunkten ratifiziert, das internationale Schutzsystem ist noch nicht überall ausreichend bekannt. Und eine große Zahl von bereits vorliegenden Individualbeschwerden wartet noch auf ein Urteil.

Betrachtet man das solchermaßen lückenhafte Bild, so sieht man: Der Rechtsschutz wird nicht immer lückenlos garantiert, es hat Fälle gegeben, in denen die Gerichte über die eigentlichen Probleme nicht entscheiden konnten. Es gibt Defizite in der Funktionsfähigkeit der Justiz, insbesondere bei der Dauer des Verfahrens. Das ist für Polen besonders deutlich geworden, wo von insgesamt 76 ergangenen Urteilen 33 eine Verletzung von Artikel 6 Abs. 1 der Konvention festgestellt haben. Defizite in der Justiz betreffen häufig auch die Vollziehung gerichtlicher Urteile, z.B. in Russland, der Ukraine, Georgien und Moldawien. Weitere Problemfelder sind die mangelnde Unabhängigkeit der Justiz, nämlich die schon erwähnte Korruption, aber auch Einflussnahmen durch Politiker, überkommene Aufsichtsrechte durch Staatsanwaltschaften sowie Schwierigkeiten bei der Erfüllung von Anforderungen nach Art. 5 der Konvention, insbesondere der richterlichen Anordnung der Haft und der Haftprüfung durch einen Richter. Es hat auch Fälle mit Misshandlungen von Gefangenen in Polizei- oder Untersuchungshaft gegeben. Schließlich sind die Dauer der Untersuchungshaft, die Haftbedingungen und die

Diskriminierung bestimmter Bevölkerungsgruppen zu erwähnen, weiter Schwierigkeiten bei der Abwicklung rechtswidriger Enteignungen aus der sowjetischen Zeit, ein Problem, dass wir ja auch in Deutschland aus leidvoller Erfahrung kennen.

Ich erwähnte Schwierigkeiten, die Unabhängigkeit der Justiz durchzusetzen. Artikel 6 Abs. 1 der Konvention garantiert ein Recht auf ein Gericht, auf wirksamen Zugang zu diesem Gericht und auf ein faires Verfahren einschließlich einer Entscheidung binnen angemessener Frist. Nach der Rechtsprechung des Gerichtshofs gehört dazu, dass rechtskräftige Urteile respektiert und vollzogen werden. Denn, so hat der Gerichtshof entschieden, was nütze ein Anspruch auf ein Gericht, wenn seine Entscheidung wirkungslos bleibe. Mit diesen Anforderungen haben die aus der früheren Zeit überkommenen Aufsichtsbefugnisse der Generalstaatsanwaltschaften nicht immer übereingestimmt. Ich möchte als Beispiel erwähnen das Urteil in der Sache Brumarescu ./. Rumänien vom 28. Oktober 1999 (Sammlung 1999-VII). Es ging um die Enteignung eines Hauses. Der Eigentümer hatte ein rechtskräftiges Urteil erwirkt auf Feststellung der Nichtigkeit der Enteignung und auf Rückgabe des Hauses. Jahre später legte der Generalstaatsanwalt ein Rechtsmittel beim Obersten Gericht ein, das daraufhin das rechtskräftige Urteil, das zugunsten des Beschwerdeführers ergangen war, aufgehoben hat und festgestellt hat, die rumänischen Gerichte dürften die Enteignung in der Sache nicht prüfen. Der Gerichtshof hat festgestellt, dass dadurch Artikel 6 Abs. 1 EMRK verletzt worden ist, weil die Rechtskraft der gerichtlichen Entscheidung nicht respektiert worden ist. Er hat betont, dass die Generalstaatsanwaltschaft in Rumänien damals ein Rechtsmittel einlegen konnte, ohne an Fristen gebunden zu sein. Mit dieser Möglichkeit werde der Grundsatz der Rechtssicherheit verletzt, der mit der Rechtsstaatlichkeit eng zusammenhängt. Artikel 6 Abs. 1 sei aber auch verletzt, weil die Gerichte die Enteignung in der Sache nicht hätten überprüfen können, so dass der Beschwerdeführer in seinem Recht auf wirksamen Zugang zu einem Gericht verletzt war. Außerdem war im Fall Brumarescu Artikel 1 des Zusatzprotokolls mit seinem Recht auf Schutz des Eigentums verletzt worden. Dem Fall Brumarescu sind zahlreiche ähnliche Fälle gefolgt, es gibt viele Urteile des Gerichtshofs, die sich mit diesen Problemen beschäftigen.

Ich möchte als weiteres Beispiel eine andere Entscheidung des Gerichtshofs erwähnen, nämlich das Urteil vom 25.7.2002 in der Sache

Sovtransauto-Holding gegen Ukraine. Die Beschwerdeführerin war eine russische Gesellschaft, die an einer ukrainischen Gesellschaft beteiligt war. Die ukrainische Gesellschaft verstand es, sich durch Änderungen der gesellschaftsrechtlichen Grundlagen dem Einfluss der russischen Gesellschaft zu entziehen. Daraufhin rief die russische Gesellschaft ein ukrainisches Gericht an und focht die Änderung der Satzung an. Die Klage wurde abgewiesen. Ein Rechtsmittel an den Präsidenten des Arbitragegerichts blieb ohne Erfolg. Die Beschwerdeführerin wandte sich daraufhin an den Obersten Gerichtshof für Arbitrage, der die vorangegangenen Urteile aufhob und die Sache an das Arbitragegericht in Kiew zurückverwies. Und nun geschah Erstaunliches : Die beklagte ukrainische Gesellschaft wandte sich an den Präsidenten der Ukraine und bat ihn, sich der Sache persönlich anzunehmen, um die Interessen der Ukraine zu wahren. Der Präsident der Ukraine schrieb an den Präsidenten des Obersten Arbitragegerichts und bat ihn, die nationalen Interessen der Ukraine zu verteidigen. Er bat in der Folgezeit den Präsidenten der Ukraine, unverzüglich in der Sache zu intervenieren, um die Interessen des ukrainischen Unternehmens und die nationalen Interessen der Ukraine zu wahren. Auch Parlamentsmitglieder der Ukraine wurden in dieser Sache aktiv. Daraufhin weigerte sich der zuständige Richter in Kiew, den Prozess wegen der starken Pressionen durch die beklagte ukrainische Gesellschaft und die staatliche Verwaltung zu führen. Bemerkenswert ist auch, dass der Präsident des obersten Gerichts eine Kopie des Briefs des Präsidenten der Ukraine an den Präsidenten des Arbitragegerichts in Kiew übersandte, damit er berücksichtigt werden könne. Ich will mich mit der Wiedergabe des schwierigen Sachverhalts auf diese wenigen Hinweise beschränken, die zeigen, auf welche erschreckende Weise in die Unabhängigkeit der Gerichte eingegriffen worden ist. Der Gerichtshof hat die zahlreichen Einwendungen zurückgewiesen, die die ukrainische Regierung wegen der Zulässigkeit der Beschwerde erhoben hat, die Beschwerde für zulässig erklärt und eine Verletzung von Art. 6 Abs. 1 der Konvention sowie von Art. 1 des Zusatzprotokolls festgestellt.

Ein weiteres Beispiel betrifft Russland, ich möchte auf das Urteil des Gerichtshofs vom 15.07.2002 in der Sache Kalashnikov./. Russland hinweisen. In diesem Urteil hat der Gerichtshof eine Verletzung von Artikel 3 der Konvention, also des Folterverbots, festgestellt, weil die Gefängnisbedingungen in Magadan gegen die Konvention verstießen. Die im Urteil geschilderten Haftbedingungen sind erschreckend. Ein besonderes Problem scheint die katastrophale Überbelegung von Zellen zu sein. Die Gefangenen müssen ihre Betten mit anderen teilen. Auch Gefangene mit schweren und ansteckenden Krankheiten, z.B. Tuberkulose, sind in den überbelegten Zellen untergebracht. Die sanitären Bedingungen sind furchtbar und erniedrigend. Der Gerichtshof hat in seinem Urteil unterstellt, dass der Staat nicht die Absicht habe, den Beschwerdeführer durch die Haftbedingungen zu erniedrigen. Er ist aber zu dem Ergebnis gekommen, dass die Haftbedingungen, denen der Beschwerdeführer für fast 5 Jahre ausgesetzt war, ihm erhebliches psychisches Leiden verursacht und seine Menschenwürde beeinträchtigt hat. Auch bei diesem Fall sieht man soziale Gründe, die schwierigen wirtschaftlichen Verhältnisse im Hintergrund: es fehlt das Geld für die Sanierung von Gefängnissen.

Ich möchte noch auf eine Schwierigkeit besonderer Art hinweisen, denen sich einige osteuropäische Staaten ausgesetzt sehen. In einigen dieser Staaten hat es nach dem Zusammenbruch der Sowjetunion Sezessionsbewegungen und Bürgerkriege gegeben mit der Folge, dass diese Staaten, ich nenne Georgien und Moldawien, in bestimmten Bereichen ihres Territoriums Staatsgewalt nicht ausüben können. Diese Staaten haben die Konvention für ihr gesamtes Staatsgebiet ratifiziert. Das kann Schwierigkeiten für die Erfüllung der Konventionsverpflichtungen in diesen Bereichen haben, nämlich dazu führen, dass die Staaten für Menschenrechtsverletzungen haftbar gemacht werden, die sie nicht begangen haben und auch nicht verhindern können. Um diesen Schwierigkeiten aus dem Weg zu gehen, hat Moldawien einen territorialen Vorbehalt eingelegt. Der Gerichtshof hat entschieden (Entscheidung v. 4.7.2001 in der Sache Ilascu u. a gegen Moldawien und Russland), dass ein solcher Vorbehalt nach der Konvention unzulässig ist. Das ist angesichts der Regelung in Artikel 57 der Konvention eindeutig zutreffend, weil diese Vorschrift Vorbehalte allgemeiner Art nicht zulässt. Vorbehalte sind nur zu einzelnen Bestimmungen der Konvention möglich, soweit ein zu dieser Zeit geltendes Gesetz mit der betreffenden Bestimmung nicht übereinstimmt. Es muss nun abgewartet werden, wie der Gerichtshof in der Sache entscheidet und ob er zu dem Ergebnis kommt, dass Moldawien die Verpflichtungen aus Artikel 1 der Konvention auch gegenüber solchen Personen hat, deren Menschenrechte in Gebietsteilen verletzt worden sind, in denen Moldawien Hoheitsgewalt nicht ausüben kann. Die in ihren Konventionsrechten verletzten Personen unterstehen möglicherweise dann gar nicht der Hoheitsgewalt des beklagten Staates im Sinne von Art. 1 der Konvention. Die zu erwartende Entscheidung in der Sache wird auch für Georgien von erheblicher Bedeutung sein.

Abschließend und zusammenfassend möchte ich mich über die Entwicklung des Rechtsstaats in den mittel- und osteuropäischen Staaten positiv und optimistisch äußern. Es sind große Fortschritte gemacht worden. In einigen Staaten gibt es noch Schwierigkeiten, an deren Beseitigung gearbeitet wird und weiter gearbeitet werden muss. Es gibt viele Institutionen, die bei diesen Anstrengungen mitarbeiten und behilflich sind, z.B. der Europarat und die IRZ-Stiftung, aber auch andere internationale und nationale Institutionen. Es ist bemerkenswert, dass auch in den Staaten mit noch größeren Schwierigkeiten eine erstaunliche und ermutigende Bereitschaft zu einem offenen Dialog besteht. Selbst in Weißrussland sprechen Präsidenten höchster Gerichte ganz offen über die dort herrschenden Probleme. Man kann nicht erwarten, dass sich Probleme beim Aufbau des Rechtsstaats von heute auf morgen lösen lassen, nötig ist vielmehr ein langer Atem und beharrliches Fortsetzen der Bemühungen. Die bisherigen Erfahrungen bei der Kooperation mit diesen Staaten ermutigt dazu, mit diesen Anstrengungen fortzufahren und den Dialog auch weiterhin zu suchen, ein Dialog, bei dem auch die sog. alten Mitgliedsstaaten des Europarats lernen können. Ich denke hier z.B. an die Selbstverwaltung der Justiz und ihre Unabhängigkeit von der Exekutive, eine Frage, in der wir Deutschen von osteuropäischen Erfahrungen durchaus lernen können.

PROFESSOR DR. LECH GARLICKI, WARSCHAU/DR. EWA SCHWIERSKOTT, REGENSBURG*

Justizgrundrechte im polnischen Rechtssystem aus der Sicht des Europäischen Gerichtshofs für Menschenrechte

INHALT

I. EINFÜHRUNG

Die Justizgrundrechte werden vor allen im Art. 5 (Freiheit der Person) und Art. 6 (Verfahrensgarantien) der EMRK gewährleistet (das Zusatzprotokoll Nr. 7 wurde erst im Jahre 2002 von der Republik Polen ratifiziert). Der EGMR hat bereits eine umfangreiche Rechtsprechung zu

* Dr. Lech Garlicki ist Richter am Europäischen Gerichtshof für Menschenrechte in Straßburg, Ewa Schwierskott ist wissenschaftliche Mitarbeiterin am Lehrstuhl für Europarecht der Universität Regensburg.

diesen beiden Art. entwickelt[1]. Die Mehrheit der Entscheidungen des EGMR seit 1998 befasste sich mit diesen Artikeln. Mehr als die Hälfte davon betraf Art. 6, insbesondere das Recht auf Entscheidung in angemessener Frist[2].

Die wichtigsten Entscheidungen des EGMR bezüglich der Justizgrundrechte wurden vor 1993 und damit vor dem Beitritt Polens zum Europarat getroffen. Daher zählen nur wenige Klagen der polnischen Bürger zu den wichtigsten Präzedenzen der Straßburger Rechtssprechung (die einzige nennenswerte Ausnahme repräsentiert Fall Kudla - siehe unten Nr. 9).

Der Vortrag hat die Zielsetzung, einen Überblick über die wichtigsten Entscheidungen des EGMR zu den Justizgrundrechten in den aus Polen eingereichten Beschwerden zu verschaffen. Es soll zugleich ein Überblick über die bereits überwundenen, wie auch die weiter bestehenden Probleme des polnischen Justizsystems gegeben werden.

---

1 Vgl.: *Frowein/Paukert*, Europäische Menschenrechtkonvetnion, EMRK-Kommentar Kehr, Straßburg, Arlington,1996, Art. 6 und Art. 7.; *D. J. Harris/M. O'Boyle/C. Warbrick,* Law of the European Convention on Human Rights, London 1995, p. 97-273; *V. Berger,* Jurisprudence de la Cour Europeenne des Droits de l'Homme, Paris 2002, S. 63 ff.

2 Im Jahre 2001 fällte das Gericht 888 Urteile. "As in previous years, a significant proportion of the judgements delivered - 480, that is, more than half of all judgements - dealt exclusively or primarily with complaints about the excessive lengths of the procedure. Moreover, in a number of cases there were subsidiary complaints about the length of the court proceedings" (*European Court of Human Rights. Annual Report 2001,* Strasbourg 2002, S. 55).

II. ANZAHL DER AUS POLEN STAMMENDEN KLAGEN

Seit einigen Jahren ist Polen eines der Länder, aus denen eine große Anzahl der individuellen Beschwerden stammt. Laut statistischen Angaben wurden aus Polen im Jahre 2000 3108 neue Beschwerden eingereicht, im Jahre 2001 3361 und im Jahre 2002 4173. Eine steigende Tendenz ist deutlich sichtbar. Obwohl die große Mehrheit der Beschwerden schon in den Ausschussverfahren als unzulässig zurückgewiesen wird, bleibt immer noch eine beträchtliche Zahl von Beschwerden, die schließlich auf Kammerebene zugelassen werden[3].

Die Kammern des Straßburger Gerichts haben im Jahre 2002 25 Urteile zu aus Polen stammenden Fällen gesprochen. In zwei Fällen konnte eine gütliche Einigung erreicht werden; in drei hat der EGMR keine Verletzung der Konventionsrechte festgestellt, in 20 Fällen wurde eine Verletzung der EMRK festgestellt. 46 weitere Beschwerden wurden im Jahre 2002 von den Kammern für zulässig oder teilweise zulässig erklärt, 31 andere wurden von den Kammern als unzulässig zurückgewiesen. In 160 Beschwerden haben die Kammern eine Stellungnahme der polnischen Regierung angefordert. 2452 Beschwerden wurden als unzulässig durch die Ausschüsse zurückgewiesen (Art. 28 EMRK).

---

3 Die Prüfung der Zulässigkeit der Beschwerde findet in drei Stufen statt. Laut Art. 28 der EMRK kann eine Beschwerde von dem Ausschuss als unzulässig zurückgewiesen oder von ihm im Register gestrichen werden, wenn der aus drei Personen zusammengesetzte Ausschuss dies einstimmig beschließt. Der Großteil der Individualbeschwerden wird auf dieser Ebene des Verfahrens zurückgewiesen. Falls keine der Voraussetzungen des Art. 28 erfüllt werden, wird die Beschwerde zu einer der vier Kammern des Gerichts weiter geleitet. Die in Zusammensetzung von sieben Richter tagende Kammer überprüft die Beschwerde und – wenn sie die Beschwerde als nicht unzulässig anerkennt – übergibt sie diese an die polnische Regierung mit der Bitte um Stellungnahme. Nachdem die polnische Regierung ihre Position zur Beschwerde deutlich gemacht hat, entscheidet die Kammer über die Zulässigkeit und Begründetheit der Beschwerde und spricht ein Urteil (Art. 29 und Art. 38 EMRK), sofern zuvor keine gütliche Einigung (Art. 39 EMRK) erzielt worden ist. Auf jeder Stufe des Verfahrens ist es möglich, eine Entscheidung über die Unzulässigkeit der Beschwerde zu treffen. In komplizierten Angelegenheiten und Ausnahmefällen ist Antrag auf die Verweisung der Rechtssache an die aus siebzehn Richtern bestehende Große Kammer, möglich (Art. 30), selbst wenn bereits eine gültige Einigung der Kammer vorliegt. (Art. 43 EMRK).

Fast zwei Drittel der Beschwerden, die die Kammerebene erreichten, rügten Verletzungen der im Artikel 6 garantierten Justizgrundrechte, vor allem das Recht auf ein Verfahren innerhalb einer angemessenen Frist. Von den 21 Klagen im Jahr 2002, in denen die Ansprüche des Klägers anerkannt wurden, wurde eine Verletzung der angemessenen Frist in 11 Fällen festgestellt, in 6 weiteren Fällen - eine Verletzung des Artikels 5 Abs. 3 oder 4 (siehe unten, Nr. 3), in 4 Fällen - eine Verletzung des Artikels 8 (alle Fälle bezogen sich auf die Rechte des Inhaftierten, meistens im Bezug auf den Briefwechsel mit dem Gericht), und in 3 Fällen - je eine Verletzung des Artikels 10, Artikels 6 Abs. 3c und Artikels 1 des Zusatzprotokolls Nr. 1 (einige Beschwerden beriefen sich auf die Verletzung von mehr als einem Artikel der EMRK).

Ein ähnliches Bild zeigt sich bei allen aus Polen stammenden Klagen. Eine deutliche Mehrheit der Klagen bezieht sich auf die Justizgrundrechte, dagegen rügen nur wenige der Klagen *klassische* Freiheitsrechte (Artikel 8 bis 11 EMRK)[4] und fast keine betraf eine Verletzung des Artikel 2 oder Artikel 3 EMRK.

---

[4] Hier soll hier der Fall Gorzelik und andere ./. Polen erwähnt werden (44158/98). In diesem Fall wollten die Beschwerdeführer eine "Vereinigung der Bevölkerung schlesischer Nationalität" registrieren lassen. Die polnischen Gerichte verneinten die Möglichkeit der Registrierung u.a. mit dem Argument, dass man keine getrennte schlesische Nationalität feststellen könne. Im Urteil vom 20. Dezember 2001 stellte der EGMR keine Verletzung des Art. 11 (Vereinigungsfreiheit) der EMRK fest:
"44. The Court observes that [the Polish courts] held that allowing to register the applicants' association would be contrary to the law, especially as the name of the association, which in their view was linked to a non-existent nation, would mislead the public. The courts also considered that registering the Union as an organisation of a national minority would entail serious consequences for other ethnic groups in Poland...
The impugned measure was, accordingly, taken in furtherance of "the prevention of disorder" and "the protection of the rights of others", which are legitimate aims for the purposes of Article 11 of the Convention....
61. The Court notes at the outset that the Polish authorities, in justifying their refusal to register the applicants' association under the name "Union of People of Silesian Nationality", relied on the ground that both the intended name and certain provisions of the Union's memorandum of association, which characterised Silesians as a "national minority", implied that their real intention was to circumvent the provisions of the electoral law [it should be noted that in Poland the Sperrklausel does not fully apply to the electoral lists presented by organisations of national minorities"].

Mehr Beschwerden betrafen dagegen die Verletzung der Eigentumsrechte (Artikel 1 des 1. Zusatzprotokolls), vor allen hinsichtlich der Enteignungen und anderer Eingriffe in die Eigentumsrechte, die in der Zeit zwischen 1944-1956 stattfanden[5].

They also attached considerable importance to the fact that, had the members of the Union been recognised as a "national minority" in the process of the registration of their association, they would automatically have been afforded an unqualified and legally enforceable claim to special privileges granted to national minorities by the relevant legislation (see paragraphs 19, 23 and 40 above)...
62. The Court observes that it is not its task to express an opinion on whether or not the Silesians are a "national minority", let alone to formulate a definition of that concept. Indeed, the formulation of such a definition would have presented a most difficult task, given that no international treaty – not even the Council of Europe's Framework Convention for the Protection of National Minorities – defines the notion of "national minority"...
It is further noted that the authorities' concern in that regard would not seem to have lacked a reasonable basis. Paragraph 30 of the memorandum of association stated that "The Union is an organisation of the Silesian national minority". The three crucial words in that phrase, namely "organisation", "national" and "minority", are precisely those also found in section 5(1) of the Law on Parliamentary Elections, laying down conditions for exemption from the threshold of votes required to participate in the distribution of seats in Parliament...
66. The Court accordingly considers that, in the particular circumstances of the present case, it was reasonable on the part of the authorities to act as they did in order to protect the electoral system of the State, a system which is an indispensable element of the proper functioning of a "democratic society" within the meaning of Article 11".
However, the decision of Dec. 20, 2001 has been subsequently referred to the Grand Chamber for a final judgement (Article 43 of the Convention).

5 Es gab hier Fälle sog. Osteigentums, d.h. Eigentums, das von den polnischen Bürgern nach deren Zwangsumsiedlung aus dem Osten (heutiges Weißrussland und Ukraine) in den Westen nach dem II. Weltkrieg verloren wurde. Das polnische Recht sieht in solchen Fällen verschiedene Möglichkeiten der Entschädigung vor. Eine große Gruppe der polnischen Vertriebenen vertritt jedoch die Ansicht, dass ihre Ansprüche nicht ausreichend berücksichtigt wurden. Im Urteil vom 19. Dezember 2002 im Fall Broniowski ./. Polen (31443/96) stellte der EGMR seine Zuständigkeit in diesem Fall fest, gab jedoch kein Sachurteil ab. Man sollte an dieser Stelle betonen, dass dieses Problem auch das polnische Verfassungsgericht beschäftigte. Im Urteil vom 19. Dezember 2002 (K 33/02) stellte das VfGH die Unvereinbarkeit einiger Rechtsvorschriften mit der polnischen Verfassung fest, die das Erlangen solcher Entschädigungen beschränkten.

III. GEGENSTAND DER KLAGEN

Insgesamt könnte man die in Strassburg von den polnischen Bürgern eingereichten Beschwerden fast als ein bisschen „langweilig" bezeichnen. Die überwiegende Mehrheit der Beschwerden betrifft Verzögerungen im gerichtlichen Verfahren; eher selten gibt es eine Gelegenheit, etwas Neues dazu zu sagen. Festzustellen ist, die Funktionstüchtigkeit des polnischen Justizsystems noch weit von der gewünschten Effizienz entfernt ist. Hinsichtlich anderer Aspekte der Justizgrundrechte ist zu betonen, dass eine umfassende Reform des Strafrechtsverfahrens erst im Jahre 1997 stattgefunden hat. Bis zum 1. Januar 1998 galt die alte, aus dem Jahr 1969 stammende Strafprozessordnung (StPO). Obwohl die wichtigsten Merkmale des *alten Verständnisses* von Strafverfahrensgarantien, hinsichtlich der Beschränkung der Rechte des Verdächtigen und die Verletzungen des Prinzips der Waffengleichheit im Strafprozess, direkt nach der politischen Wende 1989 beseitigt wurden, blieben einige mit den Straßburger Kriterien nicht übereinstimmende Rechtsinstitutionen bis 1998 erhalten. Deshalb gibt es eine sichtbare Gruppe von Entscheidungen, in denen in Bezug zu diesen *alten Fällen* eine Verletzung des Artikel 5 oder Artikel 6 festgestellt wurde.

Die Rechtsprechung des Straßburger Gerichts spiegelt die Lage des polnischen Justizsystems wider. Es stellen sich zwei Fragen hinsichtlich des polnischen Justizsystems, zum einen, in welchen Bereichen die Probleme der Funktion des polnischen Justizsystems liegen und zum anderen, wie sich die Straßburger Rechtsprechung auf das Verhalten der inländischen Justizorgane auswirkt.

IV. FALLGRUPPEN

1. Das Recht auf Zugang zum Gericht

Das Recht auf Zugang zum Gericht bildet die Grundlage für Rechte und Garantien, die im Artikel 6 verankert sind. Die Rechtsprechung des EGMR in den aus Polen stammenden Klagen bestätigt den Geltungsbereich dieses Rechts als *Anspruch darauf, dass seine Sache in billiger Weise öffentlich und innerhalb einer angemessenen Frist gehört wird, und zwar von einem unabhängigen und unparteiischen, auf Gesetz beru-*

henden Gericht, das über zivilrechtliche Ansprüche und Verpflichtungen oder über die Stichhaltigkeit der gegen ihn erhobenen strafrechtlichen Anklage zu entscheiden hat. Damit umfasst die Garantie auf Zugang zum Gericht nicht alle Fälle aus dem Bereich des Verwaltungsrechtes. Der Artikel 6 ist insbesondere in Steuerstreitigkeiten, solange sie kein Strafelement beinhalten, nicht anwendbar. Es gab bisher keine wichtige polnische Entscheidung, in der der nicht gegebene Gerichtsweg als eine Verletzung des Artikel 6 aufgefasst wurde. Es ist auch zu betonen, dass sowohl die polnische Verfassung als auch die Rechtsprechung des polnischen Verfassungsgerichtshofes (VfGH) sich für eine fast absolute Rechtsweggarantie ausspricht. Es gab viele Entscheidungen des VfGH, in denen die existierenden Beschränkungen dieses Rechtsweges als verfassungswidrig bezeichnet wurden[6]. Das Problem des Zugangs zum Gericht ist vor allem auf nationaler Ebene zu lösen.

Zwei interessante Fälle sind aber gegenwärtig vor dem EGMR anhängig. Der erste betrifft die so genannten Seekammern (maritime chambers), die u.a. über die Ursachen von Havarien auf hoher See entscheiden. Da es hier keinen Zugang zur ordentlichen Gerichten (bzw. zum OGH) gibt, muss der EGMR klären, ob diese Kammern aus rechtlicher Sicht als ein Gericht betrachtet werden können[7]. Der zweite Fall ist mit der Stiftung *Versöhnung* verbunden, die den Entschädigungsfond für ehemalige Zwangsarbeiter und KZ-Häftlinge verwaltet. Da die polnischen Gerichte ihre Zuständigkeit zur Kontrolle der Entscheidungen dieser Stiftung abgelehnt haben, muss geklärt werden, ob es sich hier um eine *Zivilsache* im Sinne des Artikel 6 handelt.

---

6 Vgl. z.B. Urteile des Verfassungsgerichtes vom 16. März 1999, SK 19/98, Orzecznictwo Trybunalu Konstytucyjnego. Zbiór Urzędowy (OTK ZU) 1999, zeszyt 3, pozycja 36; vom 10. Juli 2000, SK 12/99, OTK ZU 2000, z. 5, poz. 143.

7 Vgl. Brudnicka und andere ./. Polen (Entscheidung vom 16. Januar 2003), 54723/00. Die Beschwerde hatte ihren Ursprung in der Havarie der Fähre Heveliusz, die während eines Sturms in der Ostsee versank. 1999 fällte die Seekammer ein endgültiges Urteil, in dem u.a. ein fehlerhaftes Verhalten einiger Mitarbeiter festgestellt wurde. Die Beschwerdeführer beriefen sich darauf, dass das Verfahren vor der Seekammer nicht allen Kriterien des Art. 6 der EMRK genüge und damit eine Seekammer nicht als *Gericht* im Sinne der EMRK angesehen werden könne. Da eine Möglichkeit der Berufung gegen das Urteil der Seekammer vor einem ordentlichem Gericht nicht bestünde, sei die Garantie des Rechtsweges angetastet. Die Beschwerde wurde als zulässig anerkannt (Entscheidung vom 16. Januar 2003) und wartet auf eine sachliche Entscheidung.

Das Recht auf Zugang zum Gericht kann nicht nur wegen der Zuständigkeitsvorschriften, sondern auch durch die Ausgestaltung der Verfahrensnormen beschränkt werden. Insbesondere hat die Frage der Prozesskosten eine große Bedeutung. In dem Urteil Kreutz ./. Republik Polen (19 VII 2001)[8] hat der EGMR betont, dass die allgemeine Pflicht, die Prozesskosten teilweise im Voraus zu decken, eine mit der Konvention übereinstimmende Beschränkung des Zugangs zum Gericht bildet, jedoch nur, falls diese Kosten nicht auf einem unverhältnismäßig hohem Niveau angesetzt werden[9].

---

8 1991 bemühte sich der Beschwerdeführer um eine Genehmigung für Bau einer Autowaschanlage. Ein Jahr später bekam er eine Absage der zuständigen Regionalbehörden. 1994 klagte der Beschwerdeführer gegen die zuständigen Behörden auf 100.000 Euro Enschädigung.. Das zuständige, ordentliche Gericht verlangte eine Gebühr von 2500 Euro. Der Beschwerdeführer fand diese Gebühr zu hoch und wendete sich an die Europäische Kommission für Menschenrechte, die die Sache an den EGMR übergab.

9 "59... The Court once again recalls that it has never ruled out the possibility that the interests of the fair administration of justice may justify imposing a financial restriction on the individual's access to a court...
Furthermore, the Court considers that while under Article 6 § 1 fulfilment of the obligation to secure an effective right of access to a court does not mean merely the absence of an interference but may require taking various forms of positive action on the part of the State, neither an unqualified right to obtain free legal aid from the State in a civil dispute, nor a right to free proceedings in civil matters can be inferred from that provision (see, *mutatis mutandis*, the Airey v. Ireland judgment 1979, §§ 25-26).
60. The Court accordingly holds that the requirement to pay fees to civil courts in connection with claims they are asked to determine cannot be regarded as a restriction on the right of access to a court that is incompatible *per se* with Article 6 § 1 of the Convention.
It reiterates, however, that the amount of the fees assessed in the light of the particular circumstances of a given case, including the applicant's ability to pay them, and the phase of the proceedings at which that restriction has been imposed are factors which are material in determining whether or not a person enjoyed his right of access and had "a ... hearing by [a] tribunal"...".
Im Fall Kreutz stellte das Gericht fest:
"66. Assessing the facts of the case as a whole and having regard to the prominent place held by the right to a court in a democratic society, the Court considers that the judicial authorities have failed to secure a proper balance between, on the one hand, the interest of the State in collecting court fees for dealing with claims and, on the other hand, the interest of the applicant in vindicating his claim through the courts.

2. Der Gerichtsweg. Die Kassationsbeschwerde

Artikel 6 der EMRK garantiert kein Recht auf eine zweite gerichtliche Instanz. Für Strafsachen ist diese Garantie im 7. Zusatzprotokoll enthalten, Polen hat aber dieses Protokoll erst im Jahre 2002 ratifiziert. Zugleich ist zu bemerken, dass Artikel 176 Abs. 1 der polnischen Verfassung das Recht auf eine zweite Instanz in jedem Gerichtsverfahren gewährleistet und damit in dieser Hinsicht weiter geht als die EMRK[10].

Sicherlich besteht kein Recht auf eine dritte Instanz. Die Regelung des Artikel 6 wurde nicht dadurch verletzt, dass die Prozessordnung es erlaubt, dem Anwalt (auch einem Pflichtverteidiger) das Einlegen einer offensichtlich aussichtslosen Kassationsbeschwerde zu verweigern (siehe Entscheidungen: Rutkowski ./. Republik Polen, 19 X 2000 - 45995/99 - Strafverfahren[11]; Skawinska ./. Republik Polen, 16 X 2001 - 42096/98 - Zivilverfahren[12]).

The fee required from the applicant for proceeding with his action was excessive. It resulted in his desisting from his claim and in his case never being heard by a court. That, in the Court's opinion, impaired the very essence of his right of access.

67. For the above reasons, the Court concludes that the imposition of the court fees on the applicant constituted a disproportionate restriction on his right of access to a court. It accordingly finds that there has been a breach of Article 6 § 1 of the Convention".

10 Vgl. Urteil des Verfassungsgerichts vom 8. Dezember 1998, K 41/97, OTK ZU 1998.

11 Der Beschwerdeführer verlor beim Berufungsgericht und wollte eine Kassationsbeschwerde vor dem Obersten Gericht einlegen. Er verlangte nach einer Kostenbeihilfe. Der beauftragte Anwalt wies den Beschwerdeführer darauf hin, dass keine rechtliche Grundlage für eine Kassationsbeschwerde vorliege. Deswegen verlangte der Beschwerdeführer nach einem anderen Anwalt. Das zuständige Gericht in Torun wies seinen Antrag ab. Das Gericht fand keinen Grund für die Leistung einer erneuten Rechtshilfe. Wenn ein Anwalt keinen rechtlichen Grund für die Kassationsbeschwerde finden kann, sei anzunehmen, dass die Rechtshilfe im ausreichenden Maße bereits geleistet worden ist.

Der EGMR kam zu einem ähnlichen Ergebnis:

"In the present case the Court first observes that after the counsel who had represented the applicant in the criminal proceedings informed him that he would not represent him in the cassation proceedings, the applicant brought this to the attention of the appellate court. The court granted the applicant's request and subsequently [another] counsel. was appointed to represent him further and to take the procedural measures necessary for lodging a cassation appeal. She examined the case-file and informed the applicant that nothing therein had disclosed that statu-

Die Regelung der Konvention verlangt jedoch, sofern weitere Instanzen vorgesehen sind, die in Artikel 6 enthaltenen Garantien auch im Verfahren vor diesen Instanzen anzuwenden. In den aus Polen eingereichten Klagen rügte man oft die Ungleichheit der Rechte beider Parteien in der zweiten Instanz des Strafverfahrens (siehe das Belziuk Urteil – unten Nr. 10).

Eine andere Frage beschäftigte sich mit der Reform des Kassationsverfahrens. Im Jahre 2000, wurde im polnischen Prozessrecht ein vereinfachtes Zulässigkeitsverfahren eingeführt, das eine Kassation schon in einer Vorprüfung ohne mündliche Verhandlung zurückzuweisen erlaubte. Dabei entstand die Frage, ob das Oberste Gericht die neue Verfahrensordnung auf die zuvor eingereichten Kassationen anwenden darf. In der Entscheidung Zmalinski ./. Republik Polen (16 X 2001 - 52039/99) hat der EGMR die Übereinstimmung dieses Verfahrens mit der Konvention bejaht. Es wurde betont, dass das Recht auf Zugang zum Gericht keineswegs einen absoluten Charakter besitzt. Beschränkungen, insbesondere auf der Ebene der dritten Instanz, sind also zulässig, solange sie keinen ungerechtfertigten Charakter besitzen[13]. Ein Jahr später erkannte

---

tory grounds for lodging such an appeal existed in the case. In these circumstances, the Court cannot find that the courts remained passive in response to the applicant's efforts to have a cassation appeal lodged. There is no indication that [the counsel] was negligent or superficial in making her conclusion. The Court further observes that it is not for a domestic court to oblige a lawyer, whether appointed under the legal scheme or not, to lodge any remedy contrary to his or her opinion as to the prospects of success of such remedy, the more so as in the present case conclusion was clearly preceded by the lawyer's analysis of the case-file. On the whole, the Court considers that there is no indication that the applicant's defence was ineffective in that he could not lodge a cassation appeal with the Supreme Court".

12 "The Court notes that in the present case legal representation was compulsory for the purpose of lodging a cassation appeal to the Supreme Court and the applicant was granted free legal aid in this connection. The applicant's lawyer informed her and the second-instance court that he would not lodge the cassation appeal on her behalf because, in his opinion, that remedy would lack any prospects of success in the proceedings before the Supreme Court. He also analysed a draft appeal submitted by the applicant, but did not find any grounds for pursuing an appeal. The Court sees no indication of negligence on the part of the lawyer... Nor does it find any special circumstances which could engage the respondent State's responsibility under Article 6 § 1 of the Convention. For the above reasons, this part of the application must be rejected as being manifested ill-founded..."

13 52039/99. Das Gericht erklärte diesen Teil der Beschwerde für unzulässig:

das Gericht ähnliche Änderungen des Kassationsverfahrens in Strafsachen[14] an.

"...In the present case the Supreme Court refused to examine the applicant's cassation appeal against the judgment of the Warsaw Court of Appeal, relying on the amendments to the Code of Civil Procedure which entered into force after that appeal was lodged.
The Court considers that the applicant's right of access to a court was subject to certain limitations as regards the consideration of his cassation appeal. It notes, however, that the Supreme Court based itself on a generally recognised principle which provides for the immediate application of new procedural provisions. It further observes that... the amendments to the Code of Civil Procedure served the aim of accelerating proceedings before that court by excluding the examination of appeals which are manifestly ill-founded or do not involve any serious legal issues. Having regard to the Supreme Court's explicit reference to the right to a trial within a reasonable time guaranteed by Article 6 of the Convention, the Court finds that aim legitimate (cf. the Brualla Gómez de la Torre v. Spain judgment of 19 December 1997, § 36).
Furthermore, the Court points out that the appeal at issue was lodged after the case was examined by two instances with full jurisdiction. It is to be noted that the assessment of whether the applicant's cassation appeal warranted examination must have involved, to a certain extent, an examination of the grounds of appeal. The Supreme Court refused to entertain it, having ascertained that the applicant's appeal met at least one of the requirements set forth in the newly amended Code of Civil Procedure, namely that the appeal did not raise any serious legal issue or was manifestly ill-founded. In reaching this decision, the Supreme Court must also have ruled out the existence of an obvious breach of law with respect to the proceedings or that the proceedings were invalid for any other reason. The Court considers, therefore, that these findings must have been based on some degree of examination of the appeal.
In the light of the fact that the applicant's cassation appeal was, at least to a certain extent, examined by the Supreme Court, the Court considers that there is "a reasonable relationship of proportionality" between the means employed and the aim of accelerating cassation proceedings.
Finally, in view of the above considerations, it cannot be maintained that the very essence of the applicant's right to a court was impaired".

14 Walczak ./. Republik Polen (7 V 2002 - 77395/01). Das Gericht erklärte die Klage für unzulässig:
"It must be noted in this connection that that the amendments to the Code of Criminal Procedure which changed the procedure in which the Supreme Court examined cassation appeals, served the aim of accelerating proceedings before that court by expediting the examination of non-meritorious appeals by way of non-reasoned decisions, given at sessions held *in camera*. This aim must be regarded as a legitimate one in the light of the Convention. Further, the applicant's case was first examined on the merits by two judicial instances with full jurisdiction as to the facts and law. It cannot therefore be said that the applicant was de-

3. Die Zulässigkeit der Verfassungsbeschwerde

Das Recht auf Zugang zum Gericht erstreckt sich nicht auf die Prüfung der Verfassungsmäßigkeit von Gesetzen; es besteht keine Pflicht der nationalen Gesetzgebung eine allgemein zugängliche Verfassungsbeschwerde zu ermöglichen. Wenn aber so eine Beschwerde zulässig ist, muss erst davon Gebrauch gemacht werden; sonst wird die Klage als nicht zulässig zurückgewiesen. Das Subsidiaritätsprinzip findet hier volle Anwendung, zumindest in den Ländern, die eine echte Verfassungsbeschwerde kennen.

Im polnischen Rechtssystem besitzt die Verfassungsbeschwerde dagegen einen beschränkten (nach den Worten Georg Brunners - *unechten*) Charakter, da sie gegen eine Norm, aber nicht gegen eine individuelle Entscheidung gerichtet ist[15]. Dies wirft die Frage auf, ob und in welchem Umfang man in den aus Polen stammenden Fällen zuerst Verfassungsbeschwerde einlegen muss. Bisher gab es keinen Präzedenzfall vor dem EGMR, das Problem sollte jedoch in der Zukunft vor dem EGMR geklärt werden.

---

prived of access to a court in a manner incompatible with Article 6 of the Convention.

Finally, the Supreme Court dismissed the applicant's cassation appeal, having found it to be ill-founded. This indicates that the court, having examined the case-file and the arguments of the applicant, considered that there had been no breach of substantive or procedural laws in the proceedings before the lower courts, such as under applicable provisions of law on criminal procedure law would justify quashing the contested judgments. Therefore, the applicant's appeal was in fact examined on its merits, as the Supreme Court's examination was not limited to the issues of admissibility of this appeal.

On the whole, and having regard to the scope of the Supreme Court's examination of the appeal, it must be concluded that there was "a reasonable relationship of proportionality" between the means employed and the aim of accelerating cassation proceedings.

It follows that this part of the application is manifestly ill-founded and must be rejected in accordance with Article 35 §§ 3 and 4 of the Convention".

15 *Georg Brunner /Leszek Lech Garlicki*, Verfassungsgerichtsbarkeit, Nomos Verlagsgesellschaft, 1999, S. 51 ff.; *Bogusław Banaszak*, der Streit um die Verfassungsbeschwerde, [in:] Die Gesellschaft in der Wende, Polen, Deutschland un die Europäische Union, Wydawnictwo Uniwersystetu Wrocławskiego, 1999, S. 167 ff.

4. Die Freiheit der Person – Art. 5 EMRK

Die Fragen des Zugangs zum Gericht entstanden auch im Bereich der Freiheit der Person (Artikel 5), insbesondere in Bezug auf die Untersuchungshaft. In der alten StPO befanden sich zwei eher problematische Bestimmungen.

Erstens besaß nicht nur das Gericht, sondern auch der Staatsanwalt das Recht, über die Untersuchungshaft zu entscheiden. Die staatsanwaltliche Entscheidung war vor dem Gericht angreifbar, aber nur unter den Voraussetzungen, dass der Inhaftierte eine Beschwerde eingereicht hat und das Verfahren länger als einige Wochen dauerte. In dem Urteil Niedbała./. Republik Polen (4. Juli 2000 - 27915/95) hat der EGMR eine Verletzung des Rechts auf unverzügliche Vorführung *vor einen Richter oder einen anderen, gesetzlich zur Ausübung richterlicher Funktionen ermächtigten Beamten* (Art. 5 Abs. 3 EMRK) festgestellt. Das Gericht analysierte zuerst die verfassungsrechtliche Stellung der Staatanwälte im polnischen Recht und stellte fest, dass in Polen die Staatsanwaltschaft ein Teil der Exekutivgewalt bildet. Aus diesem Grund könne der Staatanwalt nicht als *ein zur Ausübung richterlicher Funktionen ermächtigter Beamter* betrachtet werden[1]. Das Gericht betonte auch, dass die gericht-

---

[1] "48. The Court recalls that the role of the officer referred to in Article 5 § 3 is to review the circumstances militating for and against detention and to decide, by reference to legal criteria, whether there are reasons to justify detention and to order release if there are no such reasons. Before an "officer" can be said to exercise "judicial power" within the meaning of this provision, he or she must satisfy certain conditions providing a guarantee to the person detained against any arbitrary or unjustified deprivation of liberty (see the Schiesser v. Switzerland judgment of 4 December 1979...

49. Thus, the "officer" must be independent of the executive and of the parties. In this respect, objective appearances at the time of the decision on detention are material: if it appears at that time that the "officer" may later intervene in subsequent criminal proceedings on behalf of the prosecuting authority, his independence and impartiality are capable of appearing open to doubt....

51. The Court first observes that Polish constitutional law provides for the separation of legislative, executive and judicial powers. In particular, pursuant to the provisions of the Act of 20 June 1986, governing the administration of justice, the latter power is entrusted solely to the independent courts.

52. The provisions relating to the structure, functions and organisation of the prosecuting authorities ... provide that in criminal proceedings the tasks of prosecution are carried out by prosecutors. In this respect, the Court notes the Government's submission that prosecutors in Poland were at the material time, and,

liche Kontrolle der Untersuchungshaft automatisch erfolgen müsse, die bloße Gewährleistung des Beschwerderechts genüge dagegen nicht[2]. Obwohl im Fall Niedbała die polnischen Gerichte relativ schnell über die Beschwerden entschieden, verstoße das ganze System der "nicht automatisierten Kontrolle" gegen Art. 5 Abs. 3.

---

indeed, still are, subordinate to the Prosecutor General, who at the same time carries out the function of the Minister of Justice. It is therefore indisputable that the prosecutors, in the exercise of their functions, are subject to supervision of an authority belonging to the executive branch of the Government.
53. In the Court's view, the mere fact, relied on by the Government, that under applicable laws the prosecutors, in addition to exercising a prosecutorial role also act as guardian of the public interest, cannot be regarded as conferring on them a judicial status. It notes that the prosecutors perform investigative and prosecuting functions and, therefore, their position in the criminal proceedings... must be seen as that of a party to these proceedings.
54. In addition, the prosecutors, who remanded the applicant in custody, questioned him before making the detention order and considered whether in the circumstances of the case his detention would be justified. However, in the light of the above considerations concerning the position of prosecutors as laid down in constitutional law, this does not suffice for a finding that the prosecutors offered such guarantees of independence as could be regarded as being in compliance with the requirements of Article 5 § 3 of the Convention....
56. Finally, it is noted that it is not in dispute that Polish law as applicable at the relevant time did not offer any safeguards against the risk that the same prosecutor who decided on the applicant's detention on remand might later take part in the prosecution."

2 "50. The Court further reiterates that the judicial control of the detention must be automatic (see the De Jong, Baljet and Van den Brink v. the Netherlands judgement 1984, § 51). It cannot be made to depend on a previous application by the detained person. Such a requirement would not only change the nature of the safeguard provided for under Article 5 § 3, a safeguard distinct from that in Article 5 § 4, which guarantees the right to institute proceedings to have the lawfulness of detention reviewed by a court... It might even defeat the purpose of the safeguard under Article 5 § 3 which is to protect the individual from arbitrary detention by ensuring that the act of deprivation of liberty is subject to independent judicial scrutiny (see, *mutatis mutandis*, the Kurt v. Turkey judgement 1998, § 123; *Aquilina v. Malta* [GC], 1999 § 49)
55. The Court further notes that the detention orders given by the prosecutors on 2 September 1994 and on 21 April 1995 were subsequently subject to judicial review, following the applicant's appeals, carried out after ten days and six days, respectively. However, this review was not automatic as it depended on the application lodged with the court by the applicant. Consequently, the fact that judicial review of his detention was open to him does not remedy the shortcoming that the detention orders were made by the prosecutors".

Zweitens verlängere sich, wenn die Anklage vor dem Gericht anhängig werde, automatisch die Dauer der Untersuchungshaft, sogar wenn die in dem Untersuchungshaftbefehl festgesetzte Frist abgelaufen war. Damit würde keine neue Entscheidung zur Verlängerung des Untersuchungshaft notwendig. Im Urteil Baranowski ./. Republik Polen (28 III 2000 - 28358/95)[3] stellte der EGMR fest, dass dieses System mit den Konventionsgarantien nicht übereinstimmt. Jede Freiheitsentziehung müsse eine klare rechtliche Grundlage haben; eine schweigende Zustimmung des Gerichts könne nicht als materiell-rechtliche Grundlage (Art. 5 Abs. 1 EMRK) akzeptiert werden[4].

---

3 Herr Baranowski, ein ehemaliger Polizist, wurde am 1. Juni 1993 wegen Betrugs beschuldigt und verhaftet. Seine Haft wurde mehrmals verlängert, das letzte Mal bis 31. Januar 1994. Am 11. Januar 1994 wurde die Anklageschrift vor dem zuständigen ordentlichen Gericht eingereicht. Seine Haft wurde ohne zusätzliche Entscheidung verlängert. Im Ergebnis wurde seine Haft um vier Monate verlängert, ohne dass eine entsprechende gerichtliche Entscheidung fiel, die diese Verlängerung gerechtfertigt hätte.

4 "54. The Court observes that the domestic practice of keeping a person in detention under a bill of indictment was not based on any specific legislative provision or case-law but... stemmed from the fact that Polish criminal legislation at the material time lacked clear rules governing the situation of a detainee in court proceedings, after the expiry of the term of his detention fixed in the last detention order made at the investigation stage.
55. Against this background, the Court considers, first, that the relevant Polish criminal legislation, by reason of the absence of any precise provisions laying down whether – and if so, under what conditions – detention ordered for a limited period at the investigation stage could properly be prolonged at the stage of the court proceedings, does not satisfy the test of "foreseeability" of a "law" for the purposes of Article 5 § 1 of the Convention.
56. Secondly, the Court considers that the practice which developed in response to the statutory lacuna, whereby a person is detained for an unlimited and unpredictable time and without his detention being based on a concrete legal provision or on any judicial decision is in itself contrary to the principle of legal certainty, a principle which is implied in the Convention and which constitutes one of the basic elements of the rule of law.
57. In that context the Court also stresses that, for the purposes of Article 5 § 1 of the Convention, detention which extends over a period of several months and which has not been ordered by a court or by a judge or any other person "authorised ... to exercise judicial power" cannot be considered "lawful" in the sense of that provision. While this requirement is not explicitly stipulated in Article 5 § 1, it can be inferred from Article 5 read as a whole, in particular the wording in paragraph 1 (c) ("for the purpose of bringing him before the competent legal authority") and paragraph 3 ("shall be brought promptly before a judge or other of-

Beide Regelungen wurden aufgehoben, bevor der EGMR sie für konventionswidrig erklärt hatte. Deshalb hat sich die Bedeutung dieser Urteile nur auf die Vergangenheit erstreckt.

5. Die Dauer des Verfahrens

Wie schon oben betont, liegen die größten Probleme der polnischen Justiz in der Dauer des gerichtlichen Verfahrens. Artikel 6 Abs. 1 gewährleistet ein *Recht auf Entscheidung in angemessener Frist.* In der schon sehr weit entwickelten Rechtsprechung formulierte der EGMR drei Grundsätze[5].

Erstens ist es nicht möglich, irgendwelche allgemeinen Fristen zu setzen. Jedes Verfahren muss einzeln beurteilt werden, um feststellen zu können, ob eine Verzögerung stattfand. Der Beschwerdeführer muss beweisen, dass das Verfahren offensichtlich zu lange dauerte oder dauert. Wenn aber prima facie ein Verfahren ungewöhnlich lange dauert, liegt die Beweislast dafür, dass den Justizorganen keine unnötigen Verzögerungen vorzuwerfen sind, nicht mehr beim Beschwerdeführer, sondern bei der angeklagten Regierung.

Zweitens berücksichtigt der EGMR bei der Beurteilung der Angemessenheit der Verfahrensdauer die folgenden vier Kriterien:

- die Komplexität des Falles;

---

ficer authorised by law to exercise judicial power"). In addition, the habeas corpus guarantee contained in Article 5 § 4 further supports the view that detention which is prolonged beyond the initial period foreseen in paragraph 3 necessitates "judicial" intervention as a safeguard against arbitrariness. In the Court's opinion, the protection afforded by Article 5 § 1 against arbitrary deprivations of liberty would be seriously undermined if a person could be detained by executive order alone following a mere appearance before the judicial authorities referred to in paragraph 3 of Article 5.
58. In conclusion and on the facts of the present case, the Court considers that the applicant's detention was not "lawful" within the meaning of Article 5 § 1 of the Convention. Consequently, there has been a breach of that provision".

5 Vgl. insbesondere Urteile in Fällen: Bock ./. Deutschland (29 III 1989, no. 150-A, par. 38, 48-49); X ./. Frankreich (31 III 1992, no. 234-A, par. 32); Silva Pontes ./. Portugal (23 III 1994, no. 286-A, par. 39; Comingersoll S. A. ./. Portugal (6 IV 2000, 35382/97, ECHR 2000-IV, par. 19); Frydlender ./. Frankreich (27 VI 2000, 30979/96, ECHR 2000-VII, wwwpar. 49).

- die Bedeutung des Verfahren für den Betroffenen (hier ist das Kriterium der Dauer des Verfahrens in Strafsachen wichtiger als in Zivilsachen, insbesondere wenn der Betroffene sich bereits in Untersuchungshaft befindet);
- das Verhalten des Beschwerdeführers (hier kommt es nicht nur auf das rechtswidrige Benehmen des Beschwerdeführers an; weiterhin soll solches Verhalten des Beschwerdeführers berücksichtigt werden, die zwar verfahrensrechtlich erlaubt ist, aber auf eine Verlängerung des Verfahren abzielt - Malicka-Wasowska ./. Republik Polen, 5 IV 2001 - 41413/98);
- das Verhalten der mit dem Verfahren befassten Behörden und Gerichte (hier ist vor allem die Zeit der Untätigkeit der Behörden/Gerichte zu berücksichtigen – die Verletzung der Norm des Art. 6 Abs. 1 EMRK ist beispielsweise anzunehmen, wenn zwischen den einzelnen Gerichtsterminen ohne einen triftigen Grund viele Monate liegen).

Drittens sind die Verzögerungen kumulativ für alle Stadien des Verfahrens zu betrachten. Viele relativ kurze Pausen können sich zu einer Summe aufaddieren, dic nach den Kriterien des Artikels 6 nicht mehr akzeptabel ist. Für das Zivilverfahren ist dabei auch die Phase der Vollstreckung des Urteils zu berücksichtigen. In dem Urteil Dewicka ./. Republik Polen (4 IV 2000) hat der EGMR festgestellt, dass ein Zivilverfahren erst dann zu Ende ist, wenn das im gerichtlichen Urteil anerkannte Recht vollstreckt wurde[6].

---

6 38670/97. In der Neunziger Jahren bestand in Polen eine Knappheit an Telefonleitungen. Die Beschwerdeführerin verlangte 1993 vor dem Gericht in Wroclaw, dass die polnische Telekom mit ihr einen entsprechenden Vertrag über die Installation eines Telefons in ihrer Wohnung schließe. Der Klage wurde im Jahre 1998 stattgegeben. Kurz darauf verlangte die Beschwerdeführerin auch eine Vollstreckung dieses Urteils, da, obwohl mehr als ein Jahr nach der Rechtskräftigwerdung des Urteils verging, dieses nicht vollstreckt wurde.
Das Gericht stellte die Verletzung des Art. 6 Abs. 1 fest:
" 42. ... the Court observes that, for the purposes of Article 6 § 1 of the Convention, the termination of the proceedings on the merits of the claim does not always constitute an end of a "determination of a civil right" within the meaning of that provision. What is decisive is the point at which the right asserted by a claimant actually becomes "effective", that is to say, when his civil claim is finally satisfied. Therefore, in cases such as the present one, where the party to civil proceedings has to institute enforcement proceedings in order to satisfy his or her judicially-determined claim, those proceedings must be regarded as a second stage of proceedings on the merits and, consequently, their integral part (see the Zappia v. Italy judgement of 26 September 1996, §§ 18-20)".

Die Hauptlinien der Rechtsprechung wurden noch vor dem Beitritt Polens zur EKMR erarbeitet und werden jetzt hinsichtlich der aus Polen stammenden Klagen angewendet. Da es aber in diesen Fällen recht häufig zu Verfahren vor dem EGMR kommt, wurden viele Detailfragen aufgrund dieser Beschwerden geklärt. Zwei Beispiele scheinen erwähnenswert:

- Das Entstehen eines neuen Verfahrens, das dem Einzelnen zwar neue Rechte einräumt, aber zu langen Verzögerungen führt, soll auch nach den allgemeinen Kriterien der *angemessenen Frist* beurteilt werden. In dem Urteil Halka und andere ./. Republik Polen (2 VII 2002, 71891/01) hat der EGMR ein Rehabilitations- und Entschädigungsverfahren, das in der polnischen Gesetzgebung Anfang der 90er Jahre eingeführt wurde, erörtert. Da der Gesetzgeber die Zuständigkeit des Warschauer Bezirkgerichts in der Mehrheit dieser Angelegenheiten vorsah, kam es zu beträchtlichen Verzögerungen; einige Klagen mussten jahrelang warten, bevor der Termin der ersten Verhandlung festgelegt wurde. Der EGMR bemerkte, dass jeder Staat die Verantwortung für die effiziente Organisation seines eigenen Justizsystems trägt. Diese Verantwortung gilt auch für neu eingeführte Verfahrensarten, solange keine Maßnahmen getroffen sind, um die Fehler zu beseitigen[7].
- Eine ähnliche Situation betraf das Kassationsverfahren vor dem OGH. Diese Art des Verfahrens wurde im Jahre 1996 eingeführt. In allen Sachen, in denen die Einlegung einer Kassationsbeschwerde zulässig war, musste das OGH eine Anhörung durchführen. Dies hatte zu beträchtlichen Verzögerungen geführt und im Ergebnis wurde die ZPO im Jahre 2000 geändert. Das neue System, das offensichtlich unzulässige Kassationen in einem vereinfachten Verfahren zurückzuweisen erlaubte, hat sich

---

7 Das Gericht berücksichtigte in diesem Verfahren auch die politischen und psychologischen Aspekte des Falles, EGMR:
"37. The Court accepts that, in view of the large number of similar applications lodged under the 1991 Act, the Warsaw Regional Court had to deal with an increased case-load.
However, exceptional situations and particularly important issues were at stake in the relevant proceedings. The applicants' case did not concern an ordinary compensation claim but a claim which could not have been vindicated under the former totalitarian system. Due to the political situation in Poland, the applicants were able to submit an application for compensation as late as fifty years after the relevant events.... Taking into consideration the first applicant's age and the long time she had been waiting for redress, over seven years of litigation must be considered a very considerable period...".

bewährt. Nichtsdestoweniger bleiben einige *alte Klagen* immer noch in Strassburg anhängig. Es wird bestimmt interessant sein zu sehen, wie der EGMR in diesen Fällen entscheiden wird.

6. Die unangemessene Verfahrensdauer als Verletzung des Art. 13 EMRK

Lange Zeit herrschte in der Rechtsprechung des EGMR die Meinung, dass die Verzögerungen des gerichtlichen Verfahrens nur unter die Rechtsnorm des Artikels 6 fallen. Im Ergebnis hat der EGMR in den Fällen, in denen eine Verletzung des Rechts auf eine angemessene Verfahrensdauer festgestellt wurde, eine Prüfung der ebenfalls gerügten Verletzung des Art. 13 EMRK (das Recht auf einen wirksamen Rechtsbehelf) nicht für notwendig erachtet. Im Urteil Kudla ./. Republik Polen (14 XI 2000 - Große Kammer)[8] wurde diese Auffassung grundsätzlich revidiert. Der EGMR hatte zuerst festgestellt, dass die Dauer des Strafverfahrens im Fall Kudla die Norm des Art. 6 Abs. 1 des EMRK verletze. Der EGMR führte aber seine Analyse fort, um zu prüfen, ob der Betroffene imstande war, irgendein wirksames Rechtmittel gegen die unangemessene Verfahrensdauer einzulegen. Der EGMR sah sich *zu einer Abkehr von seiner bisherigen Rechtsprechung veranlasst, weil er im Lauf der Zeit mit einer immer größer werdenden Zahl von Beschwerden wegen überlanger Verfahrensdauer konfrontiert worden ist*[9]. Ein totaler Mangel innerstaatlicher Rechtsmittel gegen eine unangemessen lange Verfahrensdauer stellt bereits eine Verletzung der EMRK dar[10].

---

8 30210/96. Der Beschwerdeführer berief sich darauf, dass die Dauer des Verfahrens (über 9 Jahre) in einem strafrechtlichen Fall nicht den Anforderungen einer „angemessenen Dauer“ (Art. 6 Abs. 1) entsprechen würde und kein effektives Rechtsmittel gem. Art. 13 der EMRK darstelle, um den Fall vor den nationalen Behörden erneut aufzuheben.

9 C.S.: Kudla ./. Polen, OIMR (Österreichisches Institut für Menschenrechte) - Newsletter 2000, no. 6, S. 222

10 “156. In view of the foregoing considerations, the Court considers that the correct interpretation of Article 13 is that that provision guarantees an effective remedy before a national authority for an alleged breach of the requirement under Article 6 § 1 to hear a case within a reasonable time.

157. As the Court has held on many occasions, Article 13 of the Convention guarantees the availability at national level of a remedy to enforce the substance of the Convention rights and freedoms in whatever form they may happen to be secured in the domestic legal order. The effect of Article 13 is thus to require the

Der EGMR stellte fest, dass der Beschwerdeführer über keine wirksamen Rechtsmittel verfügen konnte, um die Verfahrensverzögerungen rügen zu können. Deshalb, stellte das Gericht eine Verletzung nicht nur des Art. 6 Abs. 1 EMRK, sondern auch des Art. 13 EMRK fest.

7. Punktuelle Verletzungen anderen Rechtsnormen der EMRK

Was die anderen im Artikel 6 (und, teilweise in Artikel 5) garantierten Rechte betrifft, sind die Urteile in den aus Polen eingereichten Klagen eher punktuell und man kann sich auf einige Beispiele beschränken:

- Das Recht auf persönliche Teilnahme der Angeklagten an der Gerichtsverhandlung (Art. 6 Abs. 3(c) EMRK ist als ein fundamentales Element des Rechts auf ein faires Verfahren. Insbesondere ist in der erstinstanzlichen Verhandlung der Ausschluss des Angeklagten nur in Ausnahmefällen zulässig. Dagegen ist in der zweiten Instanz die Anwesenheit des Verteidigers im Prinzip ausreichend. Wenn aber der Angeklagte auf die Hilfe eines Verteidiger verzichtet, bekommt er ein Recht, auch in diesem Verfahren teilzunehmen. Ein Ausschluss des Angeklagten bildet in einem solchen Fall eine Verletzung des Prinzips der Gleichheit der Parteien (siehe Urteil Belziuk ./. Republik Polen, 25 III 1998[11]).
- Das Recht auf den Beistand eines Pflichtverteidigers (wenn dies im Interesse der Rechtspflege erforderlich ist) wurde im Urteil R. D. gegen Republik Polen (18 XII 2001)[12] auch für die Kassationsebene bejaht. Der

---

provision of a domestic remedy to deal with the substance of an "arguable complaint" under the Convention and to grant appropriate relief...
The scope of the Contracting States' obligations under Article 13 varies depending on the nature of the applicant's complaint; however, the remedy required by Article 13 must be "effective" in practice as well as in law...
The "effectiveness" of a "remedy" within the meaning of Article 13 does not depend on the certainty of a favourable outcome for the applicant. Nor does the "authority" referred to in that provision necessarily have to be a judicial authority; but if it is not, its powers and the guarantees which it affords are relevant in determining whether the remedy before it is effective. Also, even if a single remedy does not by itself entirely satisfy the requirements of Article 13, the aggregate of remedies provided for under domestic law may do so (see, among many other authorities, the Silver and Others v. the United Kingdom judgement of 25 March 1983, § 113, and the Chahal v. the United Kingdom judgement of 15 November 1996, § 145).

11 23103/93

12 29692/96 and 34612/97

EGMR hat u.a. betont, dass eine Kassationsbeschwerde in Polen nur von einem Rechtsanwalt und nur innerhalb einer bestimmten Frist eingebracht werden könne. Da in dem R. D.-Fall das Bezirksgericht so schleppend über die Beiordnung eines Pflichtverteidigers entschied, dass nicht genügend Zeit geblieben war, eine Kassationsbeschwerde vorzubereiten, hat der EGMR eine Verletzung des Art. 6 Abs. 3(c) EMRK festgestellt.

V. SCHLUSSFOLGERUNGEN

Die Rechtsprechung des Straßburger Gerichts spiegelt die Lage des polnischen Justizsystems wider. Die Art. 2, Art. 3 sowie auch Art. 7 der EMRK bereiten in seiner Rechtsprechung keine ersichtlichen Probleme. Nur selten wurden in Straßburg die Probleme des Gerichtsweges (bzw. der Zuständigkeit) sowie die Unabhängigkeit und Unparteilichkeit der Gerichte zum Gegenstand der Verhandlung. Zu erwähnen dagegen sind Verhandlungen aus den Garantien des Art. 6 EMRK, von denen der Fall Belziuk am wichtigsten war, in dem das Problem der Waffengleichheit im Appellationsverfahren thematisiert wurde. Weiterhin ergaben sich in den aus Polen stammenden Klagen oft Probleme der Dauer der Untersuchungshaft. Hier zeigten einige Klagen schon historische Mängel der polnischen Strafprozessordnung. Ein Großteil der Probleme betraf die Verfahrensdauer, bei denen die Urteile des Straßburger Gerichts bisher wenig an der Situation in Polen ändern konnten. Manche dieser Mängeln konnten durch die Reform der entsprechende Gesetze behoben werden. Teilweise geschah dies im neuen Kassationsverfahren. Diese Reform stieß jedoch auf finanzielle Grenzen. Der polnische Gesetzgeber nahm auch einen anderen Weg und beschloss Änderungen im Justizsystem durch die Konsolidierung des Verfahrens und einen Entschädigungsanspruch.

An dieser Stelle stellt sich die Frage, wie groß die Bedeutung der Straßburger Rechtsprechung für das innere Rechtssystem ist. Hier sind zwei Funktionen zu benennen.

Die erste ist die rechtsbildende Funktion. Die Konvention und die Rechtsprechung erweitern die Prüfungsmaßstäbe und die normativen Grundlagen, die die Funktionstüchtigkeit der polnischen Gerichte und anderen Institutionen verbessern. Hier ist eine weitgehende Übereinstimmung mit dem polnischen Verfassungsrecht und insbesondere der

Rechtsprechung des polnischen Verfassungsgerichts zu bemerken. Das Ergebnis ist einerseits die Berücksichtigung der Standards der Straßburger Rechtsprechung in der legislativen Arbeit und die Integration dieser Standards in das polnische Rechtssystem, insbesondere das der einfachen Gesetze. Andererseits nimmt die Straßburger Rechtsprechung unmittelbaren Einfluss auf den Prozess der Anwendung der polnischen Gesetze und auf deren Interpretation durch die polnischen Gerichte. Es ist zu betonen, dass in Polen die Rechtsprechung des Straßburger Gerichts unmittelbar bindend und anwendbar ist.

Die zweite Funktion kann man als die *abschreckende* Funktion der Rechtsprechung des Straßburger Gerichts beschreiben. Die Rechtsprechung zieht hier die Grenzen, die die Signatarstaaten nicht überschreiten dürfen. Gleichzeitig, machen sich angesichts der wachsenden Kriminalität Rufe nach einer stärkeren Ordnung bemerkbar, auch durch die Beschränkung der Rechte und Beschränkung der Garantien, die dem Angeklagten im Strafprozess zustehen. Das Streben nach Popularität im politischen Leben bringt die Politiker dazu, immer wieder Vorschläge einzubringen, die die Strafgesetze verschärfen sollen. Das Argument, dass manche der Vorschläge keine Akzeptanz des Straßburger Gerichts finden würden, spielt eine sehr wichtige Rolle bei der Gesetzgebung und bewahrt den Gesetzesgeber davor, solche Normen anzunehmen, die zwar durch die Gesellschaft akzeptiert würden, jedoch aus dem Gesichtspunkt der Gerechtigkeit und des Schutzes der Menschenrechte als nicht akzeptabel anzusehen wären.

C. Internationale Rechtshilfe zwischen Deutschland und den MOE-Ländern

PROFESSOR DR. BERND VON HEINTSCHEL-HEINEGG, MÜNCHEN/REGENSBURG*

Internationale Rechtshilfe in Strafsachen mit den Ländern Mittel- und Osteuropas aus der Sicht deutscher Staatsanwaltschaften und Gerichte

INHALT

* Der Verfasser ist Richter am OLG München.

V. These 6: Die Zusammenarbeit innerhalb des Europäischen Justiziellen Netzes funktioniert nach Aussagen der Praxis aus deutscher Sicht mit einigen osteuropäischen Staaten besser als mit einigen westeuropäischen Staaten
VI. These 7: Die traditionelle grenzüberschreitende Rechtshilfe deckt nur einen Ausschnitt der zur Verfügung stehenden Ermittlungsmöglichkeiten ab
VII. These 8: Die grenzüberschreitenden Aspekte von Einziehung und Verfall gewinnen zunehmend an Bedeutung
VIII. Ergebnis

I. EINFÜHRUNG

Rechtshilfe ist „Außenpolitik“. Die Rechtshilfe in Strafsachen zwischen der Bundesrepublik Deutschland und den Ländern Mittel- und Osteuropas erfolgt weitgehend auf der Grundlage des Europäischen Auslieferungsübereinkommens und des Europäischen Rechtshilfeübereinkommens. Die Zusammenarbeit innerhalb des Europäischen Justiziellen Netzes funktioniert nach Aussagen der Praxis aus deutscher Sicht mit einigen Osteuropäischen Staaten besser als mit einigen westeuropäischen Staaten. Durch moderne Ermittlungsmöglichkeiten steht das Rechtshilferecht allerdings vor neuen Herausforderungen.

Das Bayerische Staatsministerium der Justiz führt keine offizielle Statistik über die Rechtshilfe in Strafsachen mit den Ländern Mittel- und Osteuropas. Eine Durchsicht der im Jahr 2002 abgewickelten Rechtshilfeverfahren in Bayern ergibt aber gleichwohl ein interessantes Bild, das vermutlich für Deutschland verallgemeinerungsfähig ist. Wer als Deutscher meint, der „kleine“ Rechtshilfeverkehr (in Abgrenzung zur Auslieferung und Übernahme der Strafverfolgung) finde überwiegend von Deutschland nach den Ländern Mittel- und Osteuropas statt, sieht sich eines besseren belehrt. Überwiegend richten sich jedenfalls die Rechtshilfeersuchen im „kleinen“ Rechtshilfeverkehr an die deutschen Strafverfolgungsorgane.

So richtete im Jahr 2002 Ungarn 53 Anträge und die Tschechische Republik 74 Anträge an die Strafverfolgungsbehörden in Bayern, denen lediglich 23 Anträge nach Ungarn und nur 1 Antrag in die Tschechische Republik gegenüberstehen.

Im Auslieferungsverkehr verhält es sich allerdings umgekehrt: 15 Anträgen nach Ungarn und 10 Anträgen in die Tschechische Republik stehen 4 bzw. 1 Antrag von Ungarn bzw. der Tschechischen Republik gegenüber.

Die Zahl der Übernahmeersuchen um Strafverfolgung ist gering. Das liegt vor allem daran, wie etwa mit Polen und der Tschechischen Republik der unmittelbare Geschäftsweg eingerichtet ist. So sind bei der Übermittlung von Rechtshilfeersuchen aufgrund einer deutsch-polnischen Absprache grundsätzlich folgende Geschäftswege einzuhalten: Rechtshilfeersuchen deutscher Gerichte werden unmittelbar dem Vorsitzenden des jeweils zuständigen Wojewodschaftsgerichts übermittelt. Rechtshilfeersuchen deutscher Staatsanwaltschaften werden unmittelbar dem jeweils zuständigen Wojewodschaftsstaatsanwalt übermittelt. Dagegen werden im Verkehr mit Ungarn Rechtshilfeersuchen deutscher Gerichte noch auf dem justizministeriellen Geschäftsweg zwischen dem Bundesministerium der Justiz der Bundesrepublik Deutschland und dem ungarischen Justizministerium übermittelt. Rechtshilfeersuchen deutscher Staatsanwaltschaften werden zwischen der jeweils zuständigen Generalstaatsanwaltschaft der Bundesrepublik Deutschland und der ungarischen Generalstaatsanwaltschaft übermittelt.

Fest steht: Die Notwendigkeit effektiver grenzüberschreitender Zusammenarbeit steht nicht nur seit langem im Mittelpunkt politischen Interesses, sondern auch in der Arbeit der Staatsanwaltschaften und Gerichte nimmt die Rechtshilfe mit dem Ausland – aus bayerischer Sicht gerade mit den Ländern Mittel- und Osteuropas – einen immer größeren Stellenwert ein.

Traditionell vollzieht sich die Zusammenarbeit zwischen den Staaten in strafrechtlichen Angelegenheiten im Rahmen der Rechtshilfe. In Deutschland richtet sich der Rechtshilfeverkehr mit dem Ausland in strafrechtlichen Angelegenheiten nach dem Gesetz über die Internationale Rechtshilfe in Strafsachen (IRG), § 1 I IRG. Strafrechtliche Angelegenheiten im Sinne dieses Gesetzes sind auch Verfahren wegen einer Tat, die nach deutschem Recht als Ordnungswidrigkeit mit Geldbuße oder die nach ausländischem Recht mit einer vergleichbaren Sanktion bedroht ist, sofern über deren Festsetzung ein auch für Strafsachen zuständiges Gericht entscheiden kann, § 1 II IRG. Präventiv-polizeiliche Angelegenheiten fallen nicht darunter. Völkerrechtliche Vereinbarungen

haben Vorrang, soweit sie unmittelbar anwendbares innerstaatliches Recht geworden sind, § 1 Abs. 3 IRG.
Um die Kernaussagen zu unterstreichen, sind diese in 8 Thesen enthalten, die die große Bedeutung des Europarats deutlich werden lassen. Während die Thesen 1 bis 6 den Ist-Zustand beschreiben, soll mit den Thesen 7 und 8 ein Blick auf diejenigen Bereiche geworfen werden, die aktuell wegen des bestehenden Regelungsbedarfs im Blickpunkt praktischen Interesses stehen.

II. THESE 1: DIE FÖRDERUNG DER INTERNATIONALEN ZUSAMMENARBEIT IN STRAFSACHEN ZÄHLT ZU DEN AUFGABENSCHWERPUNKTEN DES EUROPARATS

Die Förderung der internationalen Zusammenarbeit in Strafsachen zählt zu den Aufgabenschwerpunkten des Europarats[1]. Deshalb stellt der Europarat auch die wichtigsten multilateralen Übereinkommen für die strafrechtliche Zusammenarbeit innerhalb Europas zur Verfügung. Diese Übereinkommen bilden die zentralen Regelungswerke für den vertraglichen

- Rechtshilfeverkehr (Europäisches Übereinkommen vom 20. April 1959 über die Rechtshilfe in Strafsachen, EuRhÜbk),
- Vollstreckungshilfe (Übereinkommen vom 21. März 1983 über die Überstellung verurteilter Personen, ÜberstÜbk), und
- Auslieferungsverkehr (Europäisches Auslieferungsübereinkommen vom 13. Dezember 1957, EuAlÜbk).

Diese drei Übereinkommen stehen allen Mitgliedsstaaten des Europarats und - soweit es sich im Einzelfall nicht um „geschlossene" Überein-

---

[1] Der Europarat hat am 03.04. 2003 den Staatenverbund Serbien und Montenegro als 45. Mitgliedstaat aufgenommen. Der Präsident der Parlamentarischen Versammlung würdigte insbesondere die Fortschritte auf dem Weg zur Demokratisierung, die die staatliche Gemeinschaft Serbien Montenegro innerhalb kürzester Zeit bewältigt hätten. – Für einen ständigen Sitz der EU im Sicherheitsrat der Vereinten Nationen hat sich im April 2003 der Vorsitzende der Freien Demokratischen Partei der Bundesrepublik Deutschland ausgesprochen; dies müsse die Konsequenz aus der Zerfaserung Europas in der Irak-Krise sein (Quelle: NJW 2003 Heft 18 S. XII).

kommen handelt - unter bestimmten Voraussetzungen auch Drittstaaten zum Beitritt offen.

Diese zentralen Regelungswerke bilden vielfach die Mutterkonventionen für andere Verträge:

Ergänzt werden sie zunächst einmal durch Zusatzprotokolle wie z.B. das Zweite Zusatzprotokoll zum europäischen Auslieferungsübereinkommen vom 17. März 1978. Übrigens: Das Erste Zusatzprotokoll, das bestrebt ist, das Auslieferungshindernis der politischen strafbaren Handlung gemäß Art. 3 EuAlÜbk insbesondere für Völkermord und Delikte durch Verletzung der Genfer Konvention zu beseitigen, hat die Bundesrepublik Deutschland noch immer nicht ratifiziert. Die Gründe bleiben unerfindlich und führen im Ausland zu Missverständnissen.

Ergänzt werden die Mutterkonventionen auch durch bilaterale Zusatzvereinbarungen, zuletzt durch die am 19.Juni 2002 in Kraft getretenen deutsch-tschechischen Ergänzungsverträge zum Europäischen Auslieferungsübereinkommen (EuAlÜbk) und zum Europäischen Rechtshilfeübereinkommen (EuRhÜbk) vom 2.Februar 2000[2] sowie die entsprechenden deutsch-polnischen Vereinbarungen.

Schließlich sind die hierzu möglichen individuellen Vorbehalte und Erklärungen der Mitgliedstaaten zu beachten.

III. THESE 2: DER ZUGANG DEUTSCHER STRAFJURISTEN ZUM RECHT DER INTERNATIONALEN RECHTSHILFE IST AUS ZWEI GRÜNDEN ERSCHWERT

1. Es besteht ein kompliziertes Geflecht innerstaatlicher und ausländischer Gesetze, bi- und multinationaler Übereinkommen sowie ergänzender Regelungen und Richtlinien

Auf der Suche nach dem anzuwendenden Recht steht am Anfang scheinbar ein rechtstechnisches, für die Praxis jedoch höchst unerfreuliches Thema: Die Suche nach dem anzuwendenden Rechtshilferecht.[3] Nicht nur der Rechtsanwender, sondern auch der in die Mühlen interna-

---

2 Bundesgesetzblatt 2001 Teil II S. 726 – 750.

3 Sehr hilfreich sind die in der NJW in regelmäßigen Abständen veröffentlichten Arbeitshilfen; zuletzt *Schomburg* NJW 2002, 1629

tionaler Rechtspflege geratene „Rechtsunterworfene“ hat einen Anspruch auf die wenigstens generelle Möglichkeit, das aktuell anzuwendende Recht zu finden. Davon kann seit langem und derzeit noch keine Rede sein. Das regionale Rechtshilferecht ist auch unter Berücksichtigung eines gewissen „Umbruchsbonus“ in Europa in unzumutbarer Weise dissonant. Die Fahndung nach dem anwendbaren Recht ist in concreto oft schwerer, als die Fahndung nach Täter und Beweismittel.[4]

Es ist unerträglich, dass ein und dieselbe Frage, etwa wann in Europa auf die Zustimmung des Verurteilten zum Vollstreckungstransfer verzichtet werden kann, drei verschiedene Antworten aus drei verschiedenen Staatengemeinschaften (Schengen – EG/EU – Europarat) erfährt.[5]

Festzustellen, welcher räumliche Geltungsbereich europäischen Übereinkommen zukommt, bereitet selbst den Spezialisten oftmals erhebliche Schwierigkeiten. Auch verwirren immer neue Konstruktion: Entweder werden Übereinkommen vor Ratifikation aller Partnerstaaten zwischen einigen Staaten „vorläufig/vorzeitig angewendet“ (EU) und/oder einzelne Vorschriften oder gar nur Teile von ihnen werden von jedem Partnerstaat „individuell/bis auf weiteres/vorzeitig“ angewendet.[6] Schließlich gibt es die Variante, dass es trotz erfolgter Ratifikation des Übereinkommens nicht nur der zusätzlichen Ratifikation von Beitrittsprotokollen, sondern auch noch der in Kraft Setzung durch den Exekutivausschuss bedarf (SDÜ).[7]

Die Mehrzahl der neuen Rechtshilfeübereinkommen nehmen für sich in Anspruch, Europaratskonventionen zu ergänzen und in ihrer Anwendung zu erleichtern, jedoch sind sie nicht harmonisiert und sinnvoll abgestuft.

Aus deutscher Sicht kommt das Problem hinzu, dass nicht einmal die Europaratsratifikationen bzw. -beitritte zeitnah im Bundesgesetzblatt veröffentlicht werden. Hier hilft derzeit dankenswerter Weise die Öffentlichkeitsarbeit des Europarats selbst, mit seinen Charts, vor allem aber

---

4 So die zutreffend formulierten Feststellungen von *Schomburg* StV 1998, 153, 154. Die Unübersichtlichkeit des geltenden Auslieferungsrechts in Europa wird durchgängig scharf kritisiert; *Perron* ZStW 112 (2000), 202, 205; *Schübel* NStZ 1997, 105, 109.

5 Dazu *Schomburg* a.a.O. mit Fn. 6.

6 *Schomburg* a.a.O.

7 *Schomburg* a.a.O.

durch seine aktuellen Publikationen im Internet, sowie neuerdings die Homepage des Bundesgerichtshofs.[8]

2. Der Rechtshilfebegriff der völkerrechtlichen Übereinkommen unterscheidet sich vom einfachen deutschen Recht sowohl im Umfang der vom Rechtshilfebegriff erfassten Maßnahmen als auch im behördlichen Adressatenkreis

§ 74 IRG verwendet einerseits den Begriff Rechtshilfe als Oberbegriff (in einem weiteren Sinn) für sämtliche zwischenstaatliche unterstützende Maßnahmen. Andererseits sondert das IRG durch spezifische Regelungen (Teile 1 – 4 des Gesetzes) etliche Maßnahmen (Auslieferung, Durchlieferung, Vollstreckungshilfe, künftig auch Übergabe zur Vollstreckung eines Europäischen Haftbefehls) aus dem Rechtshilfebegriff aus und beschränkt den Begriff der Rechtshilfe in einem engeren Sinn auf jede sonstige Unterstützung, § 59 II IRG.

Nach § 59 II IRG ist Rechtshilfe behördenunabhängig zu verstehen, so dass nicht nur Justiz-, sondern auch Polizei-, Steuer- und Zollbehörden Rechtshilfe leisten, wenn sie sich in strafrechtlichen Angelegenheiten - verfahrensbezogen - unterstützen.

Dagegen hat in den wesentlichen bi- und multilateralen Übereinkommen der Begriff „Rechtshilfe" einen gegenüber dem Rechtshilfebegriff des IRG eingeschränkten Bedeutungsinhalt. Prägend ist das europäische Rechtshilfeübereinkommen (EuRhÜbk), das Auslieferung und Vollstreckungshilfe aus dem Rechthilfebegriff ausnimmt, vgl. Art. 1 II EuRhÜbk, so dass insoweit Übereinstimmung mit der „sonstigen" Rechtshilfe des IRG besteht. Von Rechtshilfe ist zudem lediglich im Zusammenhang mit Verfahren hinsichtlich strafbarer Handlungen die Rede, für deren Verfolgung die Justizbehörden des ersuchenden Staates zuständig sind, vgl. Art. 1 I EuRhÜbk.

Die gegenseitige Unterstützung von Polizeibehörden bei der Verfolgung von Straftaten unterfällt dagegen in der Regel dem Begriff der „Zusammenarbeit", vgl. Teil III Kapitel 1 des SDÜ sowie diverse Abkommen zur OK-Bekämpfung. Dieser Begriff umfasst allerdings auch die präventiv-polizeiliche und die nicht auf ein konkretes Verfahren bezogene allgemeine Kooperation.

---

[8] www.bundesgerichtshof.de

Gegenseitige Unterstützung von Zoll- oder Steuerbehörden bei einer Strafverfolgung ist nach dem Sprachgebrauch der internationalen Übereinkommen dagegen Amtshilfe oder – neuerdings auch - Zusammenarbeit, wenngleich wegen des weiter gefassten Rechtshilfebegriffs des IRG dessen Bestimmungen ergänzend auch für diese „Amtshilfe" sein können.

IV. THESE 3: DER RECHTSHILFE- UND AUSLIEFERUNGSVERKEHR MIT DEN STAATEN MITTEL- UND OSTEUROPAS ERFOLGT BEREITS WEITGEHEND AUF DER GRUNDLAGE DES EUROPÄISCHEN AUSLIEFERUNGSÜBEREINKOMMENS UND DES EUROPÄISCHEN RECHTSHILFEÜBEREINKOMMENS

1. Das Verhältnis zwischen der Bundesrepublik Deutschland und Tschechien ist aufgrund der bilateralen Ergänzungsabkommen besonders eng. Diese Abkommen dienen als Vorbild für die bilateralen Abkommen mit Polen

Hinsichtlich des deutsch-tschechischen Ergänzungsvertrags zum Europäischem Auslieferungsübereinkommen (CZ-ErgV EuAlÜbk) ist insbesondere hinzuweisen auf die Regelungen zur Verjährung (Art. 4), zur Spezialität (Art. 7), zur Fristwahrung bei vorläufiger Inhaftnahme gem. Art. 16 Abs. 4 des Europäischen Auslieferungsübereinkommens (Art. 9 Abs. 3) sowie zum Datenschutz (Art. 15 - 18).

Beim deutsch-tschechischen Zusatzvertrag zum Europäischen Rechtshilfeübereinkommen (CZ-ErgV EuRhÜbk) sind insbesondere folgende Bestimmungen von Bedeutung:

- Art. 3 über die Möglichkeit der Verweigerung der Rechtshilfe aus Verhältnismäßigkeitsgründen,
- Art. 4 über Ersuchen um Herausgabe,
- Art. 6, 10 und 12 für Zustellungsersuchen; wesentlich sind die Möglichkeit der unmittelbaren Zustellung von Schriftstücken durch die Post sowie die Bestimmungen zum Umfang der Übersetzungspflicht von zuzustellenden Schriftstücken,
- Art. 11 über den Grundsatz des unmittelbaren Geschäftswegs, der bereits im Vorgriff praktiziert wird,

- die in Art. 17 bis 22 geregelten besonderen Ermittlungsmethoden betreffend die Überwachung der Telekommunikation (vgl. hierzu auch die Kosten in Art. 13 Abs. 2), die Nacheile, die grenzüberschreitende Observation, die kontrollierte Lieferung, die verdeckte Ermittlung und gemeinsame „Koodinierungsgruppen",
- Art. 23 über die polizeiliche Rechtshilfe (vgl. hierzu auch Art. 2 des Deutschen Vertragsgesetzes) sowie
- Art. 24 – 28 über den Datenschutz.

2. *Das EU-Geldwäsche-Übereinkommen ist bereits von einer Reihe osteuropäischer Staaten ratifiziert worden*

Das EU-GeldwäscheÜbk ist bereits von einer Reihe von Staaten wie etwa Bulgarien, Estland, Georgien, Kroatien, Lettland, Litauen, Polen, Rumänien, Russland, Slowenien, Tschechien, Ungarn und der Ukraine ratifiziert worden.

V. THESE 4: DIE ZUSAMMENARBEIT INNERHALB DES EUROPÄISCHEN JUSTIZIELLEN NETZES FUNKTIONIERT NACH AUSSAGEN DER PRAXIS AUS DEUTSCHER SICHT MIT EINIGEN OSTEUROPÄISCHEN STAATEN BESSER ALS MIT EINIGEN WESTEUROPÄISCHEN STAATEN

Diese These ist die Quintessenz aus zahlreichen Gesprächen mit Staatsanwälten, die mit Auslandssachen befasst sind.

Rechtshilfeersuchen dauern immer noch zu lange, werden nicht oder nur teilweise beantwortet oder stoßen auf sonstige nicht vorhersehbare Hindernisse in den ersuchten Staaten. Dem will das Europäische Justizielle Netz (EJN)[9] entgegenwirken:

---

[9] Nicht zu verwechseln mit *Eurojust*, der Europäischen Verbindungsstelle für die Verfolgung schwerer grenzüberschreitender Straftaten. *Eurojust* hat am 29.04.2003 in Den Haag, wo schon das Europäische Polizeiamt – *Europol* – ansässig ist, ihre Arbeit aufgenommen. Die Initiative zur Gründung von *Eurojust* wurde auf der Tagung des Europäischen Rats in Tampere im Oktober 1999 gefasst. Um die Bekämpfung schwerer Formen der organisierten Kriminalität zu verbessern, hatte damals der Europäische Rat die Einsetzung einer Einheit beschlossen, die sich aus Staatsanwälten, Richtern und Polizeibeamten zusammensetzt, die von jedem der Mitgliedsstaaten entsendet werden und alle gemäß dem

Als gemeinsame Maßnahme der Europäischen Union am 07. August 1998 geschaffen, ist das EJN ein Instrument zur Vereinfachung und Beschleunigung der grenzübergreifenden Strafverfolgung in Europa, insbesondere, jedoch auch nicht ausschließlich, im Bereich der organisierten Kriminalität, des Drogenhandels und des Terrorismus. Kurz: eine Serviceeinrichtung für die mit der Verfolgung und Aufklärung schwerer Straftaten befassten europäischen Behörden einschließlich der Polizei und Gerichte. Die Kontaktstellen kontrollieren nicht; sie helfen und beraten.

Das EJN besteht aus sog. Kontaktstellenvertretern der EU-Länder und der Beitrittskandidaten, die bereit und insbesondere auch sprachlich in der Lage sind, unmittelbaren formlosen Kontakt untereinander herzustellen. Erklärtes Ziel des EJN ist es, dass sich die Kontaktstellenvertreter auch persönlich kennen.

Das EJN ersetzt zwar nicht die justizielle Rechtshilfe im herkömmlichen Sinn. Es kann sie jedoch vorbereiten, begleiten, beschleunigen und im Einzelfall durch Einholung juristischer und tatsächlicher Auskünfte entbehrlich machen.

Beispielhafte Fragestellungen:

- Sind bestimmte strafprozessuale Maßnahmen in einem Land überhaupt möglich, welche Voraussetzungen müssen vorliegen?
- Befindet sich ein Beschuldigter oder Zeuge (noch) in Haft?
- Wie schnell kann ein Rechtshilfeersuchen erledigt werden, ist es überhaupt erforderlich?
- Warum ist ein Rechtshilfeersuchen noch nicht beantwortet?

---

jeweiligen Rechtssystem ihres Landes ähnliche Befugnisse haben. *Eurojust* soll die Aufgabe erhalten, zu einer wirksamen Koordinierung zwischen den mit den Ermittlungen beauftragten nationalen Behörden beizutragen und die Ermittlungen auf dem Gebiet der organisierten Kriminalität zu unterstützen und zwar insbesondere auf der Grundlage einer durch *Europol* erstellten Analyse. Diese Einheit soll darüber hinaus eng mit dem Europäischen Justiziellen Netz zusammenarbeiten, damit die Bearbeitung von Rechtshilfeersuchen vereinfacht werden kann. Mit dem In-Kraft-Treten des neuen Vertrages soll *Eurojust*, so fordern es jetzt die beiden Justizminister, mit zwingenden Befugnissen zur Koordinierung und Einleitung von Ermittlungen ausgestattet werden. In der Folge könnte sich *Eurojust*, so die damit verbundene Hoffnung, zu einem wirkungsvollen Kollegium europäischer Staatsanwälte entwickeln, das in der Lage ist, Ermittlungen zu führen, selbst die Strafverfolgung vor den nationalen Gerichten einzuleiten und damit die grenzüberschreitende organisierte Kriminalität noch wirksamer zu bekämpfen.

Im Interesse einer weiteren Europäisierung des Straf- und Strafprozessrechts der EU-Staaten sammeln die EJN-Vertreter Erfahrungswerte, die in das EU-Gesetzgebungsverfahren einfließen können.

Von den Ländern Mittel- und Osteuropas sind dem EJN angeschlossen oder assoziiert (wobei die in Klammer gesetzte Zahl die Anzahl der Kontaktstellen bezeichnet):

- Bulgarien (2)
- Estland (3)
- Lettland (4)
- Litauen (3)
- Polen (4)
- Rumänien (3)
- Slowakei (8)
- Slowenien (2)
- Tschechien (4)

Ausblick: Der *Europäische Haftbefehl* soll die Auslieferung von Personen - insbesondere zur Strafverfolgung oder Strafvollstreckung[10] - innerhalb der Europäischen Union vereinfachen und beschleunigen. Mit Blick auf die materiellen Voraussetzungen (beiderseitige Strafbarkeit, Spezialität, Verbot der Doppelbestrafung) sind Zweifel angebracht, inwieweit dies in zufriedenstellendem Maß gelungen ist. Die Veränderungen in diesem Bereich sind weit weniger einschneidend als zunächst geplant und erwartet. Eine abschließende Beurteilung wird jedoch erst nach der vollständigen Umsetzung durch die Mitgliedsstaaten möglich sein. Dann wird sich auch zeigen, ob tatsächlich eine reibungslose Kooperation der Justizbehörden einsetzt und diese von den Spielräumen Gebrauch machen, die der Europäische Haftbefehl zur Vereinfachung und Beschleunigung des Verfahrens und zum Abbau von Vollstreckungshindernissen enthält.

Auf der anderen Seite lässt der Rahmenbeschluss jedoch – nach erfolgreicher Umsetzung – ebenfalls zwei Verbesserungen erwarten: (1) Die hochkomplexe, verwirrende Rechtslage wird vereinfacht. Der Rah-

---

10 Der Europäische Haftbefehl gilt darüber hinaus auch für die Vollstreckung einer freiheitsentziehenden Maßregel der Sicherung, Art. 1 I Rahmenbeschluss über den Europäischen Haftbefehl und die Übergabeverfahren zwischen den Mitgliedsstaaten.

menbeschluss ersetzt eine Reihe bestehender Abkommen und verbessert so die Übersichtlichkeit, die im Regelungsdschungel des Auslieferungsrechts weitgehend verlorengegangen sind. (2) Das Verfahren wird durch die Abschaffung des Bewilligungsverfahrens und die Etablierung eines Systems direkter Kooperation zwischen den Mitgliedsstaaten vereinfacht.[11]

Im Rahmen der dritten Säule der Europäischen Union stellt der Europäische Haftbefehl im strafrechtlichen Bereich die erste konkrete Verwirklichung des vom Europäischen Rat als „Eckstein" der justiziellen Zusammenarbeit qualifizierten Prinzips der gegenseitigen Anerkennung dar. Die bereits im Rahmen des SDÜ angelegte Kooperation zwischen den Strafverfolgungsbehörden wird ausgebaut und intensiviert. Gleichzeitig belegt gerade die Regelung des Straftatenkatalogs im Art. 2 Rahmenbeschluss die stillschweigende Erwartung einer Harmonisierung auch des materiellen Strafrechts. Es bleibt daher abzuwarten, ob der Europäische Haftbefehl dem Beginn einer Entwicklung markiert, an deren Ende die Auslieferung bzw. Übergabe gänzlich überflüssig wird, oder ob die Neuordnung des Auslieferungsrechts durch den Europäische Haftbefehl gerade das Nebeneinander unterschiedlicher Strafrechtssysteme innerhalb der Europäischen Union auch in Zukunft ermöglicht.

VI. THESE 5: DIE TRADITIONELLE GRENZÜBERSCHREITENDE RECHTSHILFE DECKT NUR EINEN AUSSCHNITT DER ZUR VERFÜGUNG STEHENDEN ERMITTLUNGSMÖGLICHKEITEN AB

Die traditionelle grenzüberschreitende Rechtshilfe deckt nur einen Ausschnitt der zur Verfügung stehenden Ermittlungsmöglichkeiten ab. Die Ermittlungsmöglichkeiten sind zumeist in den nationalen Strafverfahrensordnungen besonders geregelt. Weder enthalten aus deutscher Sicht das IRG noch die klassischen Rechtshilfeübereinkommen im Rahmen des Europarats einschlägige Bestimmungen zu den Voraussetzungen und Möglichkeiten grenzüberschreitender, moderner Ermittlungsme-

---

[11] Anschauliche Beispiele für die Probleme und Verzögerungen im geltenden Auslieferungsrecht bei *Nehm* DriZ 1996, 41, 43.

thoden. Die Erklärung liegt darin, dass entweder bestimmte Ermittlungsmaßnahmen zur maßgeblichen Zeit noch nicht bekannt waren oder jedenfalls kein Regelungsbedarf gesehen wurde. Ihren grenzüberschreitenden Einsatz hindert dies allerdings nicht. Weder das IRG noch das Europäische Rechtshilfeübereinkommen legen die möglichen Rechtshilfeleistungen abschließend fest. Sie sind vielmehr seinerzeit mit Blick auf künftige Entwicklungen bewusst offen gehalten worden, um die Anwendung neuer Ermittlungsmethoden zu ermöglichen.

Das weitgehende Fehlen verbindlicher Regelungen bringt eine Reihe von Problemen für die staatsanwaltliche und gerichtliche Praxis mit sich, weil die wechselseitigen Rechte und Pflichten, Verfahrens- und Verwertbarkeitsfragen nicht geregelt sind. Inzwischen sehen einige neuere, allerdings zumeist noch nicht in Kraft getretene Verträge einschlägige Regelungen vor.

Zunächst ein paar Stichworte zur grenzüberschreitenden Anwendung *nicht-operativer Ermittlungsmethoden:*

- DNA-Analyse. Die Beschaffung von Körperzellen eines – aus deutscher Sicht - im Ausland befindlichen Beschuldigten zur Durchführung molekulargenetischer Untersuchungen mit dem Ziel der DNA-Identitätsfeststellung als Beweismittel innerhalb eines laufenden Strafverfahrens wirft aus rechtshilferechtlicher Sicht keine Probleme auf. Auch umgekehrt kann für ein ausländisches Verfahren entsprechende Rechtshilfe geleistet werden, wenn die allgemeinen Rechtshilfevoraussetzungen und die besonderen Voraussetzungen der deutschen Strafprozessordnung erfüllt sind.
- Videovernehmung. § 247 a der deutschen Strafprozessordnung (StPO) erlaubt die audiovisuelle Vernehmung im Ausland befindlicher Zeugen während einer laufenden Hauptverhandlung mittels zeitgleicher Bild- und Tonübertragung. Die grenzüberschreitende Videovernehmung bereitet dabei zwar den Justizverwaltungen organisatorische und technische Schwierigkeiten, aus der Sicht der Rechtshilfe ist sie jedoch weniger problematisch. Auf die Existenz einer die Videokonferenz ausdrücklich vorsehenden völkerrechtlichen Regelung, wie sie nunmehr in Art. 10 EuRhÜbk zu finden ist, kommt es dabei nicht an. Umgekehrt kann auch ein ausländischer Staat in entsprechender Weise unterstützt werden (§ 77 IRG i.V.m. § 247 a StPO).

Grenzüberschreitende *operative Maßnahmen* sind taktische, auf verdeckter Beweiserhebung basierende Ermittlungskonzepte, zu deren

Durchführung, Erleichterung und Absicherung moderne Technik eingesetzt wird, wie die Überwachung des Fernmeldeverkehrs, die grenzüberschreitende Observation oder das Anbringen von Peilsendern an Fahrzeugen.

Umfang und Voraussetzungen einzelner operativer Ermittlungsmethoden sind auch innerhalb Europas noch sehr uneinheitlich geregelt. Wegen ihrer massiven Eingriffe in geschützte Rechte sind sie häufig der Verfolgung von Schwerkriminalität vorbehalten.

- Die grenzüberschreitende Observation ist nunmehr in Art. 19 CZ-ErgV EuRhÜbk vertraglich geregelt. Ansonsten gelten in Deutschland die allgemeinen Bestimmungen des IRG und der bestehenden Rechtshilfeabkommen. Wichtige Fragen, wie Haftung, Rechtstellung und Befugnisse der observierenden Beamten, bleiben dabei offen und eine Eilfallregelung fehlt.
- Ein Unterfall der Observation ist die kontrollierte Lieferung. Grenzüberschreitende kontrollierte Lieferungen sind überwachte, illegale Transporte von Gegenständen wie Drogen, Waffen oder Diebesgut aller Art, aus dem Inland in das Ausland oder aus dem Ausland in das Inland. Der Einsatzschwerpunkt liegt bei der Bekämpfung des Drogenhandels. Vertragliche Regelungen finden sich insoweit in Art. 11 Suchtstoffübereinkommen 1988 und Art. 73 SDÜ. Nach Art. 20 CZ-ErgV EuRhÜbk kann der ersuchte Staat die kontrollierte Durchfuhr gestatten.

Für den Einsatz verdeckter Ermittler findet sich nunmehr eine vertragliche Grundlage in Art. 21 CZ-ErgV EuRhÜbk.

Das Anbringen von Peilsendern an Fahrzeugen, optische und akustische Überwachung und ähnliche Maßnahmen gehören – abgesehen von der akustischen Wohnraumüberwachung – zum operativen polizeilichen Alltag. Vertraglich ausdrücklich vorgesehen ist der grenzüberschreitende Einsatz technischer Geräte nur in neueren Übereinkommen wie in Art. 19 III Nr. 3 (Observation) und Art. 21 IV CZ-ErgV EuRhÜbk (verdeckte Ermittlungen).

VII. THESE 6: DIE GRENZÜBERSCHREITENDEN ASPEKTE VON EINZIEHUNG UND VERFALL GEWINNEN ZUNEHMEND AN BEDEUTUNG

Die grenzüberschreitenden Aspekte von Einziehung und Verfall gewinnen zunehmend an praktischer Bedeutung. Zur Verdeutlichung nur einer Problematik, die entsteht, wenn sowohl zur Beweisführung als auch zum Zweck der Aushändigung an Geschädigte um Herausgabe gebeten wird, ein Fall, wie er dem OLG Frankfurt am Main[12] zur Entscheidung vorlag:

Sowohl zu Beweiszwecken als auch zur Rückführung verlangte die Tschechische Republik die Herausgabe mehrerer kostbarer Gemälde, die aus einem staatlichen Schloss gestohlen worden waren. Der Gewahrsamsinhaber in Deutschland, gegen den selbst keine Verdachtsmomente vorlagen, berief sich darauf, die Bilder in Unkenntnis ihrer Herkunft erworben zu haben. Auch in dem in der Tschechischen Republik geführten Ermittlungsverfahren war er nur als Zeuge vernommen worden.

Unter diesen Umständen war nach deutschem Recht, dem IRG, die Herausgabe der Bilder als Beweismittel zwar zulässig, allerdings mit dem ausdrücklichen Vorbehalt, dass Rechte Dritter, insbesondere des Gewahrsamsinhabers, unberührt bleiben und die herausgegebenen Gegenstände auf Verlangen unverzüglich zurückgegeben werden. Eine Herausgabe an das geschädigte tschechische Institut für Denkmalpflege hätte dagegen einem möglichen Eigentumsrecht des durch § 62 II 3 IRG geschützten Gewahrsaminhabers zuwiderlaufen können. Ein solches Eigentumsrecht konnte nicht von vornherein ausgeschlossen werden, weil es nach deutschem Privatrecht möglich erschien, dass der Gewahrsamsinhaber mittlerweile Eigentümer der Bilder durch Ersitzung (§ 937 BGB) geworden war. Die Tschechische Republik musste daher hinsichtlich der endgültigen Entscheidung über eine etwaige dingliche Herausgabeverpflichtung des Gewahrsamsinhabers auf den Zivilrechtsweg verwiesen werden.

---

[12] Nach *Hackner/Lagodny/Schomburg/Wolf* Internationale Rechtshilfe in Strafsachen, 2003, Rn. 241.

VIII. ERGEBNIS

Es gibt noch viel zu tun, aber es ist auch schon sehr viel in den vergangenen Jahren erreicht worden.

D. Die veränderte Stellung des Richters

GEERT W. MACKENROTH, ITZEHOE*

Die Rolle der Richterschaft im Modernisierungsprozess der bundesdeutschen Justiz

Die bundesdeutschen Gerichte und Staatsanwaltschaften nehmen im (leider nicht existierenden) internationalen Qualitätsvergleich vermutlich einen Platz zumindest im oberen Mittelfeld der Leistungstabellen ein. Rund 25.000 Richter und Staatsanwälte bewältigen jährlich unter anderem etwa 2 Millionen Zivilprozesse und rund 700.000 Strafverfahren. Die durchschnittliche Erledigungsdauer der Zivilverfahren vor den Amtsgerichten beträgt weniger als fünf Monate, bei den Landgerichten liegt sie zwischen sechs und sieben Monaten. Die bei uns (wiederum im internationalen Vergleich) sehr hohe Richterdichte - die Zahl der Richter und Staatsanwälte im Verhältnis zur Gesamtbevölkerung - lässt sich problemlos damit erklären, dass der deutsche Gesetzgeber unseren Richterinnen und Richtern eine Vielzahl von Aufgaben zugewiesen hat, die in anderen Ländern durchweg von nichtrichterlichem Personal - gelegentlich nicht einmal von Gerichten - bearbeitet werden.

Trotz dieser eigentlich beruhigenden Erkenntnisse steht die Justiz in der Bundesrepublik Deutschland vor großen Herausforderungen und einem tiefgreifenden Umbruch. Dies hat - soweit ich sehe - im wesentlichen drei Ursachen:

1. Die Zahl der Richter und Richterinnen, Staatsanwälte und Staatsanwältinnen sinkt seit Jahren ständig, eine große professionelle Studie der Firma Arthur Anderson vom letzten Jahr hat ergeben, dass in Deutschland 17% der erforderlichen Richter und Staatsanwälte fehlen. Demgegenüber hat sich die Zahl der deutschen Rechtsanwälte in den letzten rund 7 Jahren nahezu verdoppelt. Dennoch wird die Personalausstattung der Justiz insgesamt mit hoher Wahrscheinlichkeit auf Dauer weiter sinken. Demgegenüber: Der Arbeitsanfall in den Gerichten und Staatsanwaltschaften hat in den letzten Jahren ständig

* Der Verfasser ist Vorsitzender der Deutschen Richterbundes und Präsident des Landgerichtes Itzehoe.

zugenommen, bedingt auch durch zahlreiche neue Gesetze, eine zunehmende Verrechtlichung aller Lebensfelder und eine steigende Regelungsdichte.

Zwar ist unbestritten: Die anderen Staatsgewalten haben im Prinzip der Justiz die zur Erfüllung ihrer Aufgaben erforderliche Ausstattung in personeller und sächlicher Hinsicht zukommen zu lassen. Die Justiz arbeitet dennoch vielfach unter veralteten Rahmenbedingungen: Moderne Medien und Arbeitsmittel können wegen der sich dramatisch verschlechternden Haushaltslage in den 16 Bundesländern und im Bund nicht zeitnah angeschafft und eingesetzt werden.

2. Mehr vielleicht noch als diese Äußerlichkeiten verändern „weiche Faktoren“ schleichend die bundesdeutsche Justizlandschaft und signalisieren damit einen Umbruch: Nach der klassischen Sichtweise ist der Richter in der gewaltengeteilten Gesellschaft verantwortlich alleine für die Streitentscheidung, die Rechtsfindung und die Rechtsanwendung - diese Perspektive verschiebt sich in Deutschland langsam, aber stetig. Richter und Richterinnen werden zum Schlichter, zu Moderatoren, zu Managern des Rechts, die autoritative Rechtsprechung weicht zurück vor dem neuen, alles überragenden Leitbild der Akzeptanz der Rechtsprechung.

Parallel dazu wächst das Konfliktpotential zwischen den deutschen Staatsgewalten, der Druck von außen auf die Justiz nimmt zu. Selbst höchste Repräsentanten der deutschen Politik scheuen sich nicht vor - glücklicherweise bisher noch vereinzelt gebliebenen - Über- und Eingriffen in die dritte Staatsgewalt. Richter und Staatsanwälte sehen sich mit zahlreichen neuen Forderungen konfrontiert - die Anwaltschaft stellt bereits die Frage, ob die richterliche Unabhängigkeit in ihrer bisherigen Form ausgedient habe. Die Justiz agiert demgegenüber nicht, sondern ist gesamtgesellschaftlich in einer eher defensiven Position, verteidigt sich, reagiert lediglich, wehrt sich manchmal gegen den Wandel schlechthin und damit gelegentlich auch gegen notwendige Modernisierungsbestrebungen.

3. Einen dritten und letzten Indikator für einen bevorstehenden Umbruch der bundesdeutschen Justizlandschaft sehe ich schließlich in Folgendem: Der Anspruch der Bürgerinnen und Bürger an eine leistungsfähige Justiz und an Einzelfallgerechtigkeit wächst ständig. Diese Entwicklung ist prinzipiell erfreulich, führt sie uns doch die Notwendigkeit der Qualitätssteigerung in der Justiz überdeutlich vor Augen. Diese Er-

wartungshaltung der Öffentlichkeit, der durch die leeren Kassen hervorgerufene Einsparungsdruck, der gesamtgesellschaftliche Gegenwind, der der Justiz ins Gesicht bläst, und die Erkenntnis, notwendige Modernisierungen und Umstrukturierungen in den vergangen Jahrzehnten sträflich vernachlässigt zu haben, sind die wesentlichen Ursachen für den Ruf nach einer umfassenden Modernisierung der bundesdeutschen Justiz. Sie wird alle, aber auch alle Möglichkeiten zur Effizienz- und Qualitätsverbesserung zu nutzen haben, um ihre überragende Stabilisierungsfunktion für den Rechtsstaat erhalten zu können.

Wie sieht dieser Modernisierungsprozess der bundesdeutschen Justiz aus? Zunächst drei Vorbemerkungen, die weitgehend nicht im Streit sind:

1. Eine Modernisierung der Justiz ist kein Selbstzweck, sondern hat - hierüber sind sich jedenfalls die Experten einig - wie die Justiz selbst dienenden Charakter. Hauptaufgabe der Gerichte ist und bleibt es, Recht zu sprechen. Die Verfassung der Bundesrepublik Deutschland hat die Rechtsprechung den Richterinnen und Richtern anvertraut. Auch in der Justiz setzt sich immer mehr die Erkenntnis durch: Die Rechtsprechung erschöpft sich nicht in dem Urteilsspruch, nicht in der spruchrichterlichen Tätigkeit als solcher. Auch bei Richtern und Staatsanwälten wächst die Erkenntnis: Sie sind in erster Linie verantwortlich für den *Output* der Gerichte und Staatsanwaltschaften insgesamt, sie sind mitverantwortlich für die Funktionsfähigkeit und einen hohen qualitativen Standard der dritten Staatsgewalt. Diese Mitverantwortung der Richter und Staatsanwälte, die seitens der Öffentlichkeit und der Politik in der Bundesrepublik Deutschland immer stärker eingefordert wird, garantiert zwar noch nicht qualitativ und quantitativ hochstehende Leistungen; dennoch tragen die Richter und Staatsanwälte ein besonders hohes Maß an Verantwortung für die Funktions- wie die Leistungsfähigkeit der Justiz. Jede Modernisierung soll die Qualität der Rechtsprechung sowie die Unabhängigkeit der Gerichte gewährleisten und die dafür erforderlichen Arbeits- und Rahmenbedingungen erhalten oder womöglich verbessern.

2. Gerichte und Staatsanwaltschaften erbringen ihre Leistungen nicht im gesamtgesellschaftlichen Vakuum, sondern für Menschen. Der Orientierung an dem Menschen, der die Leistungen der Justiz nachfragt, (das Wort Kunde nehmen viele Kolleginnen und Kollegen nicht gerne in den Mund) dient das Qualitätsmanagement, das in jüngster Zeit verstärkt Einzug hält in deutsche Gerichte und Staatsanwaltschaften. Die Frage

nach der Qualität ihrer Arbeit beschäftigt die bundesdeutsche Justiz derzeit in hohem Maße. Qualitätsmanagement will dem „Kunden“ eine möglichst gute Leistung der Justiz garantieren. Qualitätsmanagement befasst sich nicht unmittelbar mit den Inhalten richterlicher Entscheidungen, die allein von der Rechtsmittelinstanz überprüft werden, sondern stellt die Art und Weise der Leistungserbringung, sämtliche Rahmenbedingungen der Dritten Staatsgewalt auf den Prüfstand. Dies geht so weit, dass mittlerweile auch die bundesdeutsche Struktur der dritten Staatsgewalt als solche hinterfragt wird: Sind die derzeitigen Organisationsformen namentlich mit den Abhängigkeiten der Dritten Staatsgewalt von der Exekutive optimal, garantieren sie die Zukunftsfähigkeit der Justiz, oder bedarf es einer stärkeren Eigenständigkeit der rechtsprechenden Gewalt, ist die Justiz vielleicht sogar - nach dem Vorbild anderer europäischer Staaten auch in Mittel- und Osteuropa - in mehr oder weniger Selbstverwaltung bzw. Eigenverantwortung zu entlassen? Die Diskussion über diese Frage ist in Politik und Wissenschaft noch nicht abgeschlossen. Die maßgeblichen Richterverbände haben sich langfristig klar für eine Selbstverwaltung auch der bundesdeutschen Justiz ausgesprochen. Über konkrete Zwischenschritte wird derzeit nachgedacht.

3. Die Qualität der Tätigkeit von Richtern und Staatsanwälten erschöpft sich - wie gesagt - nicht in einer Gesetzeskonformität, die Arbeit in den Gerichten ist kein Selbstzweck. Menschenrechtskonvention und nationale Verfassung schreiben vor, dass gerichtliche Entscheidungen in angemessener Zeit und in einem fairen, vorher bestimmten Verfahren ergehen. Diese Vorgaben, diese „Standards“ gilt es, in die bundesdeutsche Justizwirklichkeit, in den Alltag herunterzubrechen und in den Modernisierungsprozess einzubringen. Die Definitionsmacht über Standards auch für die Justiz hat herkömmlicherweise in Deutschland die Exekutive, der Justizminister. Natürlich kann über die Definition von Standards Einfluss genommen werden auf den Inhalt richterlicher Entscheidungen. Damit ist das Spannungsverhältnis zwischen der Modernisierung der Justiz und der Unabhängigkeit der Richter bzw. der Gesetzesbindung der Staatsanwälte angesprochen: Nur eine autonom *aus der Richterschaft heraus* definierte und kontrollierte Qualität sichert dauerhaft die Unabhängigkeit der rechtsprechenden Gewalt und entspricht damit am ehesten den verfassungsrechtlichen Vorgaben. Je mehr sich Richter und Richterinnen, Staatsanwälte und Staatsanwältinnen in den Modernisierungsprozess einbringen, diesen selbst gestalten und kontrollieren, je deutlicher

der Einfluss der Justiz- und Finanzministerien hier zurückgedrängt wird, desto nachhaltiger werden die Ergebnisse die dritte Staatsgewalt zukunftsfähig machen. Die Richter und Staatsanwälte handeln zunehmend nach dem Sprichwort: „Hilf dir selbst, dann hilft Dir Gott.“

Nach diesen notwendigerweise eher theoretischen Bemerkungen zur Praxis: Wie sieht die Modernisierung der bundesdeutschen Justiz in concreto aus, und welche Rolle spielen dabei die Richter und Staatsanwälte?

Auf die erste Frage gibt es in Deutschland mindestens 17 Antworten. Das föderale System der Bundesrepublik weist die Justizverwaltung den 16 Bundesländern zu, daneben gibt es die obersten Bundesgerichte, die direkt vom Bund verwaltet werden. Der bundesdeutsche Föderalismus hat der dritten Staatsgewalt sehr unterschiedliche Lebenswirklichkeiten beschert - Personalausstattung, der Grad der Ausstattung der Gerichte und Staatsanwaltschaften mit EDV, die Unterbringung der Gerichte und Staatsanwaltschaften, das zahlenmäßige Verhältnis zwischen Richtern und Staatsanwälten auf der einen sowie dem sogenannten Folgepersonal auf der anderen Seite - in all diesen Feldern zeigen sich gravierende Unterschiede zwischen den 16 Bundesländern. Dementsprechend differiert auch die Leistungsfähigkeit der Justiz: die Erledigungszeiten etwa in den Zivilverfahren vor den Landgerichten betragen durchschnittlich zwischen 5,2 Monaten (Baden-Württemberg) und 10,2 Monaten im Jahre 2001, die Berufungen in Zivilsachen vor den Oberlandesgerichten dauerten zwischen 5,0 Monaten (Sachsen) und 15,9 Monaten. Während einige Bundesländer ihre Justiz bereits flächendeckend mit PCs, einem Intranet, Internetanschlüssen und modernster Bürotechnik ausgestattet haben, gibt es in anderen noch nicht einmal einen Zeitplan, bis zu dem die technische Aufrüstung der Justiz mit Computern abgeschlossen sein soll.

Dem entspricht ein völlig unterschiedlicher politischer Stellenwert der Modernisierungsprozesse in den Bundesländern: Während einige Länder großen Wert auf Modernisierung legen und dort mit Hilfe der Richterschaft die Projekte und Vorhaben weit vorangetrieben haben, finden sich andere erst am Anfang dieses Prozesses. Diese Leistungsunterschiede - und dies scheint mir gravierend - werden in der Öffentlichkeit nicht thematisiert, eine PISA - Studie für die deutsche Justiz gibt es leider noch nicht, und daher ist der Veränderungsdruck in vielen Ländern nicht allzu groß. Dennoch lassen sich für den Modernisierungsprozess gemeinsame Linien festhalten, die jedenfalls innerhalb der Justiz selbst, also unter den Richtern und Staatsanwälten, weitgehend konsentiert sind. Lassen Sie mich diese Grundprinzipien der Justizmodernisierung in zehn Thesen zusammenfassen, die - soweit ich erkenne - jedenfalls *innerhalb* der bundesdeutschen Justiz kaum bestritten werden:

1. Jede Modernisierung braucht Zielvorgaben. Die auch europaweit heftig und u.a. durch den Consultative Council of European Judges (CCJE) im Auftrag des Europarates in Gang gekommenen Bemühungen um ein „Leitbild Justiz" oder - wie es früher hieß - um richterliche Ethik sind eine notwendige Vorstufe zu jeder Modernisierung, weil erst die richterliche Ethik die für die Justiz gültigen Qualitätsmaßstäbe definiert. Der Deutsche Richterbund hat vor wenigen Monaten ein umfangreiches und aussagekräftiges Papier zur Qualität der Arbeit in den Gerichten und Staatsanwaltschaften verabschiedet. Auch die deutsche Anwaltschaft bemüht sich mittlerweile um ethische Standards, ich bin überzeugt davon, dass die Schnittmenge dieser Arbeiten die Dritte Staatsgewalt in Deutschland voranbringen wird.

2. Jede Modernisierung der Justiz ohne eine umfassende Mitwirkung der Richter und Staatsanwälte bzw. ohne eine umfassende Mitbestimmung ist unprofessionell und zum Scheitern verurteilt. Während einige Länder die Mitbestimmung eher stiefmütterlich behandeln, regeln andere nahezu alle Modernisierungsvorhaben - auch Streitfragen - im Einvernehmen mit der Richterschaft, oft sogar durch förmliche Verträge.

3. Das dem Grundsatz vom „schlanken Staat" folgende Prinzip der Deregulierung bringt auch für die Justiz Gewinn. Die durchweg sinnvolle Verlagerung von Aufgabe, Kompetenz und Verantwortung weg von den Justizministerien hin auf die Obergerichte oder auch noch weiter nach unten bringt für die Richter und Staatsanwälte mehr Verantwortung, aber auch einen erheblichen Zuwachs an Aufgaben in der Justizverwaltung mit sich, ich nenne Stichworte wie Budgetierung, Personalverantwortung und Controlling durch eine moderne Kosten - Leistungs - Rechnung. Die bundesdeutsche Justiz ist bereit und in der Lage, diese zusätzlichen Aufgaben im Justizmanagement zu übernehmen.

4. Richter und Staatsanwälte aber müssen diese neuen Aufgaben lernen, sie sind dafür bisher nicht oder allenfalls unzureichend ausgebildet. Die Bewirtschaftung von Haushaltsmitteln oder die Personalverwaltung beispielsweise wurden und werden in der Juristenausbildung nicht gelehrt. Daneben gehört die fachspezifische Weiterbildung sowie Ausbil-

dung auch in den neuen Tätigkeitsfeldern zu den unverzichtbaren ethischen Grundanforderungen an den Richterberuf.

5. In Deutschland gibt es - mit 17 verschiedenen Ausprägungen in den Ländern und im Bund im Einzelnen - im Wesentlichen zwei Verfahren der Richterauswahl, nämlich das Modell „Richterwahlausschuss" - vom Parlament gewählte Politiker, Anwälte, Richter wählen die Richter und Richterinnen - und das „Präsidialratsmodell" - die Exekutive ernennt nach Anhörung der Richterschaft. Keines dieser Modelle ist perfekt, nicht selten ist starker parteipolitischer Einfluss auf die Personalauswahl zu beobachten. Diesen gilt es zurückzudrängen. Beförderungsentscheidungen sind allein nach den verfassungsrechtlichen Kriterien Eignung, Befähigung und Leistung zu treffen. Eine Kooptation, d. h. eine Selbstrekrutierung der Richterschaft aus sich selbst heraus, ist wenn nicht verfassungsrechtlich unzulässig, so doch gesamtgesellschaftlich höchst unerwünscht. Die Justiz, aber auch die Anwaltschaft wird jedoch künftig wesentlich stärker als bisher bei den Personalentscheidungen mitreden, und zwar differenziert zwischen den Neueinstellungen und den Beförderungsentscheidungen.

6. Die Staatsanwaltschaft ist und bleibt Teil der bundesdeutschen Justiz. Bestrebungen, sie im Zuge zunehmender Selbstverwaltung der dritten Gewalt auch formell der Exekutive zuzuordnen oder ihr richterliche Unabhängigkeit zuzubilligen, werden in der Bundesrepublik Deutschland keinen Erfolg haben. Die Staatsanwaltschaft ist bei ihrer Arbeit in jedem Einzelfall allein an das Gesetz gebunden. Damit ist das sogenannte externe Weisungsrecht der Exekutive gegenüber den Staatsanwaltschaften nicht zu vereinbaren, nicht mehr zeitgemäß und abzuschaffen.

7. Bei allen notwendigen Bemühungen um Qualitätsverbesserungen und Standardisierung: die Qualität richterlicher Arbeit ist letztlich nicht messbar. Weniger die Sachverhaltsfeststellung, aber jedenfalls die Subsumtion und die Entscheidungsfindung sind ein schöpferischer Prozess, der sich jeder Messung entzieht. Daten sind gleichwohl ebenso unerlässliche Hilfsmittel zur Optimierung der Justiz wie die vielfach noch ausstehende technische Modernisierung.

8. Derzeit gelten als Indikatoren für die Qualität der Arbeit des einzelnen Richters oder Staatsanwalts unter anderem

- Beurteilungen und Beförderungen,
- Erledigungszahl und –geschwindigkeit,

- Rechtsmittelhäufigkeit und Rechtsmittelerfolgsquote,
- Entscheidungskritik in Medien und Fachöffentlichkeit.

Dieses Instrumentarium ist durchweg wenig tauglich, das Ziel einer Qualitätsverbesserung zu erreichen.

9. Als Instrument des künftigen justizinternen Qualitätsmanagements kommen in Betracht und haben sich in der Justizpraxis bereits bewährt beispielsweise: die Arbeit in Qualitätszirkeln, intern und extern, regional und bezirks- und sogar länderübergreifend; ein modernes Personalentwicklungskonzept; Benchmarking/Datenvergleich als Lernansatz, und zwar gerichtsintern, gerichtsübergreifend und landes- sowie bundesweit; ein auf Kennzahlen beruhendes justizinternes Kontrollsystem; professionelle Öffentlichkeitsarbeit und Kundenbefragungen; „weiche" Kontrollfaktoren wie Supervision, Mentoring.

10. Auch von der Justiz selbst definierte Standards sind nicht allgemeinverbindlich, auch justizinternes Qualitätsmanagement hat gegenüber den Richtern und Richterinnen Grenzen: Der Einzelfall ist gegenüber jedem Eingriff tabu. Dennoch: Das Lernen vom Besseren ist auch in der Justiz möglich und nötig. In jedem Fall gilt auch für die bundesdeutsche Justiz der Ausspruch von Tommaso di Lampedusa: *„Wenn wir wollen, dass alles so bleibt wie es ist, müssen wir dafür sorgen, dass sich alles verändert."*

DR. ZOLTÁN LOMNICI, BUDAPEST*

Die ungarische Gerichtsreform

INHALT

I. DIE ENTWICKLUNGSGESCHICHTE DER VERWALTUNG DER GERICHTE

Ein Grundsatz der klassischen Gewaltenteilung ist die Anforderung der Selbständigkeit der Judikative, die eine Garantie der richterlichen Unabhängigkeit darstellt.

Die vergangenen 40 Jahre der Verwaltung der Gerichte sind eine Geschichte der Erlangung der Selbständigkeit der Judikative und als Ergebnis hiervon gibt es heute eine europaweit einzigartige Verwaltungsstruktur der Gerichte in Ungarn.

Um den Kern der 1997 kodifizierten, in der Praxis inzwischen verwirklichten Justizreform zu schildern, ist es unerlässlich, die Geschichte der Verwaltung der ungarischen Gerichte kurz darzustellen.

---

* Der Verfasser ist Präsident des Obersten Gerichts Ungarns.

Die Grundlage für die moderne ungarische Gerichtsorganisation schuf das IV. Gesetz des Jahres 1869. Gemäß dem Gesetz hatte der König (später das jeweilige Staatsoberhaupt) das Recht, Richter zu ernennen. Die entsprechende Vorlage machte der Justizminister, der die Aufsicht über die Gerichte führte.

Das II. Gesetz des Jahres 1954 über die Gerichtsorganisation der Volksrepublik Ungarn deklarierte – im Einklang mit der Verfassung – das Prinzip der Richterwahl, in der Praxis oblag jedoch die Ernennung – mit Ausnahme der Richter des Obersten Gerichtes – dem Justizminister. Der Präsident und die Richter des Obersten Gerichtes wurden von der Nationalversammlung gewählt, was im Vergleich zu den anderen Gerichten für das Oberste Gericht eine größere verwaltungsmäßige Unabhängigkeit gewährleistete.

Die enge Verflechtung der Judikative und der Exekutive war ideologischer Bestandteil der damaligen Phase des Aufbaus des sozialistischen Staatsmodells.

Im Bereich der gesetzlichen Regelung der Verwaltung der Gerichtsorganisation brachte das IV. Gesetz des Jahres 1972 über die Gerichtsorganisation mehrere Änderungen. Das Oberste Gericht wurde verwaltungsmäßig nicht mehr vom Justizminister beaufsichtigt und war dadurch, dass sein Präsident und sein Vizepräsident von der Nationalversammlung gewählt wurden, nur mit der Legislative verbunden.

Das Ernennungsrecht des Justizministers wurde abgeschafft, die Wahl der Richter oblag nunmehr einem Gremium mit der Bezeichnung „Präsidialrat der Volksrepublik".

Die laut Verfassung im Prinzip einheitliche Gerichtsorganisation wurde verwaltungsmäßig getrennt, es gab zwischen dem Obersten Gericht, das die prinzipielle fachliche Leitung der Spruchtätigkeit innehatte, sowie den anderen Gerichten verwaltungsmäßig keine Beziehung. Die Trennung der Gerichtsorganisation wurde Ende der 1970er Jahre dadurch fortgesetzt, dass das Oberste Gericht von den anderen Gerichten auch budgetmäßig getrennt wurde.

Die Verwaltung der Komitatsgerichte und der lokalen Gerichte gehörten unverändert in den Zuständigkeitsbereich des Justizministers, was bis Ende der 1980er Jahre eine in sämtlichen Tätigkeitsbereichen der Gerichte bestimmende Rolle bedeutete. Das Justizministerium hatte die Aufgabe, die personellen und sachlichen Bedingungen für die Tätigkeit der Gerichte zu sichern, die Budgetansprüche der Gerichte geltend zu machen, das festgelegte Budget zu verteilen, die Präsidenten der Komitatsgerichte zu ernennen, die Vorlagen für die Ernennung der Richter einzureichen, zentral die komplette Lohn- und Personalverwaltung der Gerichte zu leiten, die Gebäude und die Mittel der Gerichte zu warten und zu entwickeln.

Die prinzipielle Leitung der Spruchtätigkeit war zwar die Aufgabe des Obersten Gerichtes, der Justizminister untersuchte und leitete jedoch im Rahmen seines allgemeinen Aufsichtsrechts über die Gerichte auch die fachliche und Spruchtätigkeit der Gerichte laufend.

Ende der 1980er Jahre begann parallel zur politischen Wende, die den Anfang der demokratischen Umwandlung bedeutete, zwangsläufig auch im Bereich der Verwaltung der Gerichte der Änderungsprozess, der zur Unabhängigkeit der Gerichtsorganisation führte.

Die Kernfrage war, ob die Exekutive eine Rolle hinsichtlich der Verwaltung der Gerichte spielen durfte, bzw. mit welchen Garantien diese Rolle im Interesse der Gewährleistung der richterlichen Unabhängigkeit versehen werden musste.

Das Vorhaben des Landesjustizrates, das die vollständige Trennung der Judikative und der Exekutive vorsah, tauchte bereits zur Zeit der Verfassungsreform im Jahre 1989 auf, die grundsätzliche Umgestaltung der Verwaltung der Gerichte war jedoch für die politischen Kräfte noch keine primäre Frage.

Die Reform blieb zwar aus, es folgten jedoch wesentlichen Schritte:

- die Verfassungsnovelle des Jahres 1989 enthielt ein allgemeines Verbot für eine Parteimitgliedschaft von Richtern und für ihre politische Tätigkeit;
- das Recht zur Ernennung der Richter wurde mit Ausnahme des Präsidenten des Obersten Gerichtes in die Hände des Präsidenten der Republik gelegt, der als Staatsoberhaupt das Präsidium ablöste;
- der Justizminister beendete sowohl organisatorisch als auch inhaltlich die fachliche Beaufsichtigung der Spruchtätigkeit der Gerichte;
- der Justizminister errichtete im Zuge einer Selbstbeschränkung seines Verwaltungsrechts ohne gesetzliche Auflage im Mai 1989 den Provisorischen Richterrat. Die 17 Richter dieses Gremiums wurden teils von den Gerichten gewählt, teils vom Justizminister ernannt. Seine Aufgabe war die Meinungsbildung vor wesentlichen Verwaltungsentscheidungen des Justizministers, die die Gerichte berührten.

Mit dem LXVII. Gesetz des Jahres 1991 wurde die Selbstverwaltung der Richter auch gesetzlich institutionalisiert, es entstanden innerhalb der Gerichtsorganisation Gremien, über die die Richter an der Verwaltung teilnehmen konnten.

An den Gerichten und neben den Präsidenten der Komitatsgerichte nahmen gesamtrichterliche Konferenzen und Komitatsrichterräte ihre Tätigkeit auf und als Verwaltungspartner des Justizministers wurde der Landesrichterrat gegründet, dessen Mitglieder von den Richterkonferenzen der Komitatsgerichte gewählt wurden.

Die Richtergremien hatten ein vorangehendes Entscheidungs- und Anhörungsrecht im Zusammenhang mit wesentlichen Fragen der Verwaltung der Gerichte, besonders bei der Entscheidung von Budget-, Lohn- und Personalentwicklungsfragen, sowie hinsichtlich bestimmter Personalentscheidungen. Ihr Recht übten sie durch die Entscheidungsfindung der Gremien aus.

Der Justizminister regelte die Kernfragen der Praxis der Verwaltung der Gerichte in 1993 – im Einvernehmen mit dem Landesrichterrat – in einer Verordnung.

Die obligatorische Kraft der Stellungnahme der Richtergremien innerhalb der von der Exekutive verwalteten Gerichtsorganisation stützte – im Zusammenhang mit Rechtstreitigkeiten, die bei der Ernennung einiger Komitatsgerichtspräsidenten entstanden – auch das Verfassungsgericht. Kernpunkt seiner Entscheidung war, dass die Verwaltung der Gerichtsorganisation durch den Justizminister nicht verfassungswidrig ist, es müsse jedoch die Anforderung bestehen, dass die Judikative im Falle einer außerhalb der Judikative angesiedelten Ernennung der Richter einen beratenden Einfluss auf die Ernennung ausübt.

Diese außerordentlich reges Interesse hervorrufende Rechtsdeutungsdiskussion signalisierte bereits, dass die Verbindung der Exekutive mit den Gremien der Richterschaft nur eine vorübergehende Verwaltungskonstruktion sein würde.

Die tiefgreifende Umgestaltung der Verwaltung der Gerichte wurde durch das Zusammenwirken folgender Prozesse vorbereitet:

1. Die Funktionsstörungen der Gerichte nahmen ab Ende der 80er Jahre stärker zu. Die wirtschaftliche Umwandlung war mit einer gesetzgeberischen Massenarbeit verbunden, das fachliche Niveau der Gesetzesregelungen war nicht ausreichend. Die Befugnisse der Gerichte nahmen laufend zu, die Belastung stieg sprunghaft, der größte Teil der

Rechtsstreitigkeiten war vom Tatbestand her komplizierter als früher und die juristische Beurteilung war auch schwieriger. Die Richter bearbeiteten landesweit in sämtlichen Bereichen eine über eine adäquate Spruchtätigkeit wesentlich hinausgehende Anzahl von Akten, die Rückstände stiegen stark an. Gleichzeitig sank der Realwert des Einkommens der Richter drastisch und blieb weit hinter anderen juristischen Berufen zurück. Es begann die massenhafte Abwanderung der Richterschaft, was zur Folge hat, das heute an den lokalen Gerichten 50 % der Richter weniger als fünf Jahre Berufserfahrung haben. All das verschlechterte das fachliche Niveau der Spruchtätigkeit und es wurden dermaßen viele Prozesse derartig hinausgezögert, dass es das Vertrauen der Staatsbürger gegenüber der Justiz erschütterte.

2. Bei der Verwaltung der Gerichte zeigten sich ebenfalls Probleme, was zur Folge hatte, dass gerade in dieser obigen Krisensituation keine einheitliche, konsequente Verwaltung der Gerichte verwirklicht wurde. Die Verwaltungspraxis konnte nämlich den Konflikt auf Grund der Verwaltung durch die Exekutive und der Parallelität der richterlichen Gremien nicht lösen. Der Landesrichterrat funktionierte als Gegengewicht zum Justizminister, und die Komitatsrichterräte und die Richterkonferenzen fungierten als Gegengewicht, ja sogar als Opposition zu den vom Justizminister ernannten Komitatsgerichtspräsidenten. Der Justizminister und die Gerichtspräsidenten waren laut Gesetz verantwortlich für die Tätigkeit der Gerichte, bei den wesentlicheren Fragen wurden ihnen jedoch die Hände gebunden durch das Zustimmungsrecht von Gremien, die von keiner Verantwortung belastet wurden. Der Justizminister löste diesen Dauerkonflikt, indem er seine über die zwangsläufige Entscheidung von Budgetfragen hinausgehende Gerichtsverwaltungspraxis stufenweise abbaute. Typisch dafür ist, dass 1997 im Justizministerium 3 Juristen die kompletten Aufgaben der Verwaltung der Gerichte verrichteten.

3. Die von der Exekutive ernannten Gerichtspräsidenten wurden für fünf Jahre bestellt. Zu ihrer Wiederwahl war die Stellungnahme der richterlichen Gremien notwendig, sie waren also während ihrer Amtszeit daran interessiert, unter den Richtern populär zu sein, was die konsequente und effiziente Anwendung der Verwaltungsmittel in vielen Fällen behinderte. Parallel dazu war die Verwaltung der Richter und die praktische Geltendmachung ihrer Unabhängigkeit Gegenstand von Diskussionen, die nach dem geltenden Gesetz nicht gelöst werden konnten, nach-

dem die Rechte und Pflichten der Richter lediglich in 2 Artikeln geregelt wurden.

4. Gleichzeitig mit der Krise der Verwaltung der Gerichte geriet die Justizverwaltung unter einen doppelten Druck. Die Öffentlichkeit machte sie täglich für die Verzögerung der Gerichtsverfahren sowie für andere Funktionsprobleme verantwortlich, auf der anderen Seite erwarteten auch die Gerichte die Schaffung personeller und sachlicher Bedingungen für die Verbesserung der Effektivität der Justiz. Gleichzeitig bereiteten die Interessenvertretungen der Richterschaft Reformen vor, ein Jahr vor den Parlamentswahlen entschlossen sich auch die Regierungsparteien zur Durchführung einer Justizreformen.

Die Richtung der Reform war eindeutig. Es bestand keine verfassungsmäßige Möglichkeit zur Reduzierung oder Abschaffung der Selbstverwaltung der Judikative, die Lösung konnte nur in der vollständigen Trennung der Judikative von der Exekutive und in der Schaffung der vollständigen Selbstverwaltung der Gerichte bestehen.

Das als Gerichtsreform bezeichnetes Gesetzespaket ging über die Umgestaltung des Verwaltungssystems hinaus. Sein Ziel war die Schaffung eines gesetzlichen Rahmens für ein Justizsystem, das den Bedingungen des Beitritts zur Europäischen Union entsprach.

Die insgesamt elf eng miteinander zusammenhängenden Gesetzesvorlagen konzentrierten sich auf folgende Bereiche:

1. Die höchste Ebene der Verwaltung der Gerichte übernahm vom Justizminister der Landesjustizrat, damit wurden Exekutive und Judikative endgültig voneinander getrennt.

2. Der Gerichtszug wurde einheitlich, das Oberste Gericht wurde verwaltungsmäßig und auch budgetär an die Spitze der Hierarchie der Gerichte gestellt.

3. Der bislang dreistufige Gerichtszug wurde durch eine vierte Ebene, die Ebene der Oberlandesgerichte ergänzt, wobei die Zielsetzung zweifach war: es sollte eine Möglichkeit geschaffen werden, die quantitative und qualitative Arbeitsbelastung der besonders stark ausgelasteten lokalen Gerichte zu reduzieren, die Möglichkeiten der ordentlichen Rechtsmittel zu erweitern, gleichzeitig jedoch sollte für das Oberste Gericht die Möglichkeit geschaffen werden, die prinzipielle Leitungsfunktion tatsächlich ausüben zu können.

4. Es entstand ein eigenständiges Gesetz über den Rechtsstellung und Besoldung der Richter, in dem die Bedingungen der Ernennung zum

Richter wesentlich verschärft, die Rechte und Pflichten der Richter detailliert festgelegt, und die Grundlagen des Systems der Besoldung neu definiert wurden. Das langfristige Ziel war die Verbesserung der Struktur der Richterschaft und die Steigerung der beruflichen und gesellschaftlichen Anerkennung des Richteramtes.

5. Es entstand ein eigenständiges Gesetz über das Dienstverhältnis und die Besoldung von Justizangestellten, die für die Arbeit der Gerichte von entscheidender Wichtigkeit sind.

6. Die Notwendigkeit der Reform der zivilen Verfahrensordnung und der Strafprozessordnung war mit der Einführung des vierstufigen Gerichtszuges eng verbunden. Besonders komplizierte und schwer zu beurteilende Tatbestände hätten in erster Instanz von den lokalen Gerichten zu den Komitatsgerichten verlegt werden müssen, gleichzeitig hätten unter Bewahrung der verfassungsrechtlichen und verfahrensrechtlichen Grundsätze die rechtlichen Rahmen für ein einfacheres und schnelleres Verfahren geschaffen werden können.

Im Hinblick auf die Verwirklichung der Reform zeigt sich ein wesentlicher Unterschied zwischen der Geltendmachung der Vorstellungen bezüglich der Verwaltung der Gerichte und des Rechtsstandes der Richter, sowie der Gerichtsebenen und des Gerichtsverfahrens.

II. DAS SYSTEM UND DIE SUBJEKTE DER VERWALTUNG DER GERICHTE

Das System der Gesetze, die die Verwaltung der Gerichte regeln, setzt sich wie folgt zusammen:

Die Verfassung (das mehrfach geänderte XX. Gesetz des Jahres 1949) bestimmt, dass die Verwaltung der Gerichte die Aufgabe des Landesjustizrates ist und dass in der Verwaltung auch die Selbstverwaltungsgremien der Richter mitwirken.

Das LXVI. Gesetz des Jahres 1997 über die Organisation und Verwaltung der Gerichte (im Weiteren Bszi.) regelt den detaillierten Aufbau des Systems der Verwaltung.

Das LXVII. Gesetz des Jahres 1997 über den Rechtsstand und die Besoldung der Richter (im Weiteren Bjj.) beinhaltet die Regeln für das Entstehen, den Inhalt und die Beendung des Richteramtes.

Das LXVIII. Gesetz des Jahres 1997 über das Dienstverhältnis von Justizangestellten (im Weiteren Iasz.) ist eine Zusammenfassung der arbeitsrechtlichen Regeln für Justizangestellten, die die Arbeit der Richter unterstützen.

Die Nationalversammlung hat die obigen Gesetze im Juni 1997 verabschiedet, und sie traten mit der Ausnahme einiger Bestimmungen am 1. Oktober 1997 in Kraft.

Die Verwaltung der Gerichte hat drei Hauptsubjekte: den Landesjustizrat, die Gerichtspräsidenten und die Richtergremien.

1. Der Landesjustizrat

Der Landesjustizrat (im Weiteren OIT) stellt die Selbständigkeit der Judikative dar, durch seine Aufstellung änderte sich die ideologische Grundlage der Verwaltung der Gerichte. Im früheren System galt die zentrale Verwaltung des die Exekutive repräsentierenden Justizministers als externe Verwaltung. Durch die Gründung des OIT wurde auch die zentrale Verwaltung zur internen Verwaltung, und diese Änderung hat die Rolle aller Teilnehmer der Verwaltung neu bewertet.

a) Mitgliederzahl und Zusammensetzung des OIT

Der OIT hat 15 Mitglieder. Sein Präsident ist der jeweilige Präsident des Obersten Gerichtes, der vor der Nationalversammlung für sechs Jahre gewählt wird, somit ist die Judikative mit der Legislative verbunden. Neun Mitglieder des OIT sind Richter, die von Delegierten der Richterschaft gewählt werden, wobei die Wahlbedingung mindestens fünf Jahre richterliche Praxis ist. Das Bszi. formuliert keine Voraussetzungen hinsichtlich der Zusammensetzung der Mitglieder, die gewählte Richter sind. Die Mitglieder des OIT vertreten im Prinzip keine regionalen Interessen, sondern die landesweiten Interessen der Justiz.

Gemäß dem Gesetz sind der Justizminister, der Generalstaatsanwalt, der Präsident der Ungarischen Landeskammer der Rechtsanwälte und jeweils ein Abgeordneter, der vom Verfassungs- und Justizausschuss, bzw. vom Haushalts- und Finanzausschuss der Nationalversammlung bestimmt wird, von Amts wegen Mitglieder des OIT.

Bei der Zusammenstellung der Gesetzesvorlage wurde diskutiert, ob es angebracht sei, dass im höchsten Selbstverwaltungsgremium der Gerichte auch externe Mitglieder anwesend seien. Die Begründung für die Gesetzeskraft erlangende Lösung lautete, dass die Gerichtsorganisation zwar selbständig ist, aber nicht isoliert sein soll. Es ist für die Effektivität der Verwaltung und der Rechtsanwendung gleichermaßen wichtig, dass die Vertreter der unmittelbar mit der Justiz verbundenen wesentlichsten Bereiche an der Gestaltung der wichtigsten Entscheidungen, welche die Gerichte berühren, mitwirken können.

Das Mandat des OIT, bzw. das Mandat der Mitglieder, die gewählte Richter sind, dauert sechs Jahre von der ersten Sitzung des OIT an.

b) Befugnisse und Aufgaben des OIT

Der OIT verrichtet unter Wahrung des verfassungsmäßigen Prinzips der richterlichen Unabhängigkeit die zentralen Aufgaben der Verwaltung der Gerichte und führt Aufsicht über die Verwaltungstätigkeit der Präsidenten des Oberlandesgerichtes und der Komitatsgerichte.

1. Der OIT leitet und kontrolliert – mit Ausnahme des Präsidenten des Obersten Gerichtes – die Verwaltungstätigkeit der seiner Ernennungsbefugnis unterstehenden Gerichtspräsidenten. Er kontrolliert die Geltendmachung der Regeln der Verwaltung der Gerichte, die Einhaltung der Fristen und Geschäftsordnungen, und führt in diesem Interesse Untersuchungen durch. Er kann ausnahmsweise – auf Vorschlag eines jeden Mitgliedes – die außer der Reihe erfolgende Verhandlung in solchen Fällen anordnen, die eine breite Schicht der Gesellschaft berühren oder im Hinblick auf das öffentliche Interesse von herausragender Bedeutung sind. Der OIT untersucht bei Bedarf die Verwaltungstätigkeit des Präsidenten des Oberlandesgerichts und des Komitatsgerichtspräsidenten.

2. Weiterhin fertigt der OIT den Haushaltsvorschlag der Gerichte an, reicht diesen der Regierung ein und berichtet über die Umsetzung des Budgets des Vorjahres. Das Gesetz beinhaltet eine besondere Garantie für den Fall, wenn es Abweichungen geben sollte zwischen dem vom OIT verlangten und dem von der Regierung vorgeschlagenen Budget. In einem solchen Fall ist die Regierung verpflichtet, die Abweichung detailliert anzugeben und zu begründen.

3. Der OIT wirtschaftet er mit dem Budget der Gerichte und entscheidet über die Verteilung der Haushaltsgelder unter den Komitatsgerichten.

4. Der OIT ernennt bzw. entlässt kraft seiner Personalbefugnisse:

- den Präsidenten und den Vizepräsidenten des Oberlandesgerichtes,
- den Präsidenten und den Vizepräsidenten der Komitatsgerichte,
- den Spartenleiter,
- den Amtsleiter und seine Stellvertreter.

Er äußert im Vorfeld der Ernennung seine Meinung über Personen, die für das Amt des Präsidenten und des Vizepräsidenten des Obersten Gerichtes nominiert werden. Er entscheidet über die dem Präsidenten der Republik einzureichenden Vorlagen über die Ernennung und die Amtsenthebung der Richter.

5. Weiterhin legt der OIT die Grundsätze der Geschäftsordnungen der Gerichte fest und bewilligt die Geschäftsordnungen der Oberlandesgerichte und der Komitatsgerichte.

6. Der OIT kann Gesetzesvorhaben, die den Aufgabenbereich der Gerichte berühren, initiieren und seine Meinung über Gesetzesentwürfe, welche die Gerichte berühren äußern.

7. Der OIT leitet die Finanzkontrolle der Wirtschaftstätigkeit der Gerichte.

8. Das Gremium organisiert daneben die zentrale Fortbildung der gesamten Richterschaft und der anderen Gerichtsmitarbeiter.

9. Der OIT sorgt für die Rechtsvertretung der Gerichte, leitet die Entwicklung der Gerichte im Bereich der Informatik und erfüllt zentrale Aufgaben im Zusammenhang mit dem Sammeln von gerichtsstatistischen Daten.

c) Die Befugnisse des Präsidenten des OIT

Der Präsident des OIT beruft die Sitzungen des OIT ein und leiten und vertritt den OIT nach außen. Daneben unterzeichnet er die Beschlüsse des OIT und ist dem Haushaltsgesetz entsprechend der Leiter des Budgetkapitels der Gerichte. Diese Befugnis des Präsidenten des OIT scheint auf der Ebene der Regelung mit Punkt 3 der Befugnisse des OIT identisch zu sein. Die gesetzlichen Bestimmungen des Bszi. sind diesbezüglich nicht konsequent genug, daraus ging eine der wesentlichsten Auslegungsdiskussionen der bisherigen Tätigkeit des OIT hervor.

Schließlich informiert der Präsident des OIT die Nationalversammlung jährlich über die allgemeine Lage der Gerichte und über die Verwaltungstätigkeit des OIT.

d) Die Rechtsstellung der Mitglieder des OIT

Sämtliche Mitglieder des OIT haben die gleichen Rechte und Verpflichtungen. Ein Richter, der zum Mitglied des OIT gewählt wird, kann nicht abberufen werden und nur mit der Zustimmung des OIT kann ein Disziplinarverfahren gegen ihn eröffnet werden. Kein Mitglied des OIT darf über Fragen abstimmen, die seine eigene Person berühren.

e) Die Tätigkeit des OIT

Der OIT fasst seine Beschlüsse in Sitzungen, in Ausnahmefällen hat er auch die Möglichkeit einer anderweitigen Beschlussfassung. Der Landesjustizrat tagt monatlich mindestens einmal, gemäß der bisherigen Praxis jeweils am ersten Mittwoch eines jeden Monats. Beschlussfähigkeit ist gegeben, wenn in der Sitzung mindestens zwei Drittel der Mitglieder anwesend sind. Er fasst seine Beschlüsse mit der Mehrheit der Stimmen, bei Gleichstand entscheidet die Stimme des Präsidenten.

Der OIT hat seine Beschlüsse den Betroffenen unverzüglich, aber spätestens innerhalb von acht Tagen mitzuteilen. Die externen Beschlüsse des OIT erscheinen in seinem eigenen offiziellen Blatt, im Amtsblatt der Gerichte, das öffentlich vertrieben wird und den Richtern unentgeltlich zugestellt wird.

Über die Bestimmungen des Bszi. hinaus hat der OIT seine Tätigkeit in einer Geschäftsordnung geregelt.

f) Das Amt des OIT

Unter der Leitung des OIT ist ein Amt tätig, das selbständig wirtschaftet und ein Organ des zentralen Staatshaushalts ist. Dieses Amt bereitet die Sitzungen des OIT vor, sorgt für die Umsetzung seiner Beschlüsse und verrichtet die mit der Tätigkeit des OIT zusammenhängenden administrativen Aufgaben. Der Amtsleiter und seine Stellvertreter werden vom OIT ernannt, der Amtsleiter kann nur ein Richter sein. Weitere Richter können in das Amt berufen werden, aber in diesem Fall dürfen sie keiner Spruchtätigkeit nachgehen.

Das Amt des OIT ist seit dem 1. Februar 1998 tätig und hat 99 Mitarbeiter, davon sind 24 ins Amt berufene Richter. Die interne Aufteilung entspricht den klassischen Verwaltungsaufgaben, es wurden Einheiten für die Verwaltung der Gerichte, für die Bereiche Personalwesen, Schulung, Finanzwesen, Technik, Informatik und Rechtsvertretung geschaffen.

Zwischen den Sitzungen des OIT stützt sich die Kontinuität der Verwaltung auf die Zusammenarbeit zwischen Präsident und Amt.

2. Gerichtspräsidenten

Die Zuständigkeiten und Aufgaben der Gerichtspräsidenten regelt das Bszi. Der Gerichtspräsident hat die Aufgabe, das Gericht, bzw. eine bestimmte Einheit des Gerichtes zu leiten. Er ist verantwortlich dafür, dass das Gerichte den Gesetzesregelungen entsprechend effektiv tätig ist. Das Bszi. nennt auch die leitenden Gerichtsfunktionen: Gerichtspräsident, Vizepräsident, Spartenleiter und seine Stellvertreter, Senatspräsident, Gruppenleiter und seine Stellvertreter.

Der Gerichtspräsident hat folgende Aufgaben:

- Er sorgt im Rahmen des Budgets für die zur Tätigkeit des Gerichtes notwendigen personellen und Sachbedingungen.
- Er leitet die Finanz- und Wirtschaftstätigkeit des Gerichts.
- Der Gerichtspräsident kontrolliert die Einhaltung der Verfahrensfristen und sorgt für die Einhaltung der Geschäftsordnung und der Verwaltungsregeln, er leitet und kontrolliert die Verwaltungstätigkeit der ihm unterstellten Gerichtspräsidenten.
- Er gewährleistet die Tätigkeit der Richtergremien und die Ausübung der Rechte der Interessenvertretungen und schafft die Voraussetzungen für Schulungs- und Fortbildungsaufgaben.
- Schließlich informiert er die Richterkonferenz einmal jährlich über die Tätigkeit des Gerichtes.

Zum Gerichtspräsidenten kann nur ein Richter ernannt werden, die Ernennung gilt – mit Ausnahme des Senatspräsidenten – für sechs Jahre. Während der Debatte des Gesetzes entstand eine Diskussion darüber, ob die Gerichtspräsidenten auf eine unbestimmte oder bestimmte Zeit ernannt werden sollten. Für die Ernennung auf eine unbestimmte Zeit sprach die Kontinuität der Verwaltungstätigkeit, die Umsetzbarkeit längerfristiger Verwaltungsvorstellungen und ein geringeres Maß an Popularitätssuche. Die Argumente für die Ernennung auf eine bestimmte Zeit waren die Flexibilität der Verwaltung, die einfachere Änderbarkeit weniger geeigneter Gerichtspräsidenten, sowie die negativen historischen Erfahrungen im Zusammenhang mit Ernennungen auf eine unbestimmte Zeit. Schließlich schrieb das Gesetz – die Meinung der Mehrheit akzeptierend – die Ernennung auf eine bestimmte Zeit vor, wobei die Dauer der Ernennung von den früheren fünf auf nunmehr sechs Jahre erhöht wurde.

Die Posten der Gerichtspräsidenten müssen – mit Ausnahme des Präsidenten des Obersten Gerichtes – per Ausschreibung besetzt werden. Die Ausschreibung veröffentlicht derjenige, der das Recht zur Ernennung besitzt. Derjenige, der die Ernennung vornimmt, hat vor seiner Entscheidung die Meinung des zuständigen Richtergremiums cinzuholen, dessen Vorschlag jedoch für ihn unverbindlich ist.

Das Amt eines Gerichtspräsidenten endet einvernehmlich, durch Rücktritt, durch Amtsenthebung, mit dem Ablauf der bestimmten Zeit oder mit der Abschaffung des Richterpostens. Das ernennende Gremium kann die Verwaltungstätigkeit des Gerichtspräsidenten jederzeit untersuchen. Das Bszi. regelt detailliert die Fälle und das Verfahren der Abberufbarkeit eines Gerichtspräsidenten wegen Untauglichkeit. Der Feststellung der Untauglichkeit hat eine Leitungsprüfung vorauszugehen und der wegen Untauglichkeit abberufene Gerichtspräsident kann diese Entscheidung vor Gericht anfechten.

Die Verwaltung der Gerichte durch den OIT änderte die ideologische Grundlage, das Ausmaß und die Mittel der Verwaltungstätigkeit der Gerichtspräsidenten.

In der früheren Verwaltungsstruktur wurden die höchsten Gerichtspräsidenten vom Justizminister ernannt, somit erlangten sie ihre Legitimation von der Exekutive. Das erschwerte innerhalb der Gerichte die Akzeptanz der Gerichtspräsidenten und die Anwendung konkreter Verwaltungsmittel, besonders in solchen Fällen, in denen der Justizminister den Gerichtspräsidenten ernannt hatte, ohne die Stellungnahme des Richtergremiums zu beachten.

Die vom OIT ernannten Gerichtspräsidenten erlangen ihre Legitimation vom höchsten Gremium der richterlichen Selbstverwaltung, deshalb kann sich im Zusammenhang mit ihrer Person und ihrer Verwaltungstätigkeit die Frage der Anstrebung von Einflussnahme seitens der Exekutive überhaupt nicht stellen. Allein diese Tatsache befreite die Gerichtspräsidenten von dem ideologischen Konflikt, der die Verwaltungstätigkeit seit Jahrzehnten erschwert hatte. Gleichzeitig regelte das Gesetz über den Rechtsstand und die Besoldung der Richter die aus dem Dienstverhältnis des in seiner Spruchtätigkeit unabhängigen Richters hervorgehenden Rechte und Verpflichtungen. Die detaillierte Regelung hat den Begriff der richterlichen Unabhängigkeit in der Praxis interpretierbar werden lassen und die Verwaltungsmöglichkeiten der Gerichtspräsidenten wesentlich erweitert.

3. Richtergremien

Die Richter beteiligen sich an der Verwaltung der Gerichte durch die Mitwirkung der Richtergremien, die die in den einzelnen Gerichten präsenten Formen der Selbstverwaltung der Judikative sind.

Das Gesetz sieht folgende Richtergremien vor: die Richterkonferenz, den Richterrat und die Sparte.

Teilnehmer der *Richterkonferenz* sind die am Obersten Gericht, am Oberlandesgericht sowie die an den Gerichten auf dem Gebiet des Komitats tätigen Richter. In dieser Form der Selbstverwaltung ist die Möglichkeit der Teilnahme für alle Richter gewährleistet. Aus der Natur der Sache resultierend wird die Richterkonferenz vom Gerichtspräsidenten zwei- bis dreimal jährlich einberufen, das Bszi. bestimmt aber auch Fälle, in denen die Einberufung obligatorisch ist.

Die Richterkonferenz hat die Aufgabe:

- Delegierte für die Wahl der Mitglieder des OIT zu wählen;
- über die Bewerbungen von Gerichtspräsidenten, die vom OIT ernannt werden, ihre Meinung zu äußern und deren Abberufung zu initiieren;
- den Richterrat zu wählen und über die Amtsenthebung seiner Mitglieder zu entscheiden;
- den Richterrat einmal im Jahr über seine Tätigkeit berichten zu lassen.

Für die Beschlussfähigkeit ist die Anwesenheit von mehr als der Hälfte der Richter notwendig.

Die Beschlüsse werden im allgemeinen mit der Mehrheit der Stimmen und in den vom Bszi. ausdrücklich festgelegten Fällen mit Zweidrittelmehrheit gefasst. (z.B. bei der Wahl der Delegierten, die die Mitglieder des OIT zu wählen haben).

Richterräte sind am Obersten Gericht, am Oberlandesgericht und an den Komitatsgerichten tätig. Die Mitglieder werden von der Richterkonferenz für 6 Jahre gewählt, die Anzahl der Mitglieder liegt je nach Anzahl der Richter bei 5-15 Personen. Der Richterrat ist der Verwaltungspartner des jeweiligen Gerichtspräsidenten und tagt regelmäßig.

Der Richterrat äußert seine Meinung zur Ernennung und zur Amtsenthebung eines Richters und zu den Bewerbungen der Gerichtspräsidenten, die der Ernennungsbefugnis des jeweiligen Gerichtspräsidenten unterstehen, er kann auch deren Amtsenthebung initiieren. Der Richterrat unterbreitet seinen Vorschlag für das Jahresbudget des Gerichts sowie für dessen Verwendung und äußert seine Meinung zur Geschäftsordnung der Gerichte und zur geplanten Sachverteilung.

Zur Beschlussfähigkeit ist die Anwesenheit von zwei Dritteln der Mitglieder nötig, die Beschlüsse werden mit der Mehrheit der Stimmen gefasst. Die Sitzung ist für die Richter öffentlich, der Gerichtspräsident nimmt auf Grund einer ständigen Einladung teil.

Die *Sparte* ist die Körperschaft von Berufsrichtern, die einem bestimmten Bereich zugeordnet sind und an deren Spitze der Spartenleiter steht. Im Vergleich zum vorangehenden hat dieses Gremium primär die Aufgabe, die fachliche Tätigkeit der Richter mit den zur Verrichtung der Aufgabe notwendigen Verwaltungsmitteln zu leiten. Sie äußert ihre Meinung zu Personalentscheidungen, die auf der fachlichen Arbeit der Richter beruhen (z. B. Einteilung in eine höhere Gerichtsebene) und sie spielt eine wichtige Rolle bei der Bewertung der fachlichen Tätigkeit der Richter.

Durch die Errichtung des OIT wurden die Befugnisse der Richtergremien geändert. In der vom Justizminister verwalteten Gerichtsorganisation stellten die Richtergremien neben der Exekutive bzw. dem von ihr bestellten Gerichtspräsidenten die Kontrolle der Judikative dar.

Dementsprechend waren sie primär als Gegengewicht, in der Praxis vielfach als Opposition tätig. Dieser Rolle dienten auch ihre Befugnisse, die weiter waren als derzeit. Für grundsätzliche budgetäre Entscheidungen des Justizministers, bzw. des Gerichtspräsidenten bzw. zu wesentlicheren Gesetzregelungen, die die Richter betrafen, war die Zustimmung der Richtergremien notwendig. Sie hatten im Zusammenhang mit der Ernennung der Gerichtspräsidenten ein Konsultationsrecht, wobei die

Möglichkeit des ernennenden Gremiums, hiervon abzuweichen, laufend Gegenstand von Rechtsauslegungsdiskussionen war.

In der vom OIT geführten neuen Verwaltungskonstruktion wurde die Rolle der Richtergremien als Gegengewicht beendet, denn die zentrale Verwaltung wird vom höchsten Gremium der richterlichen Selbstverwaltung durchgeführt und die Gerichtspräsidenten erhalten ihren Auftrag – direkt oder indirekt – von ihm. Daraus folgte zwangsläufig die Beseitigung des Zustimmungsrechts der Richtergremien und stattdessen die allgemeine Formulierung des Konsultationsrechts. Das bedeutet keinen Rückschritt hinsichtlich der Mitwirkung der Richter in der Verwaltung, denn in einem Verwaltungssystem mit einer anderen ideologischen Grundlage kann das Konsultationsrecht schwerwiegender und effektiver sein als das frühere Zustimmungsrecht.

III. DER RECHTSSTAND DER RICHTER

In der Republik Ungarn kann jeder nicht vorbestrafte ungarische Staatsbürger zum Berufsrichter ernannt werden, der das Wahlrecht besitzt, ein Jurastudium an einer Universität absolviert und das zweite Staatsexamen bestanden hat.

Die Richter werden auf eine entsprechende Vorlage des OIT hin vom Präsidenten der Republik ernannt oder ihres Amtes enthoben.

Die am 1. Oktober 1997 in Kraft getretenen neuen Bestimmungen haben die Voraussetzungen der Ernennung zum Richter mit der Zielsetzung verschärft, die von der Persönlichkeit und dem Fachwissen her am besten geeigneten Juristen Richter werden zu lassen.

Dementsprechend hat das neue Gesetz eine dreijährige Zeit als Gerichtsreferendar und ein Jahr Praxis als Gerichtssekretär vor der Ernennung zum Richter zwingend vorgeschrieben.

Als weitere Anforderung wird festgelegt, dass derjenige nicht Richter werden kann, gegen den wegen einer Straftat eine Freiheitsstrafe, oder eine gemeinnützige Arbeit verhängt wurde, bzw. gegen den im Laufe eines Strafverfahrens eine Zwangsbehandlung angeordnet wurde, die im Strafregister eingetragen wurde.

Vor der Ernennung zum Richter muss an einer Eignungsuntersuchung teilgenommen werden, welche die Untersuchung der gesundheitlichen, psychischen und physischen Eignung beinhaltet. Darüber hinaus schreibt das Bjj. für sämtliche Richterposten Ausschreibungen vor.

Die erste Ernennung des Richters gilt – gemäß den neuen Bestimmungen des Bjj. – für drei Jahre. Vor Ablauf der drei Jahre muss die Arbeit des Richters während seiner gesamten Tätigkeitsdauer untersucht werden und in Abhängigkeit vom Ergebnis hiervon kann die Ernennung auf unbestimmte Zeit erfolgen. Das Verfahren der Untersuchung wird im Bjj. detailliert geregelt.

Den Inhalt des richterlichen Dienstverhältnisses wird durch das in der Verfassung garantierte Prinzip der richterlichen Unabhängigkeit bestimmt, was eng mit dem Verbot einer politischen Tätigkeit, der Bestimmung des Begriffs des gesetzlichen Richters, der Immunität und den Regelungen der Bestellung und der Versetzung verbunden ist.

Das Bjj. stellt im Bereich der Gewährleistung der richterlichen Unabhängigkeit deshalb einen großen Schritt nach vorn dar, weil es an Stelle von zwei entsprechenden Paragraphen des früheren Gesetzes die Rechtc und Pflichten des Richters detailliert regelt und somit den Begriff der richterlichen Unabhängigkeit in der Praxis besser interpretierbar werden lässt.

Der gesetzlich deklarierte Ausgangspunkt der Regelung war, dass der in seiner Spruchtätigkeit unabhängige Richter Dienst tut, das heißt, dass die richterliche Unabhängigkeit kein Selbstzweck ist, sondern in erster Linie den Interessen der Recht suchenden Staatsbürger dient.

Das andere wichtige Prinzip ist, dass der Richter höheren fachlichen, moralischen, menschlichen Anforderungen der Gesellschaft zu entsprechen hat und somit das System der Verpflichtungen dementsprechend zu bestimmen ist.

Der Richter kann die Erfüllung seiner Aufgaben nicht verweigern, er hat die Pflicht, in den ihm zugewiesenen Verfahren kontinuierlich und gewissenhaft vorzugehen.

Das Verbot der Parteimitgliedschaft und der politischen Tätigkeit ist dahingehend verschärft worden, dass ein Richter, der sich bei Parlaments- und Kommunalwahlen als Kandidat aufstellen lässt, seines Richteramtes zu entheben ist.

Der Richter kann über die Verrichtung seines Amtes hinaus als Erwerbtätigkeit nur wissenschaftlichen, künstlerischen, pädagogischen, literarischen und technisch-schöpferischen Aufgaben nachgehen, damit kann er jedoch seine Unabhängigkeit und Neutralität nicht gefährden bzw. einen solchen Anschein erwecken. Das Gesetz beschränkt die Teilnahme von Richtern an Wirtschaftsgesellschaften, damit eine persönliche Mitwirkung oder unbeschränkte Haftung die Unabhängigkeit nicht gefährdet. Berufsrichter dürfen nicht Mitglieder von Schiedsgerichten werden.

Das Gesetz schließt auch die Möglichkeit aus, dass verwandtschaftliche Beziehungen zwischen Richtern und den Gerichtspräsidenten den Anschein der Verletzung der richterlichen Unabhängigkeit erwecken, für solche Fälle wird die Beseitigung der Unvereinbarkeit zur Pflicht gemacht.

Unter den Pflichten des Richters wurde die Pflicht zur unbeeinflussten, unvoreingenommenen Vorgehensweise formuliert sowie eine Geheimhaltungspflicht und die Pflicht zur anständigen und unparteiischen Verhaltensweise den Parteien gegenüber, wobei diese Verpflichtung über eine bloße der Verfahrensordnung entsprechenden Verhandlungsführung hinausgeht.

Die Regelung legt besonderen Wert darauf, dass der Richter auch außerhalb seiner Spruchtätigkeit in jeder Lebenslage verpflichtet ist, sich seinem Amt entsprechend würdig und unbescholten zu verhalten. Eine neue Regel ist, dass der Richter außerhalb seines Dienstverhältnisses in der Öffentlichkeit keine Meinung zu einer bei Gericht anhängigen Sache äußern darf.

Der Richter hat die ihm zugewiesenen Sachen innerhalb einer vom Arbeitsaufwand und von den Eigenarten des Verfahrens bestimmten vernünftigen Frist zu entscheiden, das Gesetz schreibt jedoch auch vor, dass die Arbeitsbelastung des Richters so zu bestimmen ist, dass dadurch die Erfüllung der obigen Anforderung auch ermöglicht wird. Nach einem Jahr Berufspraxis kann der Gerichtspräsident auf Antrag des Richters genehmigen, dass der Richter seine Arbeit nur an Verhandlungstagen am Gericht verrichtet, aber diese Genehmigung kann zurückgezogen werden, wenn der Richter seine Arbeit nicht gebührend verrichtet, bzw. mehrfach oder wesentlich in Verzug gerät.

Ein Teil der richterlichen Unabhängigkeit ist die fachliche Unabhängigkeit des Richters, was nur durch ein gebührendes Fachwissen gewährleistet werden kann. In der neuen Regelung wird deshalb die Frage der fachlichen Fortbildung des Richters besonders betont und als gesondertes Recht formuliert. Der Richter ist dazu berechtigt, an unentgeltlichen

Fortbildungsveranstaltungen, die zur Ausübung der Spruchtätigkeit notwendig ist, teilzunehmen und er ist auch zur Teilnahme verpflichtet.

Die neue Regelung stellt die regelmäßige Bewertung der Arbeit des Richters im Interesse der Gewährleistung seiner fachlichen Entwicklung wieder her, das heißt, dass die Arbeit des Richters künftig nach der Ernennung auf unbestimmte Zeit alle 6 Jahre zweimal untersucht werden muss. Diese Untersuchung darf natürlich die Unabhängigkeit des Richters nicht verletzen, eben deshalb ist es von grundlegender Bedeutung, dass die Aspekte und das Ergebnis der Untersuchung und die zur Verfügung stehenden Rechtsmittel auf Gesetzesebene geregelt sind.

Die Regeln der Disziplinarverantwortung des Richters sind auch im neuen Gesetz von hoher Bedeutung, wobei aber die Regelungen beibehalten wurden, die sich traditionell gut bewährt haben.

Das Disziplinarverfahren ist außerordentlich detailliert geregelt worden, der Beschluss kann vor Gericht angefochten werden.

Schließlich ist es im Hinblick auf die Gewährleistung der Unabhängigkeit von herausragender Wichtigkeit, wie das Richteramt beendet werden kann. Im Hinblick auf diese Frage harmonieren die alten und neuen Regeln miteinander, es war daher nicht nötig, Änderungen vorzunehmen. Das Amt eines auf unbestimmte Zeit ernannten Richters endet mit Ausnahme des Ablebens nur dann, wenn er vom Präsidenten der Republik seines Amtes enthoben wird. Er kann von seinem Amt jederzeit ohne Begründung zurücktreten, und ist in diesem Fall seines Amtes zu entheben.

Der Richter kann ansonsten im Falle der Feststellung der medizinischen oder fachlichen Untauglichkeit, der Erreichung des Rentenalters sowie aufgrund einer im Zuge eines Disziplinarvergehens rechtskräftig auferlegten Disziplinarstrafe seines Amtes enthoben werden.

Die neuen Regelungen ändern das Obige dahingehend, dass die Bedingungen der Ernennung des beim ersten Mal auf eine bestimmte Zeit ernannten Richters auf eine unbestimmte Zeit detailliert geregelt werden und es ist daneben vorgeschrieben, bei Vollendung des 70. Lebensjahres die Amtsenthebung vorzunehmen. Das der Amtsenthebung vorausgehende Verfahren wird in jedem Fall besonders detailliert geregelt.

Das neue Richtergesetz hält als Grundsatz fest, dass dem Richter eine der Würde und Verantwortung seines Amtes entsprechende, Unabhängigkeit gewährleistende Entlohnung zusteht. Das System der Entlohnung wird vom Bjj. geregelt, wobei das Prinzip zum Ausdruck gebracht wird, dass das entsprechende Einkommen den Status des Richters bestimmt.

Das Beförderungssystem basiert auf objektiven Kriterien, ist kalkulierbar und bietet keine Möglichkeit, die Unabhängigkeit des Richters durch die Änderung des Einkommens zu beeinflussen. Eine grundsätzliche Änderung besteht darin, dass das Einkommen des Richters von der Einkommensbasis von Beamten getrennt wurde. Das monatliche Grundgehalt von Berufsanfängern unter den Richtern wurde als feste Summe geregelt, (HUF 160.000), und alle sonstigen Zuwendungen wurden als Prozentsatz hiervon festgelegt.

Die frühere allgemeine Richterzulage wurde abgeschafft, anstelle dessen bekommen die Richter der Komitatsgerichte, der Oberlandesgerichte und des Obersten Gerichtes eine Einstufungszulage. Im Falle einer hervorragenden Arbeit und sechs Jahren Praxis auf der gegebenen Ebene kann der Landesjustizrat dem Richter einen der höheren Gerichtsebene entsprechenden Titel verleihen, womit der gesetzliche Prozentsatz der mit der höheren Stufe einhergehenden Richterzulage verbunden ist.

Die Grundlage der Beförderung ist ausschließlich die Dienstszeit des Richters, er wird alle drei Jahre in die nächsthöhere Gehaltsstufe versetzt. Die Möglichkeit einer außerordentlichen Beförderung aufgrund einer herausragenden Arbeit besteht zweimal.

IV. DIE GERICHTSEBENEN UND DIE REFORM DER VERFAHRENSRECHTE

Die Reform der Gerichtsebenen und der Verfahrensrechte sind eng miteinander zusammenhängende Fragen, sie sind sie Teile der Gerichtsreform, die noch nicht auf der Ebene der Gesetzgebung verwirklicht worden sind. Auf diesem Gebiet kann die Geschichte der vergangenen zwei Jahre mit Fug und Recht als nicht nur im ungarischen, sondern auch im internationalen Vergleich einzigartig bezeichnet werden.

Der ungarische Gerichtszug ist derzeit de facto dreistufig. Die lokalen Gerichte verfahren mit allgemeiner erstinstanzlichen Befugnis. Die zweite Ebene bilden die Komitatsgerichte, die die gegen die Beschlüsse der lokalen Gerichte eingereichten Rechtsmittel beurteilen und ausnahmsweise auch als erste Instanz arbeiten.

An der Spitze des Gerichtszuges steht – als dritte Stufe – das Oberste Gericht, das eine Rechtsmittelinstanz ist und die fachliche Leitung der Spruchtätigkeit der Gerichte verrichtet.

Die Verfassungsänderung im Jahre 1997 hat den Gerichtszug vierstufig gestaltet, indem die bisherigen drei Ebenen durch das Oberlandesgericht ergänzt wurden. Das am 1. Oktober 1997 in Kraft getretene LXVIII. Gesetz des Jahres 1997 sah vor, dass am 1. Januar 1999 zwischen den Komitatsgerichten und dem Obersten Gericht drei Oberlandesgerichte ihre Tätigkeit aufnehmen, und ab dem 1. Januar 2003 war die Errichtung von zwei weiteren Oberlandesgerichten vorgesehen. Das Zuständigkeitsgebiet der Oberlandesgerichte hätte sich auf mehrere Komitate erstreckt, sie waren als Rechtsmittelinstanzen vorgesehen.

Der Änderung der Gerichtsebenen entsprechend sind auch die neuen Regeln der zivilen und der Strafprozessordnung entstanden, mit besonderer Rücksicht auf die geänderten Befugnisse und das Rechtsmittelsystem.

Budgetär gewährleistete die Kostendeckung der Aufstellung der Oberlandesgerichte das Budget des Jahres 1998, für die Tätigkeit der drei Oberlandesgerichte ab dem 1. Januar 1999 war der Landesjustizrat verantwortlich. Die wichtigste Verwaltungstätigkeit des Jahres 1998 war die Schaffung der personellen und sachlichen Bedingungen für die Tätigkeit der Oberlandesgerichte. Anfang November 1998 wurden die Vorbereitungen für alle drei Oberlandesgerichte praktisch abgeschlossen, die Gebäude, die sachlichen Mittel und das Personal standen bereit, um die Arbeit aufzunehmen.

Auf diesem Stand der Vorbereitung traf die Entscheidung der Nationalversammlung, wonach Ende Dezember das Gesetz über den Tätigkeitsbeginn der Oberlandesgerichte außer Kraft gesetzt und die Errichtung der vierten Gerichtsebene auf unbestimmte Zeit verschoben wurde, die gesamte Justiz unerwartet. Die Nationalversammlung forderte die Regierung auf, die Zweckmäßigkeit der tatsächlichen Errichtung der Oberlandesgerichte bis zum 30. Juni 1999 zu prüfen, und die mit der Änderung der Gerichtsebenen verbundenen verfahrensrechtlichen Institutionen erneut zu überdenken.

In der derzeitigen speziellen Rechtslage ist also der laut Verfassung vierstufige Gerichtszug in der Praxis nur dreistufig und es ist ungewiss, wie die vierte Stufe ins Leben gerufen wird und wie die Regeln der Befugnisse und der Rechtsmittel verfahrensrechtlich modifiziert werden.

Aus all dem folgt, dass der Teil der Gerichtsreform, der auf die Beschleunigung der Verfahren und die Verbesserung der Aktualität gerichtet war, – auf Grund der Unberechenbarkeit des politischen Willens des Parlamentes und der Gesetzgebung – noch nicht einmal auf theoretischer Ebene realisiert wurde.

In Ungarn wurde in der Zeit der Nationalversammlung von 1869-1872 die Errichtung neuer Gerichte initiiert. Als Ergebnis hiervon entstanden die in fünfköpfigen Senaten verfahrenden, als Berufungsgerichte funktionierenden Königlichen Oberlandesgerichte in Pest und in Marosvásárhely, anschließend sind durch das XXV. Gesetz des Jahres 1890 die Königlichen Oberlandesgerichte dezentralisiert worden und es sind 11 Oberlandesgerichte ins Leben gerufen worden. Die Oberlandesgerichte nahmen ihre Tätigkeit am 5. Mai 1891 auf.

Das System der Oberlandesgerichte wurde auf Grund der Revolutionen nach dem Ersten Weltkrieg sowie der aufgezwungenen Bedingungen von Trianon wesentlich geändert. Der Volkskommissar der Räterepublik für Justiz hatte am 22. März 1919 sowohl die Tätigkeit der Gerichte als auch die Tätigkeit der Staatanwaltschaften ausgesetzt und gleichzeitig entstanden verschiedene Entwürfe für die Umgestaltung des Gerichtszuges. Die Anzahl der Oberlandesgerichte sank in den nach Trianon entstandenen Grenzen auf fünf (Budapest, Szeged, Debrecen, Pécs, Győr), nach 1945 wurde praktisch ihre Auflösung in Gang gesetzt.

Das XX. Gesetz des Jahres 1949 über die Verfassung der Volksrepublik Ungarn regelte im Teil über die Gerichtsorganisation noch die Oberlandesgerichte. Die Verfassung benannte Komitatsgerichte, Oberlandesgerichte und das Oberste Gericht der Volksrepublik Ungarn. Die Oberlandesgerichte hat die 36. Sitzung der Nationalversammlung im Dezember 1950 im Rahmen der Debatte über das Staatshaushaltsgesetz abgeschafft.

Die in 1997 begonnene Justizreform kehrte im Hinblick auf die Gerichtsorganisation zum Teil zu der organisatorischen Lösung des letzten Drittels des XIX. Jahrhunderts zurück. Gemäß der in 1997 geänderten Verfassung wird in der Republik Ungarn die Rechtsprechung vom Obersten Gericht der Republik Ungarn, von den Oberlandesgerichten, von den Gerichten der Hauptstadt und der Komitate sowie von lokalen und Arbeitsgerichten vorgenommen.

Das bis zum 31. Dezember 1998 in Kraft befindliche LXIX. Gesetz des Jahres 1997 über den Sitz und den Zuständigkeitsbereich der Oberlandesgerichte verfügte, dass am 1. Januar 1999 in der Hauptstadt, in Szeged und in Pécs Oberlandesgerichte ihre Tätigkeit aufnehmen und am 1. Januar 2003 mit Sitz in Győr und Debrecen zwei weitere Oberlandesgerichte errichtet werden.

Der Landesjustizrat hat die notwendigen Maßnahmen ergriffen, um die Oberlandesgerichte der Hauptstadt sowie in Pécs und in Szeged gebührend unterzubringen und traf Entscheidungen hinsichtlich der Ernennung bzw. der Beauftragung der Präsidenten der Oberlandesgerichte.

Die Nationalversammlung hat am 8. Dezember 1998 das LXXI. Gesetz des Jahres 1998 über die Änderung bestimmter Gesetze über die Justiz verabschiedet, das – mit Wirkung vom 1. Januar 1999 – das bereits erwähnte LXIX. Gesetz des Jahres 1997 außer Kraft setzte. Die Regierung war der Ansicht, dass die Bemessung der Aufgaben der einzelnen Gerichte und der Gerichtsebenen nicht richtig bzw. die Verwendung der Haushaltsmittel nicht den Bedürfnissen entsprechend erfolgte.

Die Nationalversammlung hat am 7. Dezember 1999 das CX. Gesetz des Jahres 1999 über die Bestimmung des Sitzes und den Zuständigkeitsbereiches des Oberlandesgerichtes sowie über die Änderung bestimmter Gesetze über die Justiz verabschiedet. Dementsprechend nahm am 1. Januar 2003 mit Sitz in Budapest und mit einem landesweiten Zuständigkeitsbereich das Oberlandesgericht seine Tätigkeit auf.

Der Landesjustizrat hat sich in seinen Sitzungen mit den Aufgaben im Zusammenhang mit der Errichtung des landesweit zuständigen Oberlandesgerichts befasst, das Amt des Landesjustizrates hat zwecks Vorbereitung der Entscheidung – unter Einbeziehung externer Experten – geprüft, welche Möglichkeiten im inneren Bereich von Budapest vorhanden sind, um das Oberlandesgericht unterzubringen.

Die Fortschrittsberichte der Europäischen Kommission haben stets erwähnt, dass „das in Budapest in 2003 zu errichtende, neue, landesweit zuständige Oberlandesgericht die Verfahren des Obersten Gerichtes zu unterstützen, bzw. zu beschleunigen hat, budgetäre Beschränkungen jedoch die Errichtung dieser neuen Gerichtsinstitution weiterhin verzögern".

Im November 2001 hat das Verfassungsgericht in einem Beschluss festgestellt, dass die Nationalversammlung durch ihr Versäumnis, die Errichtung mehrerer Oberlandesgerichte vorzuschreiben, eine verfassungswidrige Situation hervorgerufen hat. Es rief die Nationalversammlung auf, die verfassungswidrige Situation bis zum 31. Dezember 2002 zu beseitigen. Nachdem das Verfassungsgericht das Gesetz über das landesweit zuständige Oberlandesgericht nicht verworfen hat, setzte der Landesjustizrat die mit der Errichtung des landesweit zuständigen Oberlandesgerichts zusammenhängenden Aufgaben weiterhin auf die Tagesordnung und stellte einen Ausschuss für die Vorbereitungsaufgaben ein.

Die Nationalversammlung hat am 9. Juli 2002 – auch mit Rücksicht auf die erwähnte Entscheidung des Verfassungsgerichts – das neue Gesetz über den Sitz und den Zuständigkeitsbereich der Oberlandesgerichte und der Berufungsstaatsanwaltschaften verabschiedet, das die Bestimmungen über die Errichtung des landesweit zuständigen Oberlandesgerichtes außer Kraft setzte, so dass am 1. Januar 2003 in Budapest, Szeged und Pécs Oberlandesgerichte errichtet wurden, die ihre Tätigkeit am 1. Juli 2003 aufnehmen sollen. Über die obigen Oberlandesgerichte hinaus werden in Debrecen sowie in Győr am 1. Juli 2004 weitere Oberlandesgerichte errichtet, die ihre Tätigkeit am 1. Januar 2005 aufnehmen.

Der Landesjustizrat verrichtet derzeit die mit der Aufstellung der drei Oberlandesgerichte zusammenhängenden Aufgaben, er trifft Personalentscheidungen und befasst sich mit den Fragen der Unterbringung und der entsprechenden Tätigkeitsbedingungen der drei Oberlandesgerichte.

V. DIE ERFAHRUNGEN DER BISHERIGEN TÄTIGKEIT DES LANDESJUSTIZRATES

Der Landesjustizrat hat seine Tätigkeit am 1. Dezember 1997 aufgenommen. Die nachfolgend dargestellten Probleme, die die Tätigkeit des Landesjustizrates in den ersten anderthalb Jahren bestimmten, waren bereits in der Anfangsphase offensichtlich.

Die Gesetze über die Reform der Verwaltung der Gerichte bzw. deren Einführung sind inhaltlich grundsätzlich richtig, manche Institutionen und Bestimmungen sind jedoch auf Grund der übereilten Kodifizierung nicht entsprechend ausgereift. Die Politik hat hinsichtlich der Ausarbeitung der Reform zunächst gezögert, dann hat sie es eilig gehabt, so stand für die Vorbereitung der drei grundlegenden Gesetze lediglich ein Jahr zur Verfügung.

Als Folge hiervon war der Landesjustizrat in der ersten Zeit seiner Tätigkeit gezwungen, zweifelhafte Bestimmungen der Gesetze laufend zu deuten, bzw. Gesetzeslücken auszufüllen.

Der Landesjustizrat ist in Ungarn eine Verwaltungskonstruktion ohne historische Vorgeschichte und praktisch gibt es auch international kein identisches Verwaltungssystem. Dementsprechend suchten in der ersten Phase die Teile der Verwaltung nach ihren Plätzen, das galt gleichermaßen für den Landesjustizrat, für die Mitglieder des Landesjustizrates, für das Amt des Landesjustizrates, für die Gerichtspräsidenten und für die Richtergremien.

Im Zusammenhang mit der Tätigkeit des Landesjustizrates mussten die Grundlagen der Tätigkeit von der Sitzungsordnung bis hin zu den formellen und inhaltlichen Merkmalen der Beschlüsse erst geschaffen werden.

Für eine effektive Tätigkeit war es unerlässlich, unter den Mitgliedern des Landesjustizrates für innere Harmonie und Gleichgewicht zu sorgen und die Mitglieder aufeinander einzuspielen. Dieser Prozess zeigt, dass es bei der Kodifizierung eine richtige Entscheidung war, auch Mitglieder einzubeziehen, die keine Richter sind.

Der Landesjustizrat musste ein derartiges System der Kontaktpflege zu den Gerichten und zu den Gerichtspräsidenten entwickeln, das die Tätigkeit und die Entscheidungen des Landesjustizrates für die Gerichte erreichbar und akzeptierbar werden ließ.

Eine besonders komplexe Aufgabe bedeutete die Ausarbeitung der Strategie und der Methoden der Verwaltung, was den Einklang zwischen der zum Erfolg notwendigen Zentralisierung auf der einen und der Selbstständigkeit der Gerichtspräsidenten auf der anderen Seite schuf. Dieses Problem trat markant in Erscheinung bei der Abgrenzung der Befugnisse des Landesjustizrates und dessen Präsidenten, des Landesjustizrates und der Gerichtspräsidenten, des Landesjustizrates und des Amtes des Landesjustizrates im Hinblick auf die Wirtschaftstätigkeit.

Es war nicht einfach, das Amt des Landesjustizrates in das System der Verwaltung einzufügen. Das Bszi. enthält nur sehr knappe Vorschriften im Zusammenhang mit dem Amt, es ist jedoch eindeutig, dass es sich um ein Organ handelt ohne selbständige Befugnisse, das ausschließlich die Tätigkeit des Landesjustizrates vorbereitet und seine Entscheidungen umsetzt, gleichzeitig jedoch im Hinblick auf den Erfolg der tagtäglichen Arbeit der Verwaltung eine Schlüsselrolle spielt.

Der Landesjustizrat hat vom Justizministerium die Verwaltung der Gerichte in einer Krisensituation übernommen. Der Landesjustizrat musste gleichzeitig mit der historischen Umgestaltung der Verwaltung der Gerichte beim Aufbau eines modernen Gerichtssystems dort beginnen, wo die Exekutive mit seinen eigenen Mitteln nicht mehr weiterkam.

Im Rahmen der Kodifizierung waren im Zusammenhang mit der Umsetzung der Gerichtsreform selbst optimistische Stimmen der Ansicht, dass auf Grund der wesentlichen Änderungen der Verwaltung ein temporärer Rückfall, aber zumindest eine Stagnation folgen würde.

Anderthalb Jahre nach dem Inkrafttreten der Gesetze können wir sagen, dass es zu keinem Rückfall gekommen ist, der „Systemwechsel" in der Verwaltung verursachte keine wesentlichen Pannen im Ablauf.

Der Landesjustizrat hat sich im ersten Jahr seiner Tätigkeit mit intensiver Arbeit an die Schaffung der Grundlagen für ein neuartiges Verwaltungssystem gemacht. Seit dem 1. Dezember 1997 hat der Landesjustizrat 20 Sitzungen abgehalten und 198 Beschlüsse, 136 interne Beschlüsse gefasst, 15 Regelungen und 12 Empfehlungen angenommen.

Der Landesjustizrat hat seine normativen Entscheidungen nach Rücksprache mit den Gerichten und den Interessenvertretungen der Richter getroffen, von diesen möchte ich Folgende hervorheben:

- die Regelung des Bewertungssystems und der detaillierten Untersuchungskriterien der Arbeit des Richters;
- die Regelung der Verwaltungstätigkeit der Gerichte im Zusammenhang mit Personal und personellen Zuwendungen;
- die Regelung der Verwaltungstätigkeit der Gerichtspräsidenten;
- die Regelung der Grundsätze der Geschäftsordnungen der Gerichte;
- die Regelung der Einführung von Verhandlungskleidung (Robe).

Die Entscheidungen bestimmen bereits die Tätigkeitsgrundlagen für die Gerichtsorganisation des kommenden Jahrtausends, und zeigen zugleich, dass die Selbstverwaltung die Möglichkeit einer wesentlich effektiveren Verwaltung als zuvor bedeutet.

Die wichtigsten Aufgaben der nahen Zukunft sind folgende:

- die genaue Ermessung der Arbeitsbelastung aller Gerichte des Landes;
- die Beseitigung der ungleichmäßigen Arbeitsbelastung der Komitate durch eine zentrale Personalverwaltung;
- die Ausarbeitung und Einführung von Methoden zur Messung der richterlichen Leistung;
- die Gestaltung einer effektiven Verwaltungspraxis;
- die Bestimmung einer planmäßigen Sachverteilungsordnung;

- die Verbesserung der Authentizität des Gerichtsverfahrens;
- die Ausarbeitung eines Ehrenkodexes für Richter;
- die Schulung der Richter im EU-Recht;
- der Ausbau eines einheitlichen Informatiksystems für die Gerichte;
- die allgemeine Verbesserung des Zustandes der Gerichtsgebäude und die Wahrung der äußeren Würde der Justiz.

Die Aufzählung ist natürlich nicht umfassend, sie signalisiert nur, dass die Errichtung des Landesjustizrates und der Beginn seiner Tätigkeit erst der Beginn der Reform der Verwaltung der Gerichte ist. Die nächste Stufe der Reform ist erreicht, wenn die Anforderungen und Resultate der auf neue Grundlagen gestützten Verwaltung bis zur Ebene des rechtsprechenden Richters durchdringen.

Die Reform dient jedoch in erster Linie nicht den Interessen der Justiz. Das maßgebliche Ergebnis wird darin bestehen, das die Staatsbürger ihre Rechte vor einem moderneren und effektiveren Gericht geltend machen können, als dies zur Zeit der Fall ist.

JUDR ELIŠKA WAGNEROVÁ PH. D., PRAG*

Richterliche Unabhängigkeit in der Tschechischen Republik

Der tatsächliche Inhalt des Begriffes *Richterliche Unabhängigkeit* hat sich in der Tschechischen Republik, ebenso wie in anderen Ländern, vor dem Hintergrund der politischen, kulturellen und sozialen Realität im historischen Kontext herausgebildet. Gerade diese Aspekte haben den *tschechischen* Inhalt des Begriffes der richterlichen Unabhängigkeit beeinträchtigt, und zwar von den Anfängen der tschechoslowakischen Staatlichkeit im Jahre 1918 an, über die Peripetien des zweiten Weltkrieges und die Gründung des Protektorats Böhmen und Mähren, bis zur vierzigjährigen Herrschaft der Kommunistischen Partei der Tschechoslowakei (die Entwicklung der Gerichtsbarkeit in dieser Zeitspanne wurde von mir im Aufsatz *Die Stellung der Richter in der Tschechischen Republik* im JOR Jahrbuch für Ostrecht Band 43/2002 1. Halbband, S. 109 - 128, C. H. Beck, detailliert beschrieben).

Das sich bereits eingebürgerte, entstellte Empfinden des Gerichtswesens und der Richter hat auch in der Konzeption des ersten Gesetzes über Gerichte und Richter nach der Wende seinen Niederschlag gefunden. (Gesetz Nr. 335/1991 Sb., das während seiner zehnjährigen Gültigkeit etwa zehnmal novelliert wurde). Dieses Gesetz knüpfte an die – ansonsten in Europa und anderswo bereits überholte – seinerzeitige Tradition der Tschechoslowakei zwischen den beiden Weltkriegen an, wo es eine enge Verbindung zwischen der Gerichtsbarkeit und dem Justizministerium gab.

Das Justizministerium hatte die Vorbereitung von Referendaren, das Vorschlagen von Richtern zur Ernennung seitens des Präsidenten der Republik, die Entsendung von Richtern an bestimmte Gerichte und die gesamte Laufbahn des Richters fest in der Hand. Der Justizminister ist auch für die Ernennung und Abberufung aller Präsidenten und Vizepräsidenten von Gerichten zuständig, mit Ausnahme des Obersten Gerich-

---

* Die Verfasserin ist Vizepräsidentin des Verfassungsgerichts der Tschechischen Republik.

tes, dessen Vertreter vom Präsidenten der Republik ernannt werden (Art. 62 Abs. f. der *Verfassung der Tschechischen Republik*).

Ihre weitreichenden Rechte wurden von den wechselnden Justizministern nach ihrem Gutdünken genutzt; einmal restriktiv, d.h. sie versuchten eine verfassungskonforme Auslegung des Gesetzes zu tätigen, ein andermal exzessiv, ohne Rücksicht auf die von der Verfassung gesetzten Grenzen. Wahrscheinlich war der offensichtlichste Eingriff, der kaum als eine verfassungskonforme Auslegung des Gesetzes bezeichnet werden kann, die Abberufung von fünf Präsidenten von acht Kreisgerichten im Jahre 1999. Derzeit ist kein einziger der von den acht ursprünglich nach der Wende ernannten Präsidenten mehr im Amt, da die restlichen drei später einzeln abberufen wurden.

Es ist ein Fakt dass die übermäßige Nutzung der Kompetenzen seitens des Justizministers die tschechischen Richter durchaus "lauwarm" beließ, Größtenteils behaupteten sie, dass ein abberufener Präsident auch weiterhin Richter bleibe und daher kein Problem existiere. Daraus ist jedoch ersichtlich, wie sich auch bei den Richtern die verfassungswidrige Vorstellung eingebürgert hat, dass die Ausübung der Funktion eines Präsidenten keine Leistung der richterlichen Funktion darstellt, und dass es sich bei der Ernennung zum Präsidenten eines Gerichtes um keine richterliche Karrierenmaßnahme handle. Sogar die Richter selbst akzeptierten die falsche, ja verfassungswidrige Vorstellung, dass die Funktion eines Präsidenten eine Verwaltungsfunktion sei, d.h. eine Beamtenfunktion mit allen Bindungen, Unterordnungen u.dgl., die sich aus einem solchen Verhältnis ergeben.

Der erste Versuch einer Reform der Gerichtsbarkeit wurde 1999 getätigt, als der damalige Justizminister u.a. auch die Bildung des Höchsten Gerichtsrates vorschlug, der zur Hälfte aus Richtern, die von den Richtern selbst gewählt werden sollten und zur anderen Hälfte aus nichtrichterlichen, vom Parlament zu wählenden Mitgliedern bestehen sollte. Der Höchste Gerichtsrat sollte Kompetenzen lediglich im richterlichpersonalen Bereich besitzen. Demgegenüber sollte die Gerichtsverwaltung durch das Justizministerium gestärkt werden. Der Gerichtspräsident sollte keinen Einfluss mehr auf die Verteilung von Finanzmitteln für einzelne Vorhaben des Gerichtes ausüben, er sollte keinen Einfluss haben auf die Wahl und die Leitung der Verwaltung u.dgl. In der Tat ging es um eine noch größere Unterwerfung der Gerichte unter ökonomische Instrumente. Andererseits enthielt der Entwurf keine Verfahrensregeln für den Höchsten Gerichtsrat im Personalbereich; wahrscheinlich sollte der Höchste Gerichtsrat diese selbst bilden. Das ist allerdings, vom Gesichtspunkt des Verfassungsverbots der Willkür (Art. 2 Abs. 3 der *Verfassung der ČR*, bzw. Art. 2 Abs. 2 der *Charta der Grundrechte und Freiheiten*) ein zumindest problematisches Herantreten. Weiterhin sah der Entwurf die Bildung von Richterräten bei jedem Gericht vor. Diese sollten eine gewisse Opposition zum Präsidenten schaffen, indem sie kein Kollegium bilden sollten, dessen Bestandteil er selbst wäre. Diese einmalige Konzeption von Räten wurde in der Presse abwertend als eine Konzeption von *Sowjets* bezeichnet. Dieser Reformversuch, der auch eine Verfassungsänderung hätte nach sich ziehen müssen, wurde allerdings vom Parlament, bzw. vom Abgeordnetenhaus im Jahre 2000 als zu revolutionär abgelehnt.

Im Jahr 2001 stellte der damals neue Justizminister seinen Entwurf des Gesetzes über Gerichte und Richter mit dem geschickten Verkaufsslogan *Die Richterschaft braucht bessere Qualität* vor. Der Minister schlug die Pflicht der Weiterbildung von Richtern in einer monopolisierten Justizakademie vor, die selbst vom Justizminister gelenkt werden sollte. Die Fortbildung in dieser Akademie sollte durch ein Examen abgeschlossen werden, das die Bewertung des Richters bedeutend beeinflussen würde. Sollte diese, vom Vorsitzenden durchzuführende Auswertung negativ ausfallen, so hätte dies zu einem Vorschlag zur Überprüfung der fachlichen Kompetenz des Richters in einem komplizierten Prozess geführt, an dessen Ende sogar der Ausschluss aus der Justiz drohte. Die Fortbildung, mit Überprüfung u.dgl. sollte wiederholt in fünfjährigen Zyklen ablaufen und für alle Richter Pflicht sein, einschließlich der Richter des Obersten Gerichtes bis zum Alter von 60 Jahren. Dieses Gesetz enthielt auch weitere Kuriositäten, z.B. erteilte sich der Justizminister selbst das Recht, an allen Verhandlungen des Plenums des Obersten Gerichtes teilzunehmen, ferner genehmigte das Gesetz den Richtern ausdrücklich die Beratungen für politische Gremien (der Regierung und des Parlaments) u.dgl. Das Gesetz wurde vom Parlament verabschiedet und unter Nr. 6/2002 Sb. veröffentlicht. Es wurde von den Politikern und von der Öffentlichkeit positiv aufgenommen, da darin "eine Peitsche für die Richter" gesehen wurde, mit deren Tätigkeit langfristig und teilweise aus einem guten Grund Unzufriedenheit in der Tschechischen Republik herrscht.

Der Präsident der Republik hat im März 2002 einige Bestimmungen dieses Gesetzes vor dem Verfassungsgericht angefochten. Der Vorschlag des Präsidenten bezog sich auf drei Grundbereiche. In der erster Linie wurden die Teile des Gesetzes angefochten, welche die Beurteilung der fachlichen Kompetenz von Richtern betreffen. Des weiteren hat der Präsident die Bestimmungen des Gesetzes, die den Richtern die Pflicht der regelmäßigen Weiterbildung ausschließlich in der Justizakademie vorschreibt, in Frage gestellt. Drittens wurden die Bestimmungen bezüglich der staatlichen Gerichtsverwaltung als problematisch bezeichnet.

Am 18. 6. 2002 entschied das Verfassungsgericht durch das Urteil Aktenzeichen Pl. ÚS 7/02, dass dem Vorschlag des Präsidenten entsprochen wird. Die meisten Bestimmungen wurden mit Wirkung ab dem Tage der Bekanntgabe des Urteils in der Gesetzsammlung aufgehoben. Lediglich die Bestimmungen bezüglich der staatlichen Gerichtsverwaltung wurde mit Wirkung vom 1. 7. 2003 aufgehoben, um dem Gesetzgeber noch Raum für eine neue Regelung zu lassen.

Sein Urteil begründete das Verfassungsgericht damit, dass die aufzuhebenden Bestimmungen die verfassungsrechtliche Anordnung der Gewaltenteilung verletzten, wie sie sich aus Art. 2 Abs. 1 der Verfassung ergibt. Das Verfassungsgericht betonte, dass zwar im Bereich der Justiz ein demokratischer Staat von der Vorstellung eines *richterlichen Staates* entfernt ist, allerdings habe der Staat die Pflicht, institutionelle Voraussetzungen zum Konstituieren und Etablieren der tatsächlichen Unabhängigkeit der Gerichte, als ein bedeutendes Element zur Stabilisierung des demokratischen Systems, zu schaffen. Die reale Unabhängigkeit ist ein unerlässliches Attribut der gerichtlichen Gewalt, begründet durch die Forderung des Art. 4 der Verfassung, nach dem die Grundrechte und Freiheiten durch die gerichtliche Gewalt geschützt werden. Es wies auch auf Art. 81 und 82 der Verfassung hin, die sowohl unabhängige Gerichte, als auch unabhängige und unparteiische Richter verlangen. Das Verfassungsgericht betonte, dass Art. 82 Abs. 3 der Verfassung die Inkompatibilität der Funktion eines Richters mit der Funktion des Präsidenten der Republik, eines Parlamentmitglieds, sowie die Inkompatibilität mit jedweder Funktion in der öffentlichen Verwaltung regelt und damit auch jeden Eingriff in die Unabhängigkeit der Gerichte ausschließt. Es wurde bewiesen, dass die angefochtene Teile des Gesetzes dieser Forderung nicht entsprechen. Dabei ist die Unabhängigkeit und Unparteilichkeit des Gerichtes und des Richters die Gewähr gerechter Entscheidungen, eine

Gewähr der Gleichheit und im spezifischen Sinn auch der Rechtssicherheit im demokratischen Staat.

Bei der Überprüfung der gesetzlichen Regelungen der Ausübung der staatlichen Gerichtsverwaltung betonte das Verfassungsgericht, dass es lediglich durch den Umfang des Vorschlags des Präsidenten der Republik gebunden sei, in dem die Stellung des Justizministeriums, wie des Zentralorgans der staatlichen Verwaltung der Gerichte und (bis auf Ausnahmen) die Kompetenzen des Justizministers nicht angefochten würden. Dabei kann ein wesentlicher Teil der Tätigkeit der Gerichtspräsidenten und Vizepräsidenten, der ihnen durch das Gesetz anvertraut wird, als eine Tätigkeit in der öffentlichen Verwaltung betrachtet werden, was dem bereits zitierten Gebot der Inkompatibilität widerspricht. Zu diesem Gebot ist auch die durch das Gesetz vorgesehene Tätigkeit der Richter in den Organen der Exekutiv- und Legislativgewalt im Widerspruch.

Zur Stellung der Präsidenten und Vizepräsidenten der Gerichte im Zusammenhang mit deren Abberufung führte das Verfassungsgericht an, dass das Bekleiden dieser Funktionen als Karrieregang des Richters zu betrachten sei, daher könnten sie ihrer Funktionen nicht enthoben werden, es sei denn, dass es sich um einen im Gesetz spezifisch vorgesehenen Grund und um ein Disziplinarverfahren handele, d.h. ein Gerichtsbeschluss vorliege. Obschon Richter aus im Rahmen ihrer Funktionen auch Tätigkeiten ausübten, die Verwaltungscharakter trügen, verlören sie nicht die Qualität der Stellung eines unabhängigen Richters. Das heißt, sie könnten und dürften nicht – angesichts des Charakters der von ihnen ausgeübten Tätigkeiten – in die Stellung eines staatlichen Beamten geraten, dessen Definitionsmerkmal die Unterordnung und das Respektieren von Anordnungen dienstlich höhergestellten Personen ist. Diese Forderung ist ein integraler Bestandteil des Prinzips der Gewaltenteilung und des Prinzips der ungestörten Ausübung eines persönlich unabhängigen richterlichen Mandats.

Am Schluss seines Beschlusses führte das Verfassungsgericht aus, dass ihm keine Wahl eines Modells zur Ausführung der Gerichtsverwaltung obliege, da die Lösung dieser Frage Aufgabe des Parlamentes sei. Das Parlament sei allerdings bei der Wahl eines Modells und einer Regelung an den Grundsatz der Gewaltenteilung im Staat gebunden.

Dieser Befund des Verfassungsgerichtes ist unmittelbar darauf zum Ziel der Kritik von Politikern geworden, die behaupteten, das Verfassungsgericht habe seine Kompetenzen überschritten, indem es nicht nur über die Verfassungsmäßigkeit des angefochtenen Gesetzes entschieden habe, sondern auch seine politische Vorstellung über die Gerichtsbarkeit und ihre Verwaltung zum Ausdruck brachte, was der Regierung, bzw. dem Parlament vorbehalten sei. In einem Zeitungsinterview sagte der Justizminister, man müsse das Verfassungsgericht *demütigen*, und gewisse, insbesondere die Gerichtsverwaltung betreffende Grundsätze in die Verfassung aufnehmen, um dem Verfassungsgericht die Möglichkeit von deren Revision zu nehmen.

Das Abgeordnetenhaus des Parlaments der ČR behandelte in seiner 10. Sitzung unter Punkt 53 am 26. 2. 2003 einen Regierungsentwurf zur Änderung der Verfassung (Parlamentsblatt Nr. 208), durch die die bereits erwähnte Bestimmung der Verfassung über die Inkompatibilität der richterlichen Funktion unter anderen mit Funktionen in der öffentlichen Verwaltung um den Zusatz: *mit Ausnahme der staatlichen Gerichtsverwaltung* zu ergänzen ist. In derselben Sitzung behandelte das Abgeordnetenhaus auch den Regierungsentwurf zur Änderung des Gesetzes über Gerichte und Richter (Parlamentsblatt Nr. 209), das bereits von der geänderten Verfassung ausgeht und daher den Beschluss des Verfassungsgerichtes in den Teilen bezüglich der staatlichen Gerichtsverwaltung und Tätigkeit von Richtern am Justizministerium nicht berücksichtigt. Nach der ersten Lesung wurden beide Gesetzentwürfe zur Behandlung in den verfassungsrechtlichen Ausschuss des Abgeordnetenhauses übergeben, der am 12. und 13. 3. 2003 zusammentrat. Die obige Änderung der Verfassung wurde empfohlen. Im Ausschuss plädierten für die angegebene Änderung der Verfassung auch die derzeitigen Repräsentanten des Obersten Gerichtes mit der Begründung, man müsse den Befund des Verfassungsgerichtes respektieren (!), wobei der Grund der Änderung der Verfassung die Harmonisierung der Terminologie der Verfassung mit der des Gesetzes sei (!). Dazu kann nur ergänzt werden, dass nach Artikel 89 Abs. 2 der Verfassung die Beschlüsse des Verfassungsgerichtes Wirkungen erga omnes besitzen, allerdings sind die Referenznormen für das Verfassungsgericht Normen, die in der Verfassungsordnung enthalten sind (Art. 88 Abs. 2 der *Verfassung*). Es ergibt sich daraus, dass das Verfassungsgericht, indem es eine gesetzliche Bestimmung wegen Verfassungswidrigkeit aufhebt, erwartet, dass eine neue verfassungskonforme gesetzliche Regelung verabschiedet wird. Man kann dem Verfassungsgericht wohl kaum das Vorhaben unterstellen, dass es selbst eine Verfassungsänderung vorschlägt.

Beredsamer als weitere Kommentare zum Entwurf einer Verfassungsänderung mögen Beispiele aus Äußerungen sein, die gerade bei der ersten Lesung zum Gesetzesentwurf der Verfassungsänderung getätigt wurden.

Der *Justizminister*: „... Da das Verfassungsgericht zum Schluss gekommen ist, dass die Funktion eines Gerichtspräsidenten oder Gerichtsvizepräsidenten eine Funktion in der öffentlichen Verwaltung ist und da wir diese Ansicht nicht unberücksichtigt belassen können, unterbreiten wir im vorgelegten Entwurf eine Verfassungsnovelle, eine klare Änderung dahingehend (...), dass wir einfach in die Verfassung explizit die Worte aufnehmen, dass die Gerichtsverwaltung in der Tschechischen Republik keine öffentliche Verwaltung im Sinne der Verfassung darstellt. Ich glaube, dies ist eine durchaus korrekte Lösung (...).

...Wenn wir in der Lage wären, im Gesetz aufzuzählen, für welche Gründe der Präsident und der Vizepräsident eines Gerichtes abberufen werden können, dann bräuchten wir keinen Weg eines Disziplinarverfahrens. Dies (...) ist ein Thema für eine Beratung des verfassungsrechtlichen Ausschusses, da es im Wesentlichen zwei Gründe dafür gibt (...) Der erste ist ein schlecht erlassener Geschäftsverteilungsplan für das Gericht (...). (...). Dies ist (...) ein legitimer Grund, der im Gesetz enthalten sein könnte und kein Disziplinarverfahren wäre notwendig. Die anderen legitimen Gründe sehe ich insbesondere auf einem Gebiet, das das Justizressort sehr belastet (...), und zwar die Renovierung von Gebäuden. Investitionen, die Hunderte von Millionen betragen können, die vom Gerichtspräsidenten veranlasst werden, wobei manchmal (...) die staatlichen Mittel nicht wirtschaftlich verwendet werden.

... Das Gesetz enthielt die Möglichkeit, dass ein Richter (...) dem Justizministerium zur Ausübung eines fachlichen Praktikums zugewiesen wurde, ggf. das er neben einem richterlichen Mandat Tätigkeiten in Beratungsorganen der Regierung u.dgl. ausübte (...). Hier habe ich den Beschluss gefasst, wieder nach Zustimmung aller, die in der Arbeitsgruppe vertreten waren, den Weg zu gehen, dass zumindest zur Funktion eines Richters im Justizministerium (...) ein gewisser Raum zu bilden ist, der nicht anders gebildet werden kann, als durch eine Änderung der Verfassung."

Abgeordnete *Dundáčková*: „... Bereits zum zweiten Mal geraten wir in eine Lage, wo wir bemüht sind, die Folgen eines Urteils des Verfassungsgerichtes aufzuarbeiten (...). Es fiel mir eine durchaus interessante Sache ein, und zwar (...) im Untertext des Urteiles des Verfassungsgerichtes können wir den Ausdruck der eigenen Ansicht der Richter spüren, auf welche Art und Weise die Reform der Gerichtsbarkeit gelöst werden könnte (...) und ob per Zufall konkret dieses Urteil des Verfassungsgerichtes kein unzulässiger Druck der Gerichtsgewalt auf die gesetzgebende Gewalt ist (...). Ein anderes Element, das im Gesetzesentwurf von Bedeutung ist (...), ist eine Stärkung der Rechtssicherheit der

Richter. Gerichtspräsidenten können faktisch nicht abberufen werden. (...) Ist tatsächlich eine Erhöhung der Rechtssicherheit der Richter das, was die Tschechische Republik auf dem Gebiet der Gerichtsbarkeit am meisten bräuchte?"

Abgeordneter *Langer*: „Es freut mich dass (...) der Justizminister die brisante Unterstützung in Erinnerung rief, die der ursprüngliche Gesetzentwurf bekam. (...) Umso mehr stört mich die Weise, auf die das Verfassungsgericht in diese Reform eingegriffen hat (...). Ich halte den Befund des Verfassungsgerichtes für schlecht. (...) Ich kann mir die Frage stellen, warum dem so ist. (...) Ich kann feststellen, das es vielleicht deswegen so ist, weil hier Richter über Richter entschieden haben. (...) Ich verüble dem Justizminister eine übermäßige („,) Unterordnung unter das Urteil des Verfassungsgerichtes."

Die wiedergegebnen Äußerungen können vielleicht lapidar nur so kommentiert werden, dass das freiwillige Respektieren der Entscheidungen des Verfassungsgerichtes, das eine grundlegende Voraussetzung für das fehlerlose Funktionieren des Rechtsstaates darstellt, zum Bedauern der Autorin, bisher in Tschechien bei weitem noch nicht selbstverständlich ist.

MAG. MITJA DEISINGER, LJUBLJANA*

Die Organisation des Gerichtswesens und die Position der Richter in Slowenien

INHALT

I. ORGANISATION DER GERICHTE UND GERICHTLICHE ZUSTÄNDIGKEIT

Die Organisation der Gerichte und die gerichtliche Zuständigkeit werden in der Republik Slowenien auf Basis der Verfassung der Republik Slowenien vom Gerichtsgesetz geregelt. Die Republik Slowenien wurde am 25. 06. 1991 gegründet. Am 28. 12. 1991 wurde die neue Verfassung der Republik Slowenien verabschiedet, in der das Prinzip der Gewaltenteilung in Legislative, Exekutive und Judikative verankert ist. Diese demokratische Verfassung hat mit dem früheren Einparteiensystem der ehemaligen Bundesrepublik Jugoslawien gebrochen. Die Organisation des gesamten Gerichtssystems erforderte nach der Verabschiedung der neuen Verfassung eine Gerichtsreform, die 1994 mit dem Gerichtsgesetz und Richterdienstgesetz verwirklicht wurde.

---

* Der Verfasser ist Präsident des Obersten Gerichtshofs der Republik Slowenien.

Eine Gerichtsreform ist in jedem Fall ein anspruchsvoller Vorgang. In der Republik Slowenien wurde dadurch ein deutlicher Rückstau an den Gerichten verursacht. Aus einer Analyse des Justizministeriums und des Obersten Gerichtshofs geht hervor, dass der Rückstau an den slowenischen Gerichten gerade in den Jahren 1994 bis 1998 verursacht wurde, als die neuen Gerichte erster Instanz gegründet wurden und alle Richter, die nach dem bisherigen System noch ein zeitlich begrenztes Mandat hatten, in ein zeitlich unbeschränktes Mandat gewählt und an die neuen Gerichte versetzt werden mussten.

Mit dem Gerichtsgesetz wurden in der Republik Slowenien Bezirksgerichte, Kreisgerichte, Obergerichte und der Oberste Gerichtshof der Republik Slowenien eingerichtet.

In Slowenien gibt es 44 Bezirksgerichte. In strafrechtlichen Belangen sind diese Bezirksgerichte für Entscheidungen erster Instanz über Delikte zuständig, die mit einer Geldstrafe oder einer Haftstrafe bis zu drei Jahren belegt sind; ausgenommen sind Angriffe gegen die Ehre und üble Nachrede, begangen durch die Presse, per Radio, Fernsehen oder mit einem anderen öffentlichen Kommunikationsmittel. Darüber hinaus untersuchen die Bezirksgerichte strafrechtliche Delikte aus ihrem Zuständigkeitsbereich und führen andere gerichtlich festgelegte Aufgaben durch. In Zivilverfahren sind die Bezirksgerichte für gerichtliche Entscheidungen bzw. Urteile erster Instanz in Zivilprozessen gemäß der slowenischen Zivilprozessordnung, in Erbschafts- und anderen nicht streitigen Verfahren sowie für die Führung der Grundbücher, für Vollstreckungen und für Besicherungen zuständig. Außerdem sind die Bezirksgerichte für Entscheidungen bzw. Urteile in einigen anderen gesetzlich festgelegten Angelegenheiten sowie für die Abwicklung der Rechtshilfe zuständig. Das Verfahren auf Ebene der Bezirksgerichte wird von einem Einzelrichter geführt, der auch das Urteil fällt bzw. in den sonstigen Verfahren entscheidet.

Mit dem Gerichtsgesetz wurden elf Kreisgerichte eingerichtet, die in Strafsachen für Urteile erster Instanz für solche strafrechtlichen Delikte zuständig sind, die nicht in den Zuständigkeitsbereich der Bezirksgerichte fallen; ferner sind sie zuständig für Untersuchungen bzw. Untersuchungsverfahren in ihrem Zuständigkeitsbereich, für Vorverfahren und Urteile erster Instanz in Strafsachen gegen Minderjährige, für Entscheidungen erster Instanz über die Vollstreckung strafrechtlicher Urteile ausländischer Gerichte, für die Vollstreckung aller strafrechtlichen Urteile, für Entscheidungen über die Genehmigung von Eingriffen in die Menschenrechte und Grundfreiheiten, für Senatsentscheidungen außerhalb der Verhandlung in allen Strafsachen, für andere gesetzlich festgelegte Angelegenheiten sowie für die Wahrnehmung der Kontrolle bezüglich des legalen und ordnungsgemäßen Umgangs mit Verurteilten und die Überwachung der Untersuchungshäftlinge. In zivilrechtlichen Angelegenheiten sind die Kreisgerichte für Urteile bzw. für Entscheidungen erster Instanz in Zivilprozessen gemäß der Zivilprozessordnung zuständig, für die Anerkennung ausländischer Gerichtsentscheidungen, für Verfahren in Konkurs- und Liquidationssachen, die in die Zuständigkeit des jeweiligen Gerichts fallen, sowie in damit verbundenen Konflikten für Rechtsstreitigkeiten über Autoren- und Urheberrechte, über Anträge auf einstweilige Verfügungen, die vor Beginn eines Rechtsstreits eingebracht werden, über den das jeweilige Gericht nach den Regeln in Wirtschaftsprozessen entscheidet, bzw. für Angelegenheiten, in denen die Zuständigkeit als Schiedsgericht vereinbart wurde, in nicht streitigen Verfahren, an denen Wirtschaftsgesellschaften, Gesellschafter bzw. Aktionäre und Mitglieder der Organe von Wirtschaftsgesellschaften beteiligt sind, auf welche das Gesellschaftsrecht anzuwenden ist. Darüber hinaus führen die Kreisgerichte das Handelsregister und entscheiden auch in anderen Angelegenheiten, sofern das gesetzlich festgelegt ist. In allen Angelegenheiten aus der Zuständigkeit der Kreisgerichte wickeln diese auch die Rechtshilfe in der Republik Slowenien sowie die internationale Rechtshilfe ab. Über Anträge auf Zulassung des Abhörens von Telefonen und der Kontrolle anderer Kommunikationsmittel und Medien sowie der Kontrolle von Briefen und anderen Sendungen entscheidet der Präsident des Kreisgerichts, in dessen Gerichtsbezirk sich der Sitz des Antragstellers befindet bzw. in dessen Abwesenheit der Vizepräsident.

Die vier Obergerichte sind für gerichtliche Entscheidungen bzw. Urteile zweiter Instanz über Beschwerden gegen Entscheidungen der Bezirks- bzw. Kreisgerichte in ihrem Gerichtsbezirk zuständig, für Entscheidungen in Zuständigkeitskonflikten zwischen Bezirks- bzw. Kreisgerichten in ihrem Gerichtsbezirk und für Entscheidungen über die Zuständigkeitsübertragung an ein anderes Bezirks- bzw. Kreisgericht in ihrem Gerichtsbezirk sowie für andere gesetzlich festgelegte Angelegenheiten.

Der Oberste Gerichtshof ist auf Grundlage der slowenischen Verfassung als höchstes Gericht unseres Staates definiert. Im Verhältnis zum

Obersten Gerichtshof der Republik Slowenien ist der Verfassungsgerichtshof das oberste Organ der Judikative im Bereich des Schutzes der Menschenrechte und Grundfreiheiten. In allen anderen Bereichen ist der Oberste Gerichtshof die oberste Instanz, weshalb er von der Verfassung auch allgemein als oberstes Gericht unseres Staates bezeichnet wird. Der Oberste Gerichtshof ist für gerichtliche Entscheidungen bzw. Urteile erster Instanz in bestimmten Verwaltungskonflikten und für Urteile zweiter Instanz dieser Verfahren zuständig, sowie für Urteile dritter Instanz über ordentliche Rechtsmittel gegen Entscheidungen der Gerichte zweiter Instanz, für Entscheidungen über außerordentliche Rechtsmittel gegen gerichtliche Entscheidungen mit Ausnahme jener Fälle, in denen für die Entscheidung über ein außerordentliches Rechtsmittel ein anderes Gericht zuständig ist, für Entscheidungen in Zuständigkeitskonflikten zwischen Gerichten, außer in jenen Fällen, in denen gesetzlich festgelegt ist, dass für die Entscheidung über einen solchen Konflikt ein anderes Gericht zuständig ist, für Entscheidungen über die Zuständigkeitsübertragung in Fällen, die das Gesetz festlegt sowie für andere Angelegenheiten, die ebenfalls gesetzlich festgelegt sind. Nach dem Inkrafttreten des Gerichtsgesetzes wurden dem Obersten Gerichtshof durch einige neue Gesetze weitere Kompetenzen übertragen. So sieht z.B. das slowenische Verwaltungsverfahrensgesetz vor, dass der Oberste Gerichtshof in Verwaltungsverfahren erster Instanz über die Rechtsmäßigkeit der Akte der Wahlbehörden für die Wahl zur Staatsversammlung, zum Staatsrat und für die Wahl des Staatspräsidenten entscheidet sowie über Streitigkeiten, die sich auf die Rechtmäßigkeit einer Kandidatur, auf die Wahl, auf die Ernennung und die Absetzung von Personen beziehen, die vom Staatspräsidenten, von der Staatsversammlung, vom Staatsrat oder der Regierung gewählt, ernannt oder abgesetzt werden, über Konflikte, die sich auf Entscheidungen des Richterrats oder der Personalkommission beziehen, mit denen über die Rechte und Pflichten der Richter und Staatsanwälte entschieden wird, über die Rechtmäßigkeit der Akte staatlicher Behörden und Träger öffentlicher Vollmachten auf nationaler Ebene, die in Form von Vorschriften erlassen werden, sofern einzelne Verhältnisse geregelt werden, sowie über die Rechtmäßigkeit von Verwaltungsakten, die von der slowenischen Regierung, der Slowenischen Nationalbank oder einer anderen, diesen beiden gleichgestellten staatlichen Behörde erlassen werden. Der Oberste Gerichtshof entscheidet auch in Zuständigkeitskonflikten zwischen dem Verwaltungsgericht und einem anderen

Gericht. Eine Zuständigkeit des Obersten Gerichtshofs für Entscheidungen in erster und zweiter Instanz wurde noch mit einigen anderen Gesetzen eingeführt, z. B. mit dem Versicherungsgesetz, dem Bankengesetz, dem Gesetz über den Handel mit Wertpapieren und dem Revisionsgesetz der Republik Slowenien.

Mit dem Gerichtsgesetz werden die finanziellen Mittel für die Gehälter der Richter und der Gerichtsbediensteten sowie für die Kosten der Tätigkeit der Gerichte im Rahmen des Staatshaushalts beim Obersten Gerichtshof für alle Gerichte bereitgestellt, diese werden aus dem Budget der Republik Slowenien finanziert. Der Oberste Gerichtshof koordiniert die Erstellung der Finanzpläne der Gerichte und die Nutzung der Mittel durch die einzelnen Gerichte im Hinblick auf die jeweiligen Finanzpläne und die gemeinsam bereitgestellten Budgetmittel.

Beim Obersten Gerichtshof werden auch die Budgetmittel für die Vernetzung der Gerichte bereitgestellt.

Der Oberste Gerichtshof führt auch Evidenz über die Jurisdiktion der Gerichte der Republik Slowenien und verfolgt die Jurisdiktion internationaler Gerichte. Dabei sorgt der Oberste Gerichtshof für eine einheitliche Rechtsprechung. In diesem Rahmen ist die Hauptsitzung des Obersten Gerichtshofs wichtig, bei der folgende wichtige Punkte behandelt werden: die Verabschiedung prinzipieller Rechtsmeinungen zu Fragen, die für die einheitliche Anwendung der Gesetze wichtig sind, sowie Rechtsmeinungen zu Fragen der Rechtsprechung, die Entscheidung über Anregungen zur Erstellung oder Abänderung eines Gesetzes, die Verabschiedung der Jahresdienstpläne der Richter, die Entscheidung, wie die Rechtsprechung an den Gerichten beobachtet wird, sowie andere Angelegenheiten aus dem Zuständigkeitsbereich des Obersten Gerichtshofs. Die Rechtsmeinung des Obersten Gerichtshofs ist für die Senate des Obersten Gerichtshofs bindend und kann nur bei einer neuen Hauptsitzung abgeändert werden; natürlich beeinflussen die Argumente dieser Rechtsmeinungen auch die Entscheidungen anderer Gerichte.

Der Oberste Gerichtshof verfügt über ein Informatikzentrum, das als eine eigenständige Organisationseinheit eingerichtet ist. Dieses Zentrum sorgt für eine einheitliche technische Unterstützung der Geschäftstätigkeit der Gerichte und des Rechtsinformationssystems der Gerichte.

Mit dem Gesetz über die Arbeits- und Sozialgerichte wurden drei Arbeitsgerichte und das Arbeits- und Sozialgericht in Ljubljana eingerichtet, die jeweils Filialen haben. Ihre Zuständigkeit bezieht sich auf individuelle Arbeitskonflikte, Sozialkonflikte und kollektive Arbeitskonflikte. Für die Entscheidung in zweiter Instanz wurde das Obere Arbeits- und Sozialgericht eingerichtet.

Mit dem Verwaltungsstreitverfahrensgesetz wurde der Verwaltungsgerichtshof der Republik Slowenien eingerichtet, der seinen Sitz in Ljubljana sowie Filialen in vier Städten hat. Der Verwaltungsgerichtshof entscheidet in erster Instanz in Verwaltungsstreitverfahren, mit Ausnahme jener Fälle, in denen der Oberste Gerichtshof für die Entscheidung erster Instanz zuständig ist. In der Republik Slowenien untersagt die Verfassung die Einrichtung außerordentlicher Gerichte, die als Gerichte verstanden werden, die unter außergewöhnlichen Umständen eingerichtet werden, wobei solchen Gerichten oft die Durchführung von Sonderverfahren und die Verhängung spezieller Sanktionen erlaubt ist. In Friedenszeiten darf kein Militärgericht eingesetzt werden, woraus zu schließen ist, dass Militärgerichte in der Republik Slowenien nur im Kriegszustand möglich sind. Militärgerichte können in Kriegszeiten jedoch nicht als Sondergerichte gegründet werden, d.h., als Gerichte mit Sonderverfahren und Sanktionen, sondern nur als spezialisierte Gerichte für militärische Belange, die bei der Führung der Verfahren und bei den Entscheidungen nach den allgemein gültigen gesetzlichen Bestimmungen vorgehen. Der Kriegszustand, in dessen Rahmen ein Militärgericht eingesetzt werden könnte, wird gemäß der Verfassung auf Vorschlag der Regierung von der Staatsversammlung ausgerufen; wenn die Staatsversammlung nicht tagen kann, entscheidet der Präsident der Republik über die Verhängung des Kriegszustands, wobei diese Entscheidung umgehend der Staatsversammlung zur Bestätigung unterbreitet werden muss, sobald diese tagen kann.

II. DIE UNABHÄNGIGKEIT DER RICHTER

Der Grundstein für die Unabhängigkeit der Richter ist bereits in der Verfassung verankert. Die Verfassung legt nämlich fest, dass die Richter bei der Ausübung ihres Amtes unabhängig sind, wobei vom Prinzip der Gewaltenteilung in Legislative, Exekutive und Judikative ausgegangen wird. Das Gerichtsgesetz legt fest, dass die Judikative in der Republik Slowenien von den Richtern an den durch dieses Gesetz oder andere Gesetze eingerichteten Gerichten ausgeübt wird. Der Grundsatz der Unabhängigkeit der Richter hat nicht nur Bedeutung für die Position der Richter, sondern ist auch wichtig für die Einrichtung unabhängiger, unparteiischer und auf Basis der Gesetze eingerichteter Gerichte, die jedem Bürger die Rechtsprechung zusichern müssen, der sich an sie wendet, soweit es um seine Rechte und Pflichten sowie um Anschuldigungen gegen ihn geht. Das Recht auf gerichtlichen Schutz ist daher in unserem Staat ein grundlegendes Menschenrecht, das die Richter dazu verpflichtet, in ihrer Entscheidung unabhängig zu sein. Die einzige Bedingung, der die Richter bei der Ausübung ihrer Richterfunktion unterliegen, ist die Tatsache, dass sie an die Verfassung und an die Gesetze gebunden sind.

Die Unabhängigkeit der Richter ist ein uralter Grundsatz, der mit dem Prinzip verbunden ist, das wir unter dem Begriff Unabhängigkeit, Unparteilichkeit und faire Entscheidung der Gerichte subsumieren. Auch viele internationale Akte gehen vom Prinzip der Unabhängigkeit der Richter aus und rufen die Staaten dazu auf, als einen der Grundsätze der Demokratie auch die Selbständigkeit und Unabhängigkeit der Judikative, deren Träger eben die Richter sind, anzuführen. In der Republik Slowenien wurde auf dieser Basis bereits in der Verfassung die Unabhängigkeit bei der Ausübung des Richteramtes festlegt, und das Richterdienstgesetz betont an mehreren Stellen, dass der Richter dieses Prinzip sowohl in Ausübung seiner Funktion als auch ansonsten zu gewährleisten hat. Das Richterdienstgesetz legt fest, dass der Richter bei der Verwirklichung seiner Rechte und Freiheiten jedenfalls so zu handeln hat, dass er die Unparteilichkeit und Unabhängigkeit der gerichtlichen Entscheidung sowie das Ansehen des Richterstands wahrt; ein Richter darf keine Funktionen oder Tätigkeiten übernehmen, die nach den Bestimmungen der Verfassung oder nach den Bestimmungen dieses Gesetzes mit der Richterfunktion unvereinbar wären. Jemand, bei dem darauf geschlossen wird, dass er die Richterfunktion nicht fair und gewissenhaft verrichten würde, erfüllt nicht die Bedingungen für die Wahl in das Amt des Richters.

Obwohl die Verfassung und die Gesetze die Unabhängigkeit der Richter und damit auch die Unabhängigkeit der Gerichte relativ detailliert festlegen, wird durch die Gerichtsordnung die Gefahr dennoch nicht ganz ausgeschlossen, dass die eine oder andere Behörde Einfluss auf die Position der Gerichte nehmen könnte. Das kann sich bei der Wahl der Richter in der Staatsversammlung zeigen oder auch darin, dass der Aufbau der Gerichtsorganisation zur Gänze dem Gesetz überlassen wird, d.h. der Entscheidung im Parlament, ohne verfassungsrechtliche Beschränkungen, sowie in den Vollmachten des Justizministeriums bei der Ernennung der Gerichtspräsidenten, mit Ausnahme des Präsidenten des Obersten Gerichtshofs, der von der Staatsversammlung ernannt wird.

III. UNBESCHRÄNKTE DAUER DER RICHTERFUNKTION

Die Verfassung sieht auch vor, dass die Richter mit einem Mandat auf unbegrenzte Dauer ausgestattet sind, was eines der wesentlichen Elemente der richterlichen Unabhängigkeit ist. Die Beschränkung des richterlichen Mandats bzw. die Wahl auf eine bestimmte Zeit oder die Wiederwahl nach einer bestimmten Zeit wirken sich jedenfalls negativ auf die Unabhängigkeit der Richter aus, da sich die Richter in diesem Fall nicht in ihrer Funktion, die ja gleichzeitig ihr Brotberuf ist, sicher fühlen können.

Das Richterdienstgesetz legt eine Altersgrenze für die Wahl zum Richter fest sowie eine Altersgrenze, mit der ein Richter in Pension geht. Damit ist festgelegt, dass die Wahl zum Richter erst nach Vollendung des 30. Lebensjahres möglich ist. Die Dauer der Richterfunktion ist nicht auf Lebenszeit festgesetzt, da das Richterdienstgesetz festlegt, dass die Richterfunktion gemäß dem Pensionsgesetz endet, spätestens jedoch mit Vollendung des 70. Lebensjahres. So hat ein Richter die Möglichkeit, sich auch über die Erfüllung der Bedingungen für die Pensionierung bis zum Ende jenes Jahres pensionieren zu lassen, in dem er das 70. Lebensjahr vollendet.

Neben den bereits erwähnten Altersvoraussetzungen für die Wahl zum Richter ist auch festgelegt, dass nur Personen in die Richterfunktion gewählt werden können, die nachstehende Voraussetzungen erfüllen: Staatsbürgerschaft der Republik Slowenien und aktives Beherrschen der slowenischen Sprache, Geschäftsfähigkeit, ein in der Republik Slowenien erworbenes Fachdiplom als Jurist oder ein in der Republik Slowenien anerkanntes, im Ausland erworbenes Diplom einer juristischen Fakultät, Ablegung des juristischen Staatsexamens und die persönliche Eignung für das Richteramt. Das Gesetz spezifiziert für diese letzte Bedingung eine negative Definition, d. h. es wird festgelegt, dass persönlich nicht für das Richteramt geeignet ist, wer sich so verhält, dass auf

Basis seines Verhaltens begründet geschlossen werden kann, dass diese Person die Richterfunktion nicht fair und gewissenhaft verrichten wird oder dass diese Person als Richter nicht das Ansehen des Richterstands, die Unparteilichkeit und die Unabhängigkeit der Rechtsprechung schützen würde oder soweit die Person aufgrund einer Straftat verurteilt wurde, die ein Grund für die Enthebung eines Richters aus seinem Amt ist. Eine weitere Bedingung ist im Richterdienstgesetz für die Wahl an die Stelle eines Richters am Bezirksgericht festgelegt: Für diese Funktion muss der Kandidat mindestens drei Jahre juristische Berufserfahrung nach der Ablegung des Juristischen Staatsexamens vorweisen können; für die Stelle eines Richters am Kreisgericht muss der Kandidat mindestens drei Jahre erfolgreich die Richterfunktion ausgeübt haben oder mindestens sechs Jahre juristische Berufserfahrung nach der Ablegung des Juristischen Staatsexamens vorweisen können; für die Stelle eines Richters am Obergericht muss der Kandidat mindestens sechs Jahre die Richterfunktion ausgeübt haben oder mindestens neun Jahre juristische Berufserfahrung nach der Ablegung des Juristischen Staatsexamens vorweisen können; für die Position eines Richters am Obersten Gerichtshof muss der Kandidat mindestens 15 Jahre die Richterfunktion ausgeübt haben oder mindestens 20 Jahre juristische Berufserfahrung nach der Ablegung des Juristischen Staatsexamens vorweisen können. Eine Ausnahme gibt es dabei für die Wahl in die Position eines Richters am Obergericht, im Hinblick darauf, dass in diese Position auch ein Universitätslehrer für Rechtswissenschaften gewählt werden kann, wenn dieser mindestens den Titel eines Dozenten hat, natürlich nur unter der Voraussetzung, dass er die übrigen Bedingungen erfüllt. Ebenso kann in die Position eines Richters am Obersten Gericht ein Universitätslehrer für Rechtswissenschaften gewählt werden, wenn dieser mindestens den Titel eines außerordentlichen Professors hat und die sonstigen allgemeinen Bedingungen erfüllt. Mit der Verrichtung der Richterfunktion gleichgesetzt ist auch die Verrichtung folgender Funktionen: Staatsanwalt, Untersuchungsrichter, Volksanwalt, Rechtsanwalt und Notar.

Bei Erfüllung aller zuvor genannten allgemeinen Bedingungen sieht das auch eine so genannte Lustrationsbestimmung vor: Richter, die in Untersuchungsverfahren oder gerichtlichen Verfahren entschieden oder geurteilt haben, in denen vor Ablauf des Mandats des betreffenden Richters durch ein Urteil die Menschenrechte und Grundfreiheiten verletzt wurden, können ungeachtet der Erfüllung der sonstigen Bedingungen nicht die Bedingungen für die Wahl in die Funktion eines Richters erfüllen. Eine solche Lustrationsbestimmung wurde in der Republik Slowenien nur für Richter verabschiedet, nicht jedoch für andere Funktionäre. In der Praxis hat die Staatsversammlung die Kandidatur einiger Richter aus politischen Gründen abgelehnt, die Lustrationsbestimmung wurde in der Praxis jedoch noch nie angewandt.

IV. WAHL DER RICHTER

Die Richter werden durch die Staatsversammlung auf Vorschlag des Richterrats gewählt. Das Wahlverfahren wird dadurch in Gang gesetzt, dass das Justizministerium freie Richterstellen ausschreibt, und zwar binnen einem Monat nach Eingang des Vorschlags des Präsidenten des jeweiligen Gerichtshofs. Die Ausschreibung muss im Amtsblatt der Republik Slowenien veröffentlicht werden. Beim Vorschlag für die Ausschreibung ist der Präsident des Gerichts dadurch eingeschränkt, dass die Anzahl der Richterstellen am jeweiligen Gericht seitens des Richterrats festgelegt wird. Darüber hinaus muss der Präsident des Gerichts dafür Sorge tragen, dass für die Besetzung der Richterstelle die entsprechenden Mittel im Budget vorgesehen sind. Das Ministerium prüft die eingegangenen Bewerbungen hinsichtlich der Form sowie der Einhaltung der Ausschreibungsfrist. Die Personalräte geben im Ausschreibungsverfahren ihre Stellungnahme ab und bewerten die Eignung der einzelnen Kandidaten für die Richterstellen, dann schlägt der Richterrat der Staatsversammlung einen einzigen Kandidaten zur Wahl vor.

Das Prinzip der Wahl der Richter geht aus der Anordnung im Richterdienstgesetz hervor, dass ein Richter nur beim ersten Mal von der Staatsversammlung gewählt wird. Danach kann er auf eine höhere Richterstelle und in die Position eines Rats vorrücken, worüber der Richterrat nach Durchführung des Verfahrens zur Gewährleistung der Fachlichkeit und des Erfolgs der Arbeit des Richters entscheidet. Eine Ausnahme besteht nur bei der Versetzung eines Richters an die Stelle eines Richters am Obersten Gerichtshof, da bei dieser Beförderung die Staatsversammlung auf Vorschlag des Richterrats entscheidet. Die verfassungsrechtliche Ordnung der Wahl der Richter in der Republik Slowenien ist in anderen Staaten nicht häufig zu finden. Ein wesentlicher Mangel der Wahl der Richter in der Staatsversammlung ist gerade der Umstand, dass trotz der Anforderungen des Rechtsstaats bezüglich des Gleichgewichts der drei Kräfte die Staatsversammlung die Wahl eines Richters ohne jeglichen Grund ablehnen kann, wobei sie auch völlig politisch vorgehen und nicht die erfüllten Bedingungen für die Wahl des jeweiligen Kandidaten berücksichtigen muss. Es sind bereits einige Verfassungsänderungen in Behandlung, darunter auch eine Änderung hinsichtlich der Wahl der Richter. So ist vorgesehen, dass die Richter vom Richterrat vorgeschlagen und vom Präsidenten der Republik Slowenien ernannt werden. Auch die Zusammensetzung des Richterrats würde dabei in der Hinsicht geändert werden, dass auch der Justizminister und der Präsident des Obersten Gerichtshofs Mitglieder des Richterrats würden. In den Verfassungsänderungen ist auch ein zeitlich befristetes Mandat der erstmals gewählten Richter vorgesehen, und zwar auf fünf Jahre, wobei das Mandat erst nach der Wiederwahl zeitlich unbeschränkt wäre.

Der Präsident des Obersten Gerichtshofs der Republik Slowenien wird von der Staatsversammlung auf Vorschlag des Justizministers unter vorheriger Stellungnahme des Richterrats und der Hauptversammlung des Obersten Gerichtshofs auf die Dauer von sechs Jahren ernannt, wobei die Möglichkeit einer wiederholten Ernennung besteht. Die Präsidenten der anderen Gerichte werden vom Justizminister auf Vorschlag des Richterrats für die Dauer von sechs Jahren ernannt, hierbei besteht ebenfalls die Möglichkeit einer wiederholten Ernennung.

V. RICHTERRAT

Die Verfassung der Republik Slowenien sieht vor, dass der Richterrat aus elf Mitgliedern besteht. Fünf Mitglieder werden auf Vorschlag des slowenischen Präsidenten von der Staatsversammlung aus Universitätsprofessoren für Rechtswissenschaften, Anwälten und sonstigen Juristen gewählt, sechs weitere Mitglieder von zeitlich unbegrenzt gewählten Richtern aus den Reihen von Richtern mit ebenfalls zeitlich unbeschränktem Mandat. Den Vorsitzenden des Richterrats wählen die Mitglieder des Richterrats. Der Richterrat ist also ein spezielles staatliches Organ, das die Zusammenarbeit der Legislative und der Jurisdiktion bei der Einsetzung der Richter garantiert. Dem Richterrat kommt dabei nur das Vorschlagsrecht zu, er führt jedoch zuvor die Auswahl durch und schlägt nur einen Kandidaten für jede Richterstellte vor. Die Staatsversammlung kann einen Kandidaten sammlung kann einen Kandidaten ungeachtet der Auswahlkompetenz ablehnen.

Der Richterrat kann der Staatsversammlung auch den Vorschlag machen, einen Richter seiner Funktion zu entbinden, wenn dieser bei der Ausübung der Richterfunktion verfassungsmäßige Grundsätze verletzt oder einen schweren Verstoß gegen das Gesetz begeht. Obwohl der Richterrat nur ein Gremium mit Vorschlagsrecht ist, hat er doch nach dem Gerichtsgesetz und dem Richterdienstgesetz eine Reihe von Kompetenzen, die eng mit den wesentlichen Grundsätzen der Verfassung verbunden sind und die Unabhängigkeit der Gerichte und der Richter garantieren. So entscheidet der Richterrat über alle wesentlichen fragen, die sich unmittelbar auf die Position der Richter auswirkt (Beförderungen, Ausbildung, materielle Rechte des Richters). Eine wesentlichen Kompetenz des Richterrats ist auch die Abgabe von Stellungnahmen zum Budgetvorschlag für das Gerichtswesen, die Behandlung von und Entscheidung über die Berechtigung einer Beschwerde eines Richters, der der Ansicht ist, dass seine gesetzlichen Ansprüche, seine unabhängige Position oder die Unabhängigkeit der Gerichte verletzt wurden, sowie die Abgabe von Stellungnahmen für die Staatsversammlung im Hinblick auf Gesetze, welche Position, Rechte und Pflichten der Richter regeln.

VI. BEENDIGUNG UND ENTZUG DES RICHTERAMTS

Das Amt eines Richters gilt dann als beendet, wenn dieser bei der Ausübung des Richteramts Verfassungsgrundsätze verletzt oder einen schlimmen Verstoß gegen das Gesetz begeht. Im Falle einer vorsätzlich begangenen Straftat mit Missbrauch des Richteramts, der durch ein rechtskräftiges Urteil festgestellt wurde, entbindet die Staatsversammlung den Richter von seiner Funktion.

Gemäß dem Richterdienstgesetz endet die Amtszeit eines Richters kraft Gesetzes mit der Pensionierung, spätestens jedoch mit Vollendung des 70. Lebensjahres, ferner, wenn der Richter die slowenische Staatsbürgerschaft verliert, wenn er die Geschäftsfähigkeit oder die gesundheitliche Befähigung für die Verrichtung seines Dienstes verliert, wenn er seine Stelle kündigt, wenn das Gericht abgeschafft wird und dem Richter nicht zugesichert werden kann, dass er seinen Richterdienst an einem anderen Gericht fortsetzen kann, wenn der Richter eine Funktion übernimmt, eine Tätigkeit aufnimmt oder ein Arbeitsverhältnis abschließt bzw. trotz des Verbots eine Arbeit verrichtet, die nicht mit dem Richteramt vereinbar ist, oder wenn aus der Bewertung seines Dienstes zu schließen ist, dass er sich nicht für den Richterdienst eignet. Wenn einer dieser Gründe eintritt, muss der Präsident des jeweiligen Gerichts den Richterrat informieren, der eine entsprechende Entscheidung über das Ende der Richterfunktion erlässt. Trotz einer solchen Feststellungsentscheidung des Richterrats bedeutet das nur im Falle objektiver Bedingungen auch eine formale Entscheidung; wenn es um die Frage der Unvereinbarkeit oder einer negativen Dienstbewertung des Richters geht, muss jedenfalls auch inhaltlich entschieden werden.

Wenn ein Richter vorsätzlich ein strafrechtliches Delikt mit Missbrauch seiner Richterfunktion begeht, ist er von der Staatsversammlung seines Amtes zu entbinden, sobald dieser Sachverhalt durch ein rechtskräftiges Urteil festgestellt wurde. Das Gericht muss die rechtskräftige Verurteilung dem Richterrat übermitteln, und dieser ist verpflichtet, umgehend die Staatsversammlung darüber zu informieren, die sodann den Richter seines Amtes enthebt. Die Staatsversammlung kann im Falle einer solchen strafrechtlichen Verurteilung keine Erwägungen zur Frage der Angebrachtheit der Amtsenthebung anstellen. Eine so genannte *fakultative Enthebung* eines Richters dagegen kommt in Frage, wenn der Richter bei der Ausübung des Richteramtes gegen die Verfassung verstößt oder einen schlimmeren Verstoß gegen das Gesetz begeht und wenn die Staatsversammlung auf Vorschlag des Richterrats den Richter seines Amtes entbinden kann. Im Richterdienstgesetz ist detaillierter festgelegt, wie in einem solchen Fall vorzugehen wäre. Das Gericht muss dem Richterrat das rechtskräftige Urteil zusenden, mit dem der Richter aufgrund eines strafrechtlichen Delikts zu einer Gefängnisstrafe verurteilt wurde. Dieses Vorgehen ist demnach nicht erforderlich, wenn der Richter zu einer bedingten Strafe oder zu einer Geldstrafe verurteilt wurde oder wenn ihm nur ein gerichtlicher Verweis erteilt wurde. Wenn der Richter zu einer Haftstrafe verurteilt wurde, die länger als sechs Monate andauert, schlägt der Richterrat der Staatsversammlung die Amtsenthebung des Richters vor; im Falle anderer Urteile, aufgrund derer der Richter für ein strafrechtliches Delikt verurteilt wurde, informiert der Richterrat lediglich die Staatsversammlung. Der Richterrat schlägt der Staatsversammlung vor, einen Richter seines Amtes zu entbinden, wenn dieser für eine Haftstrafe von weniger als sechs Monaten oder nicht zu einem Freiheitsentzug (bedingte Verurteilung oder Geldstrafe) verurteilt wurde, wenn es dabei um ein strafrechtliches Delikt geht, aufgrund dessen der Richter als Person für die Ausübung des Richteramts als ungeeignet erscheint. In diesen Fällen handelt es sich also um strafrechtliche Delikte, die nicht gleichzeitig einen Missbrauch des richterlichen Amtes darstellen – also um jene Fälle, in denen der Richter die Straftat als Privatperson begeht. Die Staatsversammlung kann den Richter in solchen Fällen entlassen.

Disziplinarverfahren sind eine untergeordnete Möglichkeit, um gegen einen Richter vorzugehen. Disziplinarmaßnahmen nach dem Richterdienstgesetz sind: eine schriftliche Verwarnung, die Blockierung der Beförderung, Kürzung der Bezüge, Versetzung an ein anderes Gericht oder das Ende der Richterfunktion. Das Ende der Richterfunktion wird gegen einen Richter verhängt, wenn dieser aufgrund schwerwiegender Disziplinverstöße nicht mehr für die Ausübung des Richteramtes geeignet ist. Im Disziplinarverfahren entscheidet das Disziplinargericht in erster Instanz und das Disziplinargericht in zweiter Instanz. Das Disziplinargericht erster Instanz besteht aus 8 Richtern, und zwar aus zwei Richtern des Obersten Gerichtshofs, zwei Richtern der Obergerichte, zwei Richtern der Kreisgerichte und zwei Richtern der Bezirksgerichte. Das Disziplinargericht zweiter Instanz besteht aus 5 Mitgliedern des Obersten Gerichts.

VII. UNVEREINBARKEIT DER RICHTERFUNKTION

Die Verfassung legt fest, dass die Richterfunktion nicht mit Funktionen in anderen staatlichen Behörden, in den Organen der lokalen Selbstverwaltung und der politischer Parteien vereinbar ist. Das Richterdienstgesetz legt jene Funktionen und Tätigkeiten fest, die mit der Richterfunktion unvereinbar sind.

Ein Richter kann also nicht neben seiner Tätigkeit als Richter gleichzeitig eine Tätigkeit in anderen Staatsorganen ausüben, wie z.B. die Funktion des Staatspräsidenten, eines Abgeordneten, des Ministerpräsidenten oder eines Mitglieds der Regierung. Dabei verbietet das Gesetz dem Richter nicht, dass er sich um diese oder ähnliche Staatsfunktionen bewirbt und auch gewählt wird. Daher ist im Richterdienstgesetz vorgesehen, dass, falls ein Richter zum Präsidenten der Republik Slowenien, zum Abgeordneten, zum Richter am Verfassungsgericht, zum Ministerpräsidenten, zum Menschenrechtsbeauftragten bzw. dessen Stellvertreter gewählt oder zum Minister ernannt wird, seine Richterfunktion mit allen Rechten und Pflichten aus dem Richterdienst ruht. Nach Ablauf des Mandats für eine zeitlich begrenzte Funktion behält der Richter das Recht bei, sein zeitlich unbefristetes Richtermandat fortzusetzen. Dasselbe gilt im Falle der Ernennung als Richter an einem internationalen Gericht.

Ein Richter darf nicht den Geschäften eines Anwalts oder Notars bzw. einer Wirtschafts- oder sonstigen Erwerbstätigkeit nachgehen. Speziell gestattet ist es dem Richter jedoch, einer pädagogischen, wissenschaftlichen, publizistischen, forschenden oder sonstigen ähnlichen Tätigkeit im Fachbereich Jura nachzugehen, wenn dabei nicht die Ausübung der Richterfunktion behindert wird. Für die Verrichtung solcher oder anderer hier genannter Tätigkeiten darf der Richter kein Arbeitsverhältnis abschließen. Über die Annahme einer Tätigkeit, die der Richter neben seinem Richteramt ausüben möchte, muss er zuvor den Präsidenten des Gerichts informieren, wenn es sich dabei um den Gerichtspräsidenten selbst handelt, so hat er darüber den Präsidenten des unmittelbar übergeordneten Gerichts zu informieren. Falls der Präsident des Gerichts der Ansicht ist, dass eine Unvereinbarkeit der Arbeit mit der Richterfunktion vorliegt, so schlägt dieser dem Richterrat vor, darüber zu entscheiden, und der Richterrat kann dem Richter die Annahme einer solchen Arbeit untersagen. Falls der Richter gegen die Bestimmungen über die Unvereinbarkeit der Richterfunktion verstößt, wird sein Richteramt von Gesetzes wegen beendet.

VIII. IMMUNITÄT DER RICHTER

Als eines der Elemente der richterlichen Unabhängigkeit ist mit der Verfassung auch die Immunität der Richter festgelegt. Immunität der Richter bedeutet das Verbot, einen Richter oder Laienrichter für die Meinung zur Verantwortung zu ziehen, die er bei der Entscheidung vor Gericht abgegeben hat. Das stellt die so genannte materielle Immunität der Richter dar. Einrichter darf auch nicht verhaftet werden, und es darf auch kein Strafverfahren gegen ihn eingeleitet werden, wenn in diesen Fällen nicht die Zustimmung des staatlichen Organs vorliegt. Eine solche

Zustimmung ist erforderlich, wenn ein Richter unter dem Verdacht einer strafbaren Handlung bei der Verrichtung seiner Richterfunktion steht. Diese Art von Verbot stellt die so genannte *Prozessimmunität* dar.

Wenn für die Einleitung eines Strafverfahrens gegen einen Richter die Zustimmung der Staatsversammlung erforderlich ist, so muss das Organ, das für die Einleitung des Strafverfahrens zuständig ist, diese Zustimmung verlangen. Über diesen Antrag auf Zustimmung zur Einleitung des Verfahrens sind der Richterrat und das Justizministerium zu unterrichten. Wenn für die Verhängung von Untersuchungshaft gegen einen Richter die Zustimmung der Staatsversammlung erforderlich ist, muss der Untersuchungsrichter auf Grundlage des Richterdienstgesetzes vor der Verhängung der Untersuchungshaft die Staatsversammlung um Zustimmung bitten. Die Staatsversammlung entscheidet nach Einholung der Stellungnahme des Richterrats über die Zustimmung. Wenn gegen einen Richter Untersuchungshaft verhängt wird, muss darüber unverzüglich der Präsident jenes Gerichtshofs informiert werden, bei dem der betreffende Richter seine Richterfunktion ausübt, ferner der Richterrat und das Justizministerium. Wenn gegen einen Richter ein Strafverfahren aufgrund des begründeten Verdachts auf Begehung einer Straftat mit Missbrauch der richterlichen Funktion besteht, muss der Präsident des Obersten Gerichtshofs die einstweilige Entfernung dieses Richters aus dem Richteramt verhängen, die so genannte *Suspension*. Der Präsident des Obersten Gerichtshofs hat ferner die fakultative Möglichkeit, eine Suspension zu verhängen, wenn gegen einen Richter ein Strafverfahren aufgrund eines strafrechtlichen Delikts eingeleitet wurde, das von Amts wegen verfolgt wird und für das eine Gefängnisstrafe von bis zu zwei Jahren verhängt werden kann. In beiden Fällen entscheidet der Richterrat über die Suspension des Präsidenten eines Gerichts und des Richterdiensts. Die Suspension kann bis zur endgültigen Entscheidung des zuständigen Organs über die Entbindung des Richters von seiner Funktion dauern.

IX. MITWIRKUNG DER BÜRGER AN DER RECHTSPRECHUNG

Auf Grundlage der Verfassung besteht in Slowenien auch eine Rechtsgrundlage für die Mitwirkung der Staatsbürger bei der Rechtsprechung, was mit der Einbindung von Schöffen als Laienrichter in Gerichtssenaten umgesetzt wird. Im slowenischen Gerichtssystem gibt es keine klassischen Geschworenengerichte wie in der angelsächsischen Rechtsordnung, die jedoch von einigen europäischen Staaten teilweise bereits übernommen wurden.

Das Gerichtsgesetz legt fest, dass die Bürger an der Ausführung der Rechtsprechung als Schöffen bei den Kreisgerichten mitwirken. Die Bürger, die bei der Rechtsprechung mitwirken, sind in ihren Rechten und Pflichten den Richtern gleichgestellt, die Mitwirkung ist ehrenamtlich. Bei Kreisgerichten wirken die Schöffen in einem drei- oder fünfköpfigen Senat mit; ein dreiköpfiger Senat besteht dabei aus einem Richter als Senatsvorsitzendem und zwei Schöffen als Senatsmitgliedern, während sich ein fünfköpfiger Senat aus einem Richter als Senatsvorsitzendem, einem Richter und drei Schöffen als Senatsmitgliedern zusammensetzt. Schöffen wirken auch in Verfahren an den Arbeits- und Sozialgerichten erster Instanz mit. Wenn in individuellen Arbeits- und Sozialkonflikten das Gericht erster Instanz im Senat entscheidet, besteht dieser aus einem Richter als Senatsvorsitzendem und zwei Schöffen, von denen einer aus der Kandidatenliste der Arbeitnehmer und der andere aus der Kandidatenliste der Arbeitgeber gewählt wird. Wenn in kollektiven Arbeitskonflikten das Gericht erster Instanz im Senat entscheidet, besteht dieser aus einem Richter als Senatsvorsitzendem und vier Schöffen, von denen zwei aus der Kandidatenlisten der Arbeitnehmer und zwei aus der Kandidatenlisten der Arbeitgeber gewählt werden.

UNIV. PROF. JUDR. MARIAN POSLUCH, CSC., BRATISLAWA*

Der Gerichtsrat der Slowakischen Republik und die Stärkung der richterlichen Unabhängichkeit in der Slowakischen Republik

Die Änderung der Verfassung der Slowakischen Republik, die mit dem Verfassungsgesetz Nr. 90/2001 vorgenommen wurde, hat neben anderen positiven Änderungen auch die konsequente Durchsetzung des Art. 141 Abs. 1, der die Gerichte als unabhängig und unparteilich charakterisiert, mit sich gebracht. Zu deren Unabhängigkeit sollte auch die unbefristete Ernennung der Richter durch den Präsidenten der Republik sowie die genaue Festsetzung der Bedingungen für die Ausübung des Richteramtes und schließlich die Bildung eines neuen Verfassungsorgans, des Gerichtsrat der Slowakischen Republik, beitragen[1].

Dieses Organ, mit seiner Personalbesetzung und seinen Befugnissen unterstreicht die Unabhängigkeit der rechtsprechenden Gewalt von der vollziehenden Gewalt und der gesetzgebenden Gewalt und stellt die Erfüllung der internationalen Konventionen in diesem Bereich dar, hauptsächlich der Empfehlung des Europarats No R (94) 12 des Ministerausschusses der Mitgliedstaaten vom 13.10.1994, die u.a. auch die Anforderung eines von der Exekutive unabhängigen Organs beinhaltet, das für die Auswahl und den Dienstfortgang der Richter zuständig ist.

Bis zu dieser Verfassungsänderung wurden die Richter von der Regierung vorgeschlagen und vom Nationalrat der Slowakischen Republik gewählt, wobei der Vorschlag der Regierung vom Justizminister vorgelegt wurde. Die große Abhängigkeit der Richter, vor allem von der vollziehenden Gewalt, wurde durch die Tatsache verschärft, dass die Richter bei ihrer Erstwahl zunächst auf vier Jahre und erst nach Ablauf dieser Frist auf unbegrenzte Zeit gewählt wurden. Diese Tatsache hat Raum für mögliche Manipulation beim Vorschlagen der Richter seitens des Justizministeriums geschaffen, da das Ministerium einen „unbequemen“

* Der Verfasser war Justizminister der Slowakischen Republik.

1 Artikel Nr. 141a der Verfassung der Slowakischen Republik.

Richter einfach nicht zur Wiederwahl vorschlagen konnte. Anderseits haben sich die auf ihre Wiederwahl bedachten Richter bei der Entscheidungsfindung in Fällen mit politischem Unterton aus Angst vor dem Unwillen des Ministeriums nicht selten vor „unerwünschten Entscheidungen“ gescheut[2].

Ein anderes negatives Element im Hinblick auf die Einflussnahme der Exekutive auf die Judikative war die praktisch uneingeschränkte Befugnis des Justizministers, die Vorsitzenden der Kreis- und Bezirksgerichte zu ernennen bzw. abzuberufen. In Zusammenhang mit deren Befugnis, über die Sachverteilung, die Richterbeurteilungen und die Zusammensetzung der Disziplinarsenate zu entscheiden, hat dies der Exekutive die Möglichkeit verschafft, eigene Interessen mittels der Vorsitzenden der Gerichte durchzusetzen.

Neben Problemen beseitigt die Bildung des Gerichtrates der Slowakischen Republik auch einen anderen Mangel: die spürbare Abwesenheit eines die rechtsprechende Gewalt repräsentierenden Organs. Die Stellung des Vorsitzenden des Obersten Gerichtshofes, der auf Grund seiner Funktion gleichzeitig auch der Vorsitzender des Gerichtsrats ist, hat sich gewandelt. Bis zur Bildung des Gerichtsrates war er nur einer unter den Gerichtsvorsitzenden im Gerichtsystem, heute ist er einer der höchsten Verfassungsamtsträger und Repräsentant der rechtsprechenden Gewalt.

Die Besetzung des Gerichtsrats der Slowakischen Republik, in dem die Richter die Hälfte der Mitglieder bilden[3], wobei der gleichmäßigen Vertretung der Richter aus allen Gerichtsinstanzen besondere Bedeutung zukommt, erfüllt in vollem Umfang die Anforderungen der Europäischen Charta über den Status des Richters.

Die Tatsache, dass die anderen Mitglieder des Gerichtsrates in gleichmäßigem Verhältnis (je drei) von der Regierung der Slowakischen Republik, vom Nationalrat der Slowakischen Republik und vom Präsidenten nominiert werden, entspricht der Dreiteilung der Staatsgewalt und dem System der „checks and balances“. Außerdem trägt diese Konstruk-

---

2 In Jahre 1997 hat der Justizminister die Wiederwahl von 12 Richter abgelehnt, ohne einen Grund dafür zu benennen, ohne das eine Möglichkeit für die Richter bestand, dieses Vorgehen gerichtlich überprüfen zu lassen.

3 Detaillierte Bestimmungen über die Bestellung der Gerichtsratmitglieder, Befugnisse, Organisation des Gerichtsrates, seine Beziehung zu den Organen der Gerichtsverwaltung und zu den Organen der richterlichen Selbstverwaltung enthält das Gesetz über den Gerichtsrat.

tion unzweifelhaft zur Pluralität der Sicht auf die Probleme dieser Organs und zur Verhinderung einseitiger Lösungen bei. Das Bestreben um eine stabile Entwicklung des Gerichtswesens findet auch in der fünfjährigen Amtszeit der Mitglieder des Gerichtsrats der Slowakischen Republik seinen Ausdruck, wobei die Verfassung die Ernennung der gleichen Personen nur in zwei aufeinander folgenden Perioden zulässt. Damit ist eine regelmäßige Erneuerung der Personalszusammensetzung gesichert.

Die in Art. 141a Abs. 4 der Verfassung festgelegten Befugnisse des Gerichtsrates der Slowakischen Republik erstrecken sich hauptsächlich auf das Personalwesen und umfasst vor allem der Anträge auf Ernennung, bzw. Abberufung der Richter, die dem Präsidenten vorgelegt werden, das Entscheiden über die Zuweisung und Versetzung der Richter, Anträge auf Ernennung, bzw. Abberufung des Vorsitzenden und des stellvertretenden Vorsitzenden des Obersten Gerichtshofs, die Wahl bzw. Abberufung der Disziplinarsenatsmitglieder, Äußerungen zum Haushalt der Gerichte sowie andere Befugnisse, soweit das Gesetz diese vorsieht. Die Beschlüsse des Gerichtrates der Slowakischen Republik werden mit absoluter Mehrheit aller Mitglieder gefasst.

Auf Grund des oben Angeführten kann man die Schlussfolgerung ziehen, dass die Eingliederung des Gerichtsrates in das Verfassungs- und Rechtssystem der Slowakischen Republik die Unabhängigkeit der rechtsprechenden Gewalt, der Richter und auch die Erfüllung der Postulate eines Rechtsstaates wesentlich gestärkt hat. Absatz 6 des Artikels 141a der Verfassung hat festgelegt, dass Details über die Bestellung der Gerichtsratsmitglieder, seine Befugnisse, Organisation und seine Beziehungen zu den Organen der Gerichtsverwaltung und der richterlichen Selbstverwaltung durch ein besonderes Gesetz geregelt werden.

Es hat fast ein Jahr gedauert, bis das Durchführungsgesetz zu diesem Verfassungsartikel verabschiedet wurde. Es ist das Gesetz Nr. 185/2002 über den Gerichtsrat der Slowakischen Republik, das am 01.06.2002 in Kraft getreten ist. Auf Grund der Wichtigkeit dieses Gesetzes hätte dessen Entwurf dem Nationalrat der Slowakischen Republik gleichzeitig mit dem Entwurf der Verfassungsänderung vorgelegt werden sollen, da eine so weitgehende Umstellung der Rechtsgrundlagen der rechtsprechender Gewalt schon zu einem früheren Zeitpunkt Bestandteil des slowakischen Rechtssystems hätte sein können. Dadurch hätte sich auch der Demokratisierungsprozess des Gerichtswesens beschleunigen können. Außerdem vergingen weitere sechs Monate, bis der Gerichtsrat der Slowakischen

Republik tatsächlich anfing, seine Tätigkeit auszuüben. Später traten zudem noch organisatorische Probleme mit der Finanzierung des Gerichtsrats, dessen Sitz und im Zusammenhang mit anderen Fragen auf.

Die ersten Erfahrungen mit dem Fungieren des Gerichtsrates zeigen, dass künftig Probleme mit der geraden Anzahl dessen Mitglieder entstehen könnten, da die Verfassungsforderung zum Abfassen einer Entscheidung über die Hälfte zählende Zustimmung aller Mitglieder festlegt. Der Verfassungs-, bzw. Gesetzgeber hätte sich, meines Erachtens nach, mit der Frage beschäftigen sollen, bzw. eine Lösung im Falle der Unmöglichkeit vom Erwirken der verlangten Mehrheit hätte vorlegen sollen, z. B. dass bei der Gleichheit der Stimmen die Stimme des Vorsitzenden entscheidend ist, oder mit der Einführung von ungeraden Mitgliederzahl.

Die erste Abstimmung über den Antrag auf Ernennung des Vorsitzenden des Obersten Gerichtshofs hat eine andere Lücke im Fungieren des Gerichtsrates der Slowakischen Republik in der gesetzlichen Regelung enthüllt. Zum Vorsitzenden des Gerichtsrates hat auch der bisherige Vorsitzender des Obersten Gerichtshofes kandidiert, der laut der Verfassung dessen Vorsitzender ist, wobei der andere Kandidat kein Mitglied des Gerichtsrates war. Der bisherige Vorsitzende hat 10 Stimmen erworben, also die verlangte Mehrheit. Der bezwungene Kandidat hat bei dem Verfassungsgericht der Slowakischen Republik eine Verfassungsbeschwerde eingereicht, in der er die Verletzung seines Grundrechts zum Zugang zur gewählten und anderen öffentlichen Amtsfunktionen laut des Art. 30 Abs. 4 der Verfassung beanstandet hat.

Der Gerichtsrat der Slowakischen Republik hat neben den durch die Verfassung festgelegten Befugnissen auch die Befugnisse laut § 4 des Gesetzes über den Gerichtsrat, die nicht nur einen technischen, mit der Tätigkeit des Gerichtsrates verbundenem Charakter haben. Zu diesen Befugnissen gehört hauptsächlich die Koordination der richterlichen Räten /5/, die an der Gerichtsverwaltung als beratende Organe der Vorsitzenden der Kreisgerichte, des Höheren Militärgerichts und des Obersten Gerichtshofs teilnehmen. Zu den Befugnissen der Richterräten gehört hauptsächlich das Recht zur Äußerung zu den Gerichtshaushalten, Zusammenarbeit bei der Arbeitseinteilung der Gerichte, bei Beurteilung der Richter. Die Richterräte äußern sich darüber hinaus zur Erfüllung der Bedingungen für die Funktionsbeförderung der Richter, zu den Anträgen

auf die Ernennung der Vorsitzenden der Senate und der Vorsitzenden, bzw. stellvertretenden Vorsitzenden der Gerichte.
Zu den wichtigen Befugnissen des Greichtsrates der Slowakischen Republik gehört auch die Möglichkeit, den Inhalt und die Qualität der allgemein verbindenden Rechtsvorschriften zu beeinflussen, die die Organisation des Gerichtswesens, das Gerichtsverfahren, hauptsächlich also die Zivilprozessordnung, bzw. Strafprozessordnung, wie auch die Rechtsstellung der Richter regeln, in dem er laut § 4 Abs. 1 Buchst. f/ des Gesetzes über den Gerichtsrat der Slowakischen Republik berechtigt ist, zu solchen Gesetzen und zu den Entwürfen von Konzeptdokumenten, die das Gerichtswesen betreffen, Stellung zu nehmen.

Eine weitere Gruppe der Befugnisse bilden jene, die der Gerichtsrat der Slowakischen Republik nach Absprache mit dem Justizminister hat und die vor der Verfassungsänderung ausschließlich dem Justizminister, bzw. dem Justizministerium vorbehalten waren. Es handelt sich hierbei um so feinfühlige und grundsätzliche Fragen wie die Zustimmung mit den Prinzipien des Auswahlverfahrens zur Besetzung eines freien Richteramtes, Funktionsbeförderung der Richter auf Gerichte höherer Instanz und auf derer Beförderung in höhere Richterfunktionen.

Außerdem beschließt der Gerichtsrat die Grundsätze der Richterbeurteilung, die Prinzipien des Auswahlverfahrens zur Besetzung der Funktion des Vorsitzenden, bzw. stellvertretenden Vorsitzenden der Kreis-, bzw. Bezirksgerichte, er beschließt auch die Prinzipien der Richterethik, und letztlich, setzt den Inhalt der richterlichen Weiterbildung fest.

Was das Auswahlverfahren /6/ betrifft, überprüft der Gerichtsrat die objektive Fähigkeit der Anwärter, deren Gesundheitszustand, psychische Ausgeglichenheit und auch andere Fähigkeiten, die auf Grund der spezifischen Pflichten der Richter zu überprüfen sind. Bei dem Auswahlverfahren spielen die Richterräte als Beratungsorgane der Gerichtsvorsitzenden eine bedeutende Rolle, da sie z.B. die Mitglieder der Auswahlkommission vorschlagen und sich zu den Kandidaten äußern.

Das Gesetz über den Gerichtsrat der Slowakischen Republik befasst sich weiters ausführlich mit der Wahl der Mitglieder des Gerichtsrates, die von den Richtern gewählt werden. Die Wahl verläuft auf Grund des allgemeinen, gleichen, unmittelbaren und geheimen Wahlrechts, wobei dieses die Richter haben, die zum Tag der Wahl ihr Richteramt ausüben. Zum Mitglied des Gerichtsrates kann dabei jeder Richter, der sein Richteramt ausübt, gewählt werden.

Den Kandidaten können der Richterrat, die richterliche Standesorganisation oder mindestens 10 Richter vorschlagen. Die Wahl wird von der Zentralwahlkommission, in den Bezirken der Richterräte von den Wahlkommissionen geleitet, wobei zum Mitglied des Gerichtsrates die Richter gewählt werden, die die meisten Stimmen erwerben. Bei der Stimmengleichheit bekommt der Richter den Vorzug, der sein Richteramt länger ausübt.

Diese kurze Charakteristik des Gerichtsrates der Slowakischen Republik bestätigt eindeutig seine Bedeutung in dem slowakischen Verfassungssystem und dessen Einfluss auf weiteren Demokratisierungsprozess in dem, von der Exekutive und der gesetzgebenden Gewalt angemessen unabhängigen Gerichtswesen. Dieses Organ wird mit seiner Tätigkeit zweifellos zur schnelleren Umsetzung von internationalen Dokumenten beitragen, die sich auf die Verbesserung der Tätigkeit der Gerichte und derer Entscheidungseffektivität richten. Dadurch wird die Hauptaufgabe der Gerichte als vollwertige und reale Beschützer der Grundrechte und Freiheiten und einer der Stütze des Rechtsstaates erfüllt.

E. Justizreformen in Ost- und Südosteuropa

PROFESSOR DR. NIKOLA FILTSCHEV, SOFIJA*

Entwicklung der Strafgerichtsbarkeit unter Transformationsbedingungen

INHALT

I. EINFÜHRUNG

Der Übergang von einem totalitären Staat mit zentralisierter Wirtschaft zu einer marktwirtschaftlichen Demokratie bringt einschneidende soziale Veränderungen mit sich.

So zeigt der Privatisierungsprozess in der Wirtschaft nicht selten Tendenzen zur Konzentration des ehemaligen Staatsvermögens in den Händen eines engen Personenkreises, wobei die zugrunde liegenden Transaktionen oft einen kriminellen Charakter aufweisen. Dies führt zu einem verstärkten Korruptionsdruck auf die Entscheidungsträger in Politik und Verwaltung.

Demokratisierungsprozess und Gewaltenteilung bringen eine Aufteilung der zuvor einheitlichen Staatsgewalt auf verschiedene Institutionen mit sich; dies führt zum Nachlassen der Kontrolle über die betreffenden Institutionen und in der Folge zu einem Anwachsen der Kriminalität.

* Der Verfasser ist Generalstaatsanwalt der Republik Bulgarien.

II. ENTWICKLUNG DER KRIMINALITÄT IN BULGARIEN

Unter Transformationsbedingungen hat sich die Anzahl von Straftaten gegen höchstpersönliche Rechtsgüter deutlich erhöht, so haben insbesondere Tötungsdelikte, Vergewaltigungen, Raub, Körperverletzungen zugenommen, die zudem häufig mit einer außergewöhnlichen Grausamkeit bei der Begehung verbunden sind. In der Wirtschaft stieg die Anzahl der Delikte in Zusammenhang mit der illegalen Privatisierung staatlichen Eigentums an, Fälle von Bestechung, Betrug, Untreue sowie Steuerdelikte häuften sich. Es entstanden mächtige Wirtschaftsgruppierungen, die auf eine kriminelle Weise Kapital konzentrieren. Das „schmutzige Geld" wird umgesetzt, Staatsbeamte werden damit korrumpiert und es entstehen neue Verbrechen. Zwischen den kriminellen Gruppierungen werden Verteilungskämpfe geführt.

Die organisierte Kriminalität verzeichnet ein starkes Wachstum in allen Bereichen (von der Straßenkriminalität bis zur Kriminalität der "sauberen Hände"). Gut organisierte kriminelle Gruppierungen bilden eine „Schattenwirtschaft" und verdrängen den Staat aus Produktion und Handel.

Eine Kriminalitätsanalyse zeigt die Schwerpunkte der organisierten Kriminalität: Erpressung in der Form von Schutzgeldverträgen, illegale Privatisierung touristischer Objekte, Autodiebstahl, illegaler Drogen- und Waffenhandel, illegale Lotterie und Prostitution, illegaler Erdölhandel, Autobahndiebstähle, Finanz- und Bankbetrug. Die organisierte Kriminalität dringt zunehmend in das Gesellschaftsleben und in die politischen Institutionen vor.

Eine Reihe gesellschaftlicher Faktoren fördern die stürmische Entwicklung der Kriminalität in Bulgarien: die Wirtschaftskrise, die Verarmung der Bevölkerung, die Arbeitslosigkeit, die tiefe soziale Spaltung der Gesellschaft in Arme und Reiche, die Zerstörung des moralischen Wertesystems, das Zurückbleiben der Strafgerichtsbarkeit hinter den Anforderungen der Kriminalitätsentwicklung und schließlich die ungenügende Zusammenarbeit der einzelnen Justizorgane.

1. Kriminalitätskontrolle

Die Kriminalität als soziale Erscheinung ist das Ergebnis der Wechselwirkung zwischen gesellschaftspolitischen, wirtschaftlichen, kriminologischen und sozialen Rahmenbedingungen. Deshalb hat die Kontrolle über der Kriminalität verschiedene Aspekte:

- das öffentliche Interesse, bei dem die Kriminalität als Teil des gesellschaftspolitischen Systems betrachtet wird;
- solche kriminologischer Art, die das Verbrechen als Teil der soziologischen Forschung betreffen;
- strafrechtliche Aspekte, die die Eigenschaften und Merkmale strafbaren Verhaltens und dessen Beweis in einem Strafprozess umfassen.

Die Kriminalitätsentwicklung ist nicht direkt von der Gesetzgebung abhängig. Das Strafgesetz ist nur ein Mittel zur Kontrolle der Kriminalität. Außerdem ist das Recht konservativ und bleibt hinter der dynamischen Gesellschaftsentwicklung zurück. Die neuen Formen des gesellschaftlichen und wirtschaftlichen Lebens unter Transformationsbedingungen führen zu neuen Formen von gesellschaftsgefährdendem Verhalten. Die Wirkung des Strafrechts ist abhängig davon, wie weit die Rechtsentscheidungen der realen Gesellschaftsentwicklung folgen.

2. Materielles Strafrecht

Zur Verbesserung der Strafgesetzgebung ist es erforderlich, das Gewaltverhalten zu erforschen – in der Wirtschaft, in der Politik, im Leben, auf der Straße, in den ethnischen Beziehungen und die entsprechenden strafrechtlichen Sanktionen zu schaffen. Es ist daneben notwendig, die Möglichkeiten der Bürger zu stärken, sich gegen strafprozessuale Eingriffe zu verteidigen.

Außerdem ist es notwendig, eine neue rechtliche Bewertung unerwünschten wirtschaftlichen Verhaltens unter den Bedingungen der Marktwirtschaft zu geben und im Gesetz die neuen gesellschaftsgefährdenden kriminellen Handlungen zu definieren.

Was die Korruptionsbekämpfung angeht, beinhaltet das Strafgesetzbuch der Republik Bulgarien zahlreiche Normen, die die klassischen Formen der Korruption unter Strafe stellen. Die bestehenden Normen müssen jedoch der aktuellen Korruptionsentwicklung angepasst werden. Außerdem müssen auch spezielle Strafbestimmungen geschaffen werden, die spezifische Formen der Korruption in speziellen Bereichen des Gesellschaftslebens ins Visier nehmen.

Neben den gezeigten Veränderungen muss auch der allgemeine Teil des Strafgesetzbuches vervollkommnet werden. Es ist notwendig, die Verbrechen so zu kategorisieren, dass für alle Verbrechen in der gleichen Kategorie die gleichen juristischen Konsequenzen in Betracht gezogen werden. Im Gesetz muss klar festgelegt sein, dass das Hauptziel der Strafgesetzgebung die Prävention ist.

3. Verfahren in Strafsachen

Die Wirkung der Strafjustiz ist zu einem großen Teil von den Verfahren in Strafsachen abhängig. Die Verfolgung der Kriminalität wird immer von Eingriffen in die individuellen Menschenrechte begleitet. Das Problem ist deshalb, die Justizkontrolle über der Kriminalität zu verstärken, d.h. die Wirkung der Strafjustiz zu verbessern, und gleichzeitig die Bürgerrechte zu wahren:

a) Die Europäische Menschenrechtskonvention verlangt, dass die Menschenrechte Priorität vor den Interessen des Staates genießen. Heute ist der Strafprozess in den meisten europäischen Ländern der Grundforderung unterstellt, maximale Sicherheiten für das Recht der Angeklagten auf Verteidigung zu schaffen. Die Europäische Konvention über die Menschenrechte ist aber vor mehr als 50 Jahren geschaffen worden. Sie spiegelt die neue Gesellschaftsrealität nicht wider – die organisierte Kriminalität unter der Bedingungen des wissenschaftlich-technischen Fortschritts und der Korruption.

Das Problem ist, welche Werte der Gesetzgeber zu bevorzugen hat: die individuellen Menschenrechte oder das gesellschaftliche Bedürfnis nach einer verstärkten Bekämpfung der Kriminalität. Bildlich gesagt, steht auf der einen Seite ein „Mafiastaat" mit geringer Sozialkontrolle und auf der anderen ein totalitärer Staat, der das Leben der Bürger voll kontrolliert. Es ist klar, dass die organisierte Verbrecherwelt ihren Einfluss auf die Gesellschaft festigt. Dieser kriminelle Einfluss ist nicht weniger gefährlich, als der einer Diktatur in einem totalitären Staat. Das heißt, dass die soziale Kontrolle über die Kriminalität verstärkt werden muss.

Bulgarien hat verschiedene Maßnahmen für den Kampf gegen die organisierte Kriminalität getroffen: es sind spezielle Fahndungsmittel (elektronische Verfolgung) für die Beschaffung von Beweisen im Strafprozess erlaubt; es gibt Möglichkeiten für den Zeugenschutz; es sind vereinfachte und schnellere Verfahren für die Verhandlung von Strafsachen geschaffen worden; Maßnahmen gegen "Geldwäsche" wurden gebilligt.

b) Die Differenzierung des strafprozessualen Verfahrens nach der begangenen Straftat ist notwendig. Dies sichert eine größere Effizienz des Justizsystems. Das Strafgesetzbuch der Republik Bulgarien enthält gute Möglichkeiten für ein differenziertes Herangehen bei Verhandlungen von Strafsachen, abhängig von der Schwere der Straftat und dem Schwierigkeitsgrad des Verfahrens. Das Gesetz sieht drei Formen von Strafprozessen vor:

- Strafverfahren mit Voruntersuchung;
- Strafverfahren mit Beweisaufnahmen, die von der Polizei durchgeführt werden;
- vereinfachte Strafverfahren, bei denen überhaupt keine Voruntersuchung stattfindet.

c) Die Verfassung der Republik Bulgarien vom 1991 hat festgelegt, dass der strafrechtliche Gerichtsprozess nach dem Prinzip der Gleichberechtigung von Staatsanwaltschaft und Angeklagtem zu führen ist. Dieser Grundsatz beinhaltet, dass die beiden „Parteien" im Strafprozess, Staatsanwalt und Angeklagter, sich im Rahmen von Anklage und Verteidigung auseinandersetzen und das Gericht diesen Streit unparteiisch regelt. Dieser Grundsatz ist aber in unserem Strafverfahren nicht folgerichtig umgesetzt worden.

d) Eine wichtige Voraussetzung für die Gesetzestreue der Justiz und für die Wahrung der Bürgerrechte sind strenge Regeln im Zusammenhang mit den Beweismitteln und dem Beweisverfahren. Diese Regeln sind das Kriterium für die Beurteilung der Zulässigkeit des Beweismaterials, wenn zu entscheiden ist, ob ein Beweismittel im Verfahren genutzt werden kann.

Es soll vermerkt werden, dass das Urteil des Obersten Gerichtshofs der USA im Fall Miranda (1966) der Polizei strenge Einschränkungen bei der Untersuchung von Straftaten auferlegt hat. Das Geständnis des Angeklagten Miranda, in dem er einräumte, die ihm zur Last gelegten schweren Verbrechen begangen zu haben, wurde zum nicht zulässigen Beweismaterial erklärt, weil die Polizei gegen das Recht des Angeklagten auf Verteidigung verstoßen hatte (das erste Verhör war in Abwesenheit eines Verteidigers durchgeführt worden und dem Angeklagten waren seine Rechte nicht verlesen worden).

III. THEORETISCHE FRAGEN DER STRAFGESETZGEBUNG

Historisch gesehen wurde das Strafrecht über lange Zeit auf der Grundlage von Erfahrungssätzen entwickelt, unter dem Einfluss von Justiztradition und Intuition. Heute ist das Bedürfnis nach einem wissenschaftlichen Herangehen bei der Strafgesetzgebung stärker geworden. Die dynamische Entwicklung der Gesellschaftsverhältnisse beim Übergang zur Marktwirtschaft fordert ein theoretisches Instrument, das dem Gesetzgeber erlaubt, wissenschaftlich begründete Entscheidungen zu treffen.

Es sind zwei wesentliche Probleme, vor denen der Gesetzgeber steht, wenn er strafrechtlichen Normen schafft. Zum einen ist des strafrechtlich relevante Verhalten zu bestimmen, d. h. eine Grenze zwischen dem strafwürdigem und nicht strafwürdigem Verhalten zu ziehen. Zu diesem Zweck müssen Kriterien für die Bestimmung von Straftaten entwickelt werden. Zum anderen muss im Rahmen der Strafvorschrift zwischen Straftatbestand und Strafe differenziert werden.

Bei der Strafzumessung besteht ein Bedürfnis, nach der strafrechtlichen Verantwortung zu differenzieren. Diese Differenzierung ist ein Aspekt des Prinzips der Gerechtigkeit im Strafrecht. Deswegen ist die Wirkung des Strafrechts im großen Teil vom differenzierten Herangehen bei der Bestimmung von Tatbestand und Strafe abhängig.

Eine Vertiefung der Differenzierung ist eine dauernde Tendenz in der Entwicklung der Strafgesetzgebung. Aber jede Differenzierung hat ihre Grenzen. Sie wird vom optimalen Grad der Gegenständlichkeit der strafrechtlichen Normen bestimmt. Zwischen der Forderung nach Verallgemeinerung (zur Erfassung einer Vielzahl von Fallkonstellationen) und der Forderung nach Gegenständlichkeit der Normen besteht ein nicht zu überwindender Widerspruch. Einerseits strebt der Gesetzgeber nach einer möglichst genauen Charakterisierung der Straftat in den strafrechtlichen Normen, andererseits muss er eine für eine Vielzahl von Fällen gültige Formel schaffen, die alle relevanten Formen der Tat erfasst. Die Schwierigkeit ist, diese beiden widersprüchlichen Forderungen - Gegenständlichkeit und Abstraktheit – so zu verbinden, dass ein optimales Verhältnis zwischen dem Typischen und dem Spezifischen bei der Charakterisierung des einzelnen Straftatbestandes entsteht.

Die Vertiefung der Differenzierung ist mit der Spezialisierung der Straftatbestände verbunden – mit der Trennung zwischen speziellen Tatbestände und solchen mit einem größeren Anwendungsbereich. Als Folge vermindert sich die Abstraktheit der Vorschrift und der Bereich gerichtlichen Ermessens verkleinert sich. Es stellt sich die Frage, wie weit der Gesetzgeber bei der Konkretisierung der Tatbestände gehen kann. Dies ist sicher eines der wichtigsten Probleme bei der Bestimmung des Verhältnisses zwischen gesetzgeberischen Entscheidungen und dem gerichtlichen Ermessen im Verfahren der strafrechtlichen Gesetzgebung.

Das Hauptkriterium muss dabei dic Wirkung der strafrechtlichen Norm sein, die Möglichkeit, durch sie das angestrebte soziale Ergebnis zu erzielen. Die Analyse der bestehenden Gesetzgebung und ihrer Umsetzung in der Praxis erlaubt die Schlussfolgerung, dass es notwendig ist, das gerichtliche Ermessen einzuschränken.

AO. PROFESSOR DR. CAMELIA TOADER, BUKAREST*

Die Rolle der Justiz beim Aufbau eines demokratischen Rechtsstaats in Rumänien

INHALT

---

* Die Verfasserin ist Richterin am Obersten Gericht der Republik Rumänien. Der Beitrag wurde übersetzt von *Dr. Peter Leonhardt*, Institut für Ostrecht München.

V. Der Entwurf des Gesetzes über die Rechtsstellung der Richter und Staatsanwälte und die Gerichtsverfassung
   1. Allgemeine Betrachtungen zur Unabhängigkeit und zur Unparteilichkeit
   2. Die wichtigsten Bestimmungen des Gesetzentwurfs

I. EINLEITUNG: BEDINGUNGEN FÜR DIE MITGLIEDSCHAFT IN DER EUROPÄISCHEN UNION UND IM EUROPARAT

Seit 1993 besteht das Europa-Abkommen zur Gründung einer Assoziation zwischen den Europäischen Gemeinschaften und ihren Mitgliedstaaten einerseits und Rumänien andererseits[1].

Im Juni 1993 hat der Europäische Rat die so genannten "Kopenhagener" Kriterien verabschiedet, welche von den Staaten erfüllt werden müssen, die der Europäischen Union beizutreten wünschen. Es geht um die Erfüllung bestimmter politischer und wirtschaftlicher Bedingungen wie: die institutionelle Stabilität als Garantie für eine demokratische und rechtsstaatliche Ordnung, für die Wahrung der Menschenrechte sowie die Achtung und den Schutz von Minderheiten; funktionsfähige Marktwirtschaft, die Fähigkeit, dem Wettbewerbsdruck und den Marktkräften innerhalb der Union standzuhalten, und die Übernahme der sich aus der Mitgliedschaft ergebenden Verpflichtungen sowie der Ziele der politischen, Wirtschafts- und Währungsunion.

Die weiter ausgearbeiteten Kriterien wurden später in den Vertrag der Europäischen Union (Vertrag von Amsterdam) einbezogen, der in Art. 6 die Grundsätze, auf denen die Europäische Union aufgebaut ist, in feierlicher Form festlegt: Freiheit, Demokratie, Beachtung der Menschenrechte und der Grundfreiheiten, Rechtsstaatlichkeit. In der Rechtsprechung des Gerichtshofs in Luxemburg werden Bedeutung und Notwendigkeit der Beachtung der Grundrechte von Privatpersonen in Bereichen wie: Diskriminierungsverbot (1976: Defrenne/Sabena, Entscheidungssammlung, S. 455), Eigentumsrecht und Berufsfreiheit (1979: Hauer, Entscheidungssammlung, S. 3727), Recht auf wirksamen Rechtsschutz und auf einen gerechten Prozess (1986: Johnston, Entscheidungssammlung, S. 1651) anerkannt. Mehr noch: Wie sich aus den eingehen-

---

[1] Ratifiziert vom rumänischen Parlament durch Gesetz Nr. 20/1993.

den Verfahrensregelungen des Art. 7 des Europavertrages ergibt, stellt die Beachtung der genannten Grundsätze nicht nur eine Voraussetzung für den Beitritt zur Europäischen Union dar, sondern auch eine Bedingung für die vollberechtigte Beteiligung hieran, wobei die Missachtung solcher Grundsätze mit der Aussetzung des Wahlrechts des zuwiderhandelnden Mitgliedstaates sanktioniert werden kann.

Was die in Nizza angenommene *Charta der Grundrechte* betrifft, enthält diese einen Grundbestand gemeinsamer Werte der europäischen Völker, der sich seinerseits auf zwei Grundgedanken stützt: die Gewährleistung der Substanz der Grundrechte, die sie enthält, und die Beachtung der Grundsätze der Verhältnismäßigkeit und der Subsidiarität. Damit wurde ein Kompromiss mit jenen geschlossen, die ein Absinken des Menschenrechtsschutzes zwecks Gewährleistung des freien Wettbewerbs und des freien Warenverkehrs befürchteten. Auf jeden Fall ist der Verweis, den die Charta in Art. 53 Abs. 3 auf die Europäische Menschrechtskonvention (EMRK) macht, geeignet, eine solche Befürchtung zu entkräften. Die Charta stellt somit einen ersten Schritt hin zu einer zukünftigen europäischen Verfassung dar. Im Prozess der Interaktion zwischen den nationalen Rechtsprechungen und der Gemeinschaftsrechtsprechung hat dieses Phänomen neue Ausdrucksformen erhalten, insbesondere auf dem Gebiet der Menschenrechte, wo wir einer gegenseitigen Befruchtung des Gemeinschaftsrechts und der Europäischen Menschenrechtskonvention beiwohnen[2]: Die EMRK verspricht ein Revirement des materiellen Menschenrechtsschutzes im Gemeinschaftsrecht, das Gemeinschaftsrecht lässt eine Stärkung der Instrumente erkennen, mittels derer in allen Mitgliedsstaaten nach und nach wirksame Verfahren eingeführt werden, um die von der EMRK gebotenen Mindestgarantien zu vertiefen.

Rumänien ist vollberechtigtes (und vollpflichtiges) Mitglied des Europarates. Die Beachtung der in der EMRK enthaltenen Rechte ist der Jurisdiktion des Straßburger Gerichtshofs für Menschenrechte unterworfen. Zuvor hatte der Europarat Rumänien eine gewisse Zeit und bezüglich bestimmter Rechte überwacht.

---

2 *P. Badura*, Grundrechte in Europa. Zur Frage der "normativen Verklammerung" des Gemeinschaftsrechts mit den Verfassungen der Mitgliedsstaaten, Baden-Baden 1992, S. 119.

Art. 20 Abs. 2 der Verfassung Rumäniens legt im Bereich der Menschenrechte einen Vorrang der internationalen Menschenrechtsabkommen, bei denen Rumänien Vertragspartei ist, dann fest, wenn zwischen nationalem Recht und diesen Verträgen Widersprüche bestehen. Und es ist festzustellen, dass die rumänischen Richter diesen Verfassungstext in der Praxis häufig herangezogen haben, um ihre Entscheidungen zu begründen. Von daher sehe ich keine Schwierigkeiten für die Rechtspflegeorgane, die in der Charta enthaltenen Prinzipien anzuwenden. Hinsichtlich der gesetzgebenden Gewalt wird es indes interessant sein zu verfolgen, welche Vorschläge zur Änderung der Verfassung angenommen werden, denn nach meinem Wissen betreffen einige davon die für den Prozess des EU-Beitritts inhärente Einschränkung von Souveränitätsrechten.

Auf jeden Fall kann man im Hinblick auf die Definition einer Europäisierung des Rechts noch andere Beispiele geben:

a) Es gibt eine gegenseitige Beeinflussung im Bereich der Grundrechte. Es entsteht ein europäischer Grundrechtstandard, wobei allerdings bis vor kurzem diese Grundrechte prinzipiell nur die Gemeinschaftsorgane banden.

b) Der so genannte *acquis communautaire* stellt einen Bestand von Normen dar, der die Identität der Europäischen Union bzw. EG ausmacht. Leitprinzipien wie Demokratie, Rechtsstaat, einschließlich Gewaltenteilung und Schutz der Grund- bzw. Menschenrechte, gehören dazu. Staaten, die Mitglieder der Gemeinschaft werden wollen, müssen diese Leitprinzipien übernehmen[3]. Hier bildet sich ein *fonds commun* heraus, der im Rahmen eines "gemeineuropäischen Verfassungsrechts" Beachtung verdient.

---

[3] Vgl. *H-G. Pöttering*, Gedanken zur Finalität der Europäischen Union, in: Osterweiterung der EU und ihre Folgen für Deutschland, GDA Verlag, Berlin 2001, S. 16. Zur Gewaltenteilung vgl. *V. Cădere*, Tratat de procedură civilă (Lehrbuch des Zivilverfahrensrechts), Bukarest 1936, S. 60; *V. M. Ciobanu*, Tratat teoretic şi practic de procedură civilă (Theoretisches und praktisches Lehrbuch des Zivilverfahrensrechts), I. Band, Bukarest 1997, S. 13.

II. DIE JUSTIZ – EIN GRUNDPFEILER JEDES DEMOKRATISCHEN RECHTSSTAATS

1. Die verfassungsrechtlichen Grundlagen für die Rolle der Justiz beim Aufbau des Rechtsstaats:

Die Verfassung Rumäniens ist nach ihrer Genehmigung durch Volksbefragung am 8. Dezember 1991 in Kraft getreten. Der freie Zugang zur Justiz wird im Kapitel "Die Grundrechte, -freiheiten und -pflichten" in Art. 21 anerkannt: „Jedermann kann zur Verteidigung ihrer Rechte, Freiheiten und legitimen Interessen die Justiz anrufen. Kein Gesetz kann die Ausübung dieses Rechts einschränken".

Nach der ständigen Rechtsprechung des Verfassungsgerichtshofs Rumäniens beruht die konkrete Ausgestaltung dieses Rechts auf den Regelungen der Prozessordnungen, die (unabhängig davon, ob ein, zwei oder mehrere Rechtsmittel vorgesehen sind) die Beachtung des Rechts auf einen gerechten Prozess im Sinne des Art. 6 EMRK gewährleisten müssen[4]. Diese Entscheidung gründet sich auf die Verfassungsbestimmungen, nach denen „gegen die Gerichtsentscheidungen (können) die interessierten Parteien und die Staatsanwaltschaft gemäß den gesetzlichen Bedingungen Rechtsmittel einlegen" können (Art. 128) und „die Zuständigkeit der Gerichte und das Gerichtsverfahren (werden) durch Gesetz festgelegt" werden (Art. 125 Abs. 3).

Das Gleichgewicht der Staatsgewalten wird unter anderem durch die gerichtliche Kontrolle der Verwaltungsakte sichergestellt. Das Gesetz Nr. 29/1990 über Verwaltungsstreitsachen begründet ein Dringlichkeitsverfahren, in dem jede natürliche oder juristische Person des Privat- oder des öffentlichen Rechts, die sich in einem ihrer Rechte durch einen Verwaltungsakt einer öffentlichen Behörde oder durch die Unterlassung einer fristgemäßen Bearbeitung eines Antrags verletzt fühlt, die Anerkennung des geltend gemachten Rechts, die Aufhebung des Verwal-

---

4 Jüngste Entscheidung Nr. 16/2003, veröffentlicht in M. Of. (Monitorul Oficial = Gesetzblatt, Amtsblatt) Nr. 110 vom 20. 2. 2003: Das Konzept eines gerechten Prozesses erfordert nicht zwingend das Vorhandensein mehrerer Stufen der Gerichtsbarkeit, mehrerer Rechtsmittel gegen Gerichtsentscheidungen und auch nicht die Geltendmachung dieser Rechtsmittel durch alle Prozessparteien.

tungsakts und Schadenersatz verlangen kann (in diesem Sinne lauten auch die Bestimmungen des Art. 48 Abs. 1 der Verfassung).

Der Verfassungsgerichtshof hat in seiner Entscheidung Nr. 37 vom 6. Juli 1993 festgestellt, dass sowohl die normativen als auch die individuellen Akte der Regierung, der Ministerien und der anderen zentralen und örtlichen Behörden der öffentlichen Verwaltung unabhängig von dem Rechtsgebiet, das betroffen ist, nach dem Gesichtspunkt der Gesetzmäßigkeit der Kontrolle der für Verwaltungsstreitsachen zuständigen Gerichte unterliegen. In der Praxis des Obersten Gerichtshofs, Abteilung für Verwaltungsstreitsachen, wurde dieser Grundsatz der vollen Kontrollzuständigkeit ständig beachtet, unabhängig davon, ob es sich um normative oder individuelle Verwaltungsakte handelte[5].

2. *Die Feststellungen der Europäischen Kommission über die Justiz in Rumänien*

Im (regelmäßig erscheinenden) Bericht über die Fortschritte Rumäniens auf dem Weg zum Beitritt für das Jahr 2002 findet man eine generell positive Bewertung der Bereiche Demokratie und Rechtsstaatlichkeit. Es heißt darin, dass Rumänien eine institutionelle Stabilität als Garantie für die demokratische und rechtsstaatliche Ordnung erreicht hat.

Trotzdem, die Reform der Judikative bleibt begrenzt: „Die Gerichte sind nach wie vor überlastet, der Generalstaatsanwalt hat sich sein umfassendes Recht auf Aufhebungsrekurs gegen Gerichtsentscheide bewahrt[6], und die Kombination aus Mittelknappheit und unzulänglicher Personalpolitik[7] stellt eine ernsthafte Belastung der Justiz dar."

---

5 In diesem Sinne *Rozalia Ana Lazăr*, Statul de drept şi contenciosul administrativ, raport la masa rotundă "Exigenţele statului de drept" (Der Rechtsstaat und das Verwaltungsstreitverfahren, Bericht am runden Tisch „Die Anforderungen des Rechtsstaates", veranstaltet am 6. 5. 2000 von der Universität „Mihail Kogălniceanu" in Iaşi

6 Aus der Bilanz des Justizministeriums für das Jahr 2002 ergibt sich, dass in diesem Jahr 160 Entwürfe für solche Aufhebungsrekurse verfasst wurden (2001 waren es „nur" 50). Zum außerordentlichen Rechtsmittel des Aufhebungsrekurses siehe auch unten Ziffer III.6. Buchst. b.

7 Hinsichtlich der Korruption, die auch im Bereich der Justiz anzutreffen ist, ergibt sich aus der Bilanz des Justizministeriums, dass ein Aktionsprogramm gegen Korruption aufgelegt wurde. Im Jahre 2002 hat das Justizministerium Strafermittlungen gegen 34 öffentliche Notare, 35 Richter, 9 Staatsanwälte und 40 Gerichts-

3. *Was wurde verwirklicht?*

Von dem umfangreichen Aktionsplan der Regierung für die Jahre 2001-2005, gebilligt durch Regierungsverordnung Nr. 455/2001[8], sind auf dem Gebiet des Justizwesens – mit dem Ziel der Demokratisierung und der Anhebung der Justiz auf europäisches Niveau – einige Fortschritte gemacht worden.

Im Folgenden sollen die bereits erfolgten Neuerungen auf dem Gebiet des rumänischen Zivilprozessrechts (durch die novellierte Dringlichkeitsanordnung der Regierung Nr. 138/2000) kurz dargestellt und bewertet werden. Hieran schließen sich einige Ausführungen zu dem in Vorbereitung befindlichen Entwurf eines Gesetzes über die Rechtsstellung der Richter und die Gerichtsverfassung an.

III. NOVELLIERUNGEN DES ZIVILPROZESSRECHTS

Die übermäßige Dauer der Prozesse, die erhebliche Überlastung der Gerichte, vor allem des Obersten Gerichtshofs[9], die Notwendigkeit einer erhöhten Garantie des Rechts auf Verteidigung und andere Gründe erforderten eine substanzielle Änderung der Zivilprozessordnung (ZPO). Dies wurde durch die Dringlichkeitsanordnung der Regierung (DringAO) Nr. 138/2000 erreicht, die zum einen Teil am 1. Januar 2001, zum anderen Teil am 2. Mai 2001 in Kraft getreten ist, nachdem sie bereits novelliert wurde, und zwar durch DringAO Nr. 290/2000 und Nr. 59/2001[10].

---

vollzieher eingeleitet. Gegen 12 Notare, 9 Richter, 3 Staatsanwälte und 4 Gerichtsvollzieher wurde Anklage vor Gericht erhoben.

8 S. *P.Leonhardt*, in: Justiz in Osteuropa: Ein aktueller Überblick, forost Arbeitspapier Nr. 6/2002, S. 9.

9 Z.B. waren im Jahr 2001 beim Obersten Gerichtshof 40.745 Prozesse anhängig, und im Jahr 2002 sank die Zahl auf 34.719 (die Statistik wurde veröffentlicht unter www.scj.ro

10 Gemäß Art. 114 Abs. 5 der Verfassung Rumäniens sind die Regierungsanordnungen und die Dringlichkeitsanordnungen der Regierung (DringAO) nachträglich vom Parlament zu genehmigen. Die DringAO Nr. 138/2000 wurde dem Parlament zwecks Genehmigung zugeleitet, und deren Urheber, das Justizministerium, hat selbst mehrere Änderungsvorschläge vorgelegt. Sie wurden allen Gerichten des Landes zur Diskussion zugeleitet; diese können dem Ministerium diesbe-

Eine als positiv zu bewertende Neuerung der DringAO Nr. 290/2000 besteht in der Wiederherstellung der Pflicht, alle Gerichtsentscheidungen zu begründen, so dass die tatsächlichen und rechtlichen Gründe jeder Entscheidung klar ersichtlich sind. Die Zivilprozessordnung sah ursprünglich diese Pflicht vor, doch wurde sie 1998 mit der Begründung abgeschafft, dass nur diejenigen Entscheidungen einer Begründung bedürfen, gegen die Appellation (Berufung) oder Rekurs eingelegt wurde.

Im Folgenden wird ein Überblick über die durch die DringAO Nr. 138/2000 verwirklichten Maßnahmen zur Prozessbeschleunigung gegeben, gegliedert nach einzelnen Bereichen.

1. Zuständigkeitsregelungen

In die Zivilprozessordnung wurde ein neuer Text eingefügt – Art. 18^1 –, der bestimmt, dass ein nach dem Gesichtspunkt des Streitwertes zuständiges Gericht seine Zuständigkeit auch dann behält, wenn nach Eintritt der Anhängigkeit Änderungen bezüglich des Wertes des Streitgegenstandes eintreten.

Bis zu dieser Änderung kam es in der Praxis bei vielen Rechtsstreitigkeiten zur Verzögerungen des Verfahrens, weil der Kläger seine Ansprüche häufig einschränkte oder erweiterte, was dann zu entsprechenden Verweisungen der Gerichtsakte an andere Gerichte führte. Gegenwärtig kann sich demnach kein Gericht mehr wegen einer Änderung des Streitwertes für nicht zuständig erklären.

2. Ladung und Zustellung von Prozessakten

a) Vor der Novelle des Jahres 2000 wurden Ladungen nach unterschiedlichen Modalitäten vorgenommen, die im Gesetz abschließend festgelegt waren: durch die Post, durch den Gerichtsvollzieher oder durch einen anderen Beauftragten des betreffenden Gerichts. In der Regel wurden Ladungen wie auch andere gerichtliche Mitteilungen durch die Post zugestellt.

---

zügliche Vorschläge vorlegen. Diese Maßnahme kann als Beweis für Transparenz und für Demokratisierung angesehen werden. Im Folgenden wird, soweit erforderlich, auf diese Änderungsvorschläge hingewiesen.

Dies hat jedoch zu Prozessverzögerungen geführt, weil die Bediensteten der Post die gesetzlichen Bestimmungen über die Zustellung von Prozessakten nicht kannten. Aus diesem Grund wurden die Regelungen über die Ladung der Parteien zum Prozess grundlegend geändert.

So werden gegenwärtig Prozessakten durch spezialisierte Bedienstete des Gerichts („Verfahrensagenten") zugestellt. In Ausnahmefällen, wenn die Zustellung durch diese Bedienstete nicht möglich ist, kann die Zustellung auch durch die Post, als Einschreibesendung mit Empfangsbestätigung, oder auf andere Weise erfolgen, welche die Übermittlung des Schriftstücks und die Bestätigung des Empfangs gewährleistet (Fax, Telex); die letztgenannte Modalität stellt dabei eine Neuheit für das geltende Verfahrensrecht dar.

Im Zusammenhang mit der Zustellung von Gerichtsakten wurde vorgeschlagen, die gegenseitige Zustellung durch die Prozessparteien zuzulassen, doch wurde dieser Vorschlag durch die DringAO Nr.138/2000 in ihrer neuen Gestalt nicht berücksichtigt. Demnach erfolgen Ladungen und Zustellungen im rumänischem Recht nur auf dem Amtsweg.

b) Nach der neuen Bestimmung des Art. 114[1] ZPO kann, wenn der Beklagte im Ausland wohnt, ein späterer Termin festgesetzt werden. Der Kläger wird durch die Ladung davon in Kenntnis gesetzt, dass er verpflichtet ist, zwecks Zustellung von Gerichtsakten einen Wohnsitz in Rumänien (Zustellungsanschrift) zu wählen. Unterlässt er dies, so können die Zustellungen durch Einschreibesendung erfolgen, wobei die Empfangsbescheinigung der rumänischen Post als Nachweis für die Zustellung gilt.

Auch durch diese Regelung wurde eine Verkürzung der Prozessdauer bezweckt.

3. *Das Verfahren der Annahme einer Klage (Rechtshängigkeit); Maßnahmen zur Beschleunigung des Verfahrens*

a) Eine weitere gesetzliche Neuerung besteht in der durch Art. 114 und 155[1] ZPO dem Vorsitzenden des Gerichts bzw. den Richtern gewährten Befugnis, das Verfahren auszusetzen, wenn der Kläger seiner Pflicht nicht nachkommt, die Klageschrift mit allen für die Durchführung des Prozesses erforderlichen Angaben (vollständiger Namen und genaue Anschrift des Beklagten, Gegenstand und rechtliche Begründung des Antrags usw.) zu ergänzen. Wird das Verfahren ausgesetzt, so kann der Kläger innerhalb einer Frist von einem Jahr die Wiederaufnahme des Verfahrens beantragen, sofern er zwischenzeitlich die Klageschrift mit den erforderlichen Angaben ergänzt hat.

b) Nachdem es heute in der Praxis zu Prozessen mit einer Vielzahl, mitunter bis zu Tausenden von Beteiligten kommt, ist es notwendig geworden, dem Vorsitzenden des Gerichts die Befugnis einzuräumen, ihre Vertretung durch einen Bevollmächtigten und die Zustellung aller Schriftstücke oder Prozessakten an diesen Bevollmächtigten, an die Adresse seines Wohnsitzes oder Sitzes, anzuordnen (Art. 114 Abs. 5 ZPO). Nach einem Änderungsvorschlag kann der Vorsitzende einen Sonderpfleger für mehrere Beklagte einsetzen.

c) Der Vorsitzende des Gerichts setzt einen ersten Verhandlungstermin fest, sobald er feststellt, dass alle gesetzlichen Voraussetzungen für die Einleitung des Verfahrens erfüllt sind. Dieser erste Termin ist so zu bestimmen, dass nach Annahme der Klageschrift dem Beklagten eine Frist von mindestens 15 Tagen für die Einreichung einer Klageerwiderung zur Verfügung steht. Zuvor betrug diese Frist 30 Tage.

Zeitgleich mit der Festsetzung des ersten Verhandlungstermins kann der Vorsitzende auch andere Anordnungen treffen wie z.B. Sicherheitsmaßnahmen (Pfändung von Forderungen, Sequester) oder Maßnahmen zur Beweissicherung oder zur Sicherung eines bestimmten tatsächlichen Zustands anordnen.

Derartige Maßnahmen konnten früher nur im Laufe des Prozesses angeordnet werden, was jedoch gelegentlich dazu führte, dass die Durchsetzung von Rechten des Klägers erschwert oder verzögert wurde.

4. Die Klageerwiderung

Nach Art. 118 ZPO ist nunmehr die Klageerwiderung – ein Verfahrensakt, mit dem der Beklagte auf alle Punkte der Klageschrift antwortet, Einwendungen erhebt und Beweisanträge stellt – zwingend vorgeschrieben. Das bedeutet, dass der Beklagte das Recht verliert, Einwendungen zu erheben und Beweisanträge zu stellen, wenn er innerhalb der gesetzlichen Frist keine Klageerwiderung eingereicht hat. Es wird vorgeschlagen, diese Rechtsfolge zu beseitigen, damit der genannte Rechtsverlust nicht eintreten kann. Eine solche Maßnahme wäre willkommen, denn sie gewährleistet die Waffengleichheit der Parteien (und schließt Überraschungsangriffe aus), zugleich ermöglicht sie es dem Vorsitzenden, die prozessuale Stellung der Parteien besser zu erkennen, um über Beweisanordnungen rasch entscheiden zu können.

5. *Die Verfahrensrechte und -pflichten der Prozessparteien, der Rechtsmissbrauch, die aktive Rolle des Richters im Zivilprozess*

In seiner Neufassung verankert Art. 129 ZPO ein System, das sowohl Elemente des Verhandlungsgrundsatzes als auch Elemente des Ermittlungsgrundsatzes enthält. Einerseits sind die Parteien verpflichtet, unter Beachtung der für die Verfahrenshandlungen vorgesehenen Fristen für den reibungslosen Ablauf und die Beendigung des Prozesses zu sorgen. Im Interesse der Prozessbeschleunigung bedroht das Gesetz die bösgläubige Verletzung von Verfahrenspflichten durch die Parteien mit Geldstrafe (Art. 723 ZPO).

Andererseits wird im System des rumänischen Zivilprozessrechts dem Richter – obgleich der Zivilprozess ein Prozess privater Interessen ist – nicht allein die Rolle eines neutralen Schiedsrichters, sondern darüber hinaus eine aktive Rolle zuerkannt.

Wenn z.B. die Parteien keinen Rechtsanwalt hinzugezogen haben und von keinem vertreten werden[11], hat sie der Richter über ihre Rechte und Pflichten im Prozess aufzuklären (Art. 129 Abs. 3 ZPO); die Richter sind verpflichtet, darauf hinzuwirken, dass bei der Wahrheitsfindung keine Irrtümer unterlaufen; sie können Beweise jeder Art anordnen, die sie für erforderlich halten, auch wenn sich die Parteien widersetzen.

Allerdings haben die Richter in jedem Fall nur über den Gegenstand des Klagebegehrens zu entscheiden.

Zu beachten ist, dass die aktive Rolle des Richters in Rumänien zum ersten Mal durch das Gesetz über die Beschleunigung der Gerichtsverfahren von 1943 geregelt wurde; diese Regelungen wurden danach in die ZPO übernommen.

---

11 Nach dem vom Justizministerium vorgeschlagenen Änderungsentwurf hat der Richter die Parteien über ihre Rechte und Pflichten im Prozess auch dann aufzuklären, wenn sie einen Rechtsanwalt hinzugezogen haben und von diesem vertreten werden. Diese dem Richter auferlegte Verpflichtung scheint mir übertrieben; sie könnte das Vertrauen der Prozesspartei in den beauftragten Rechtsanwalt beeinträchtigen und das Engagement der Anwälte zum Schaden einer gründlichen Vorbereitung der Verteidigung mindern.

Meines Erachtens bietet die neue gesetzliche Formulierung den Richtern die Möglichkeit, aktiver und verantwortungsvoller als früher bei der Verwirklichung einer gerechten Justiz aufzutreten, was die Bürger als öffentliche Dienstleistung von der Justiz auch erwarten.

6. *Die Rechtsmittel*

Die Beschleunigung der Gerichtsverfahren wurde auch durch die Novellierung der Bestimmungen über die Rechtsmittel bezweckt.

a) *Die Appellation.* Einziges ordentliches Rechtsmittel ist nach der geltenden Fassung der ZPO die Appellation (Berufung). Obwohl sie als einziges ordentliches Rechtsmittel beibehalten wurde, ist ihr Anwendungsbereich eingeschränkt worden: sie ist ausgeschlossen in den Bereichen: Handelssachen, Arbeitsstreitigkeiten, einstweilige Verfügungen, Widerspruch gegen die Vollstreckung u.a.m.

Beseitigt wurde auch die Möglichkeit, nach Aufhebung der mit Appellation angefochtenen Entscheidung die Sache an das erstinstanzliche Gericht zwecks neuerlicher Entscheidung zu verweisen. Diese Regelung ergibt sich auch aus dem Devolutiveffekt der Appellation und dient nicht nur dem Zweck, eine Verzögerung des Gerichtsverfahrens zu vermeiden.

Wenn also das Gericht erster Instanz eine Klage abgewiesen oder für ungültig erklärt hat, ohne über den Streitgegenstand zu entscheiden, und das Berufungsgericht die Appellation für begründet hält, kann dieses die angefochtene Entscheidung aufheben, die Sache an sich ziehen und darüber rechtskräftig entscheiden.

b) *Der Rekurs.* Im Interesse einer besseren Qualität der Rechtsprechung wurde die Vorlage eines Berichts über den Rekurs, unabhängig von der dafür zuständigen Gerichtsinstanz, zur Pflicht gemacht. Der Bericht war zwar auch früher vorgesehen, aber nicht obligatorisch.

Auch wurden die Regelungen über den Inhalt des Berichts verbessert; sie ermöglichen jetzt eine raschere Entscheidung durch die Rechtsmittelinstanz. Der Rekurs ist nun den außerordentlichen Rechtsmitteln zugeordnet; er ist hauptsächlich bei Fehlern bei der Rechtsfindung und bei Verstößen gegen zwingende Verfahrensregeln zulässig.

Aufgehoben wurde durch DringAO Nr. 138/2000 Ziffer 11 des Art. 304 ZPO, in der die Rekursgründe festgelegt sind, womit die Überprüfung der Bewertung von Tatsachen durch das Gericht erster Instanz oder das Berufungsgericht ausgeschlossen wurde. Diese Maßnahme führt nach Auffassung der Richter zu einer Beschleunigung der Rekursverfahren. Sie ist zugleich Ausdruck des Vertrauens in die korrekte Würdigung der Beweise (Zeugenaussagen, Sachverständigengutachten usw.) durch die erstinstanzlichen oder die Berufungsgerichte. Auch die mit Rekursverfahren stark überlasteten Richter des Obersten Gerichtshofs haben diese Maßnahme begrüßt.

Es sieht jedoch so aus, dass im Verfahren der parlamentarischen Bestätigung der DringAO Ziffer 11 des Art. 304 ZPO, der eine Überprüfung von Entscheidungen nach tatsächlichen und nicht nur rechtlichen Gesichtspunkten zuließ, wieder eingeführt wird. Ein Grund dafür könnte darin liegen, dass nach der durch DringAO Nr. 59/2001 erfolgten Änderung, die eine Erweiterung der Gründe für einen vom Generalstaatsanwalt erhobenen *Aufhebungsrekurs* gegen unanfechtbare Entscheidungen wegen „offensichtlicher Unbegründetheit" bewirkte, die Generalstaatsanwaltschaft mit Ersuchen zwecks Einlegung des Aufhebungsrekurses überhäuft wurde, wobei die Ersuchenden (oder auch der Justizminister) die fehlerhafte Beweiswürdigung durch die Richter rügten.

c) Der Rekurs im Interesse des Gesetzes. Über den Rekurs im Interesse des Gesetzes – ein außerordentliches Rechtsmittel, durch das eine einheitliche Auslegung und Anwendung des Gesetzes landesweit sichergestellt werden soll – entscheidet das Plenum des Obersten Gerichtshofs, jedoch ohne Rechtsfolgen für die bereits gefällten Gerichtsentscheidungen. Nach einem Änderungsvorschlag des Justizministeriums sollen die Vereinigten Abteilungen des Obersten Gerichtshofs nicht nur vom Generalstaatsanwalt, sondern auch vom Vorsitzenden des Obersten Gerichtshofs mit diesem Rechtsmittel angerufen werden können.

7. Die Zwangsvollstreckung

Die Novelle zur rumänischen ZPO aus dem Jahre 2000 betrifft zum größten Teil das Zwangsvollstreckungsrecht. Diese Novellierung war dringend notwendig, weil die betroffenen Regelungen überwiegend aus dem Jahre 1900 stammten.

Durch die Novelle wurde folgendes erreicht:

- die Stärkung der Rolle und der Verantwortung des Gerichtsvollziehers in diesem Abschnitt des Zivilverfahrens;

- die Entlastung des Vollstreckungsgerichts, da nunmehr im Grundsatz alle Vollstreckungshandlungen von den Gerichtsvollziehern durchgeführt werden;
- verbesserte Möglichkeiten einer wirksamen Kontrolle der Gesetzmäßigkeit aller Vollstreckungshandlungen durch das Vollstreckungsgericht (anhand der Vollstreckungsakte, denen alle vom Gerichtsvollzieher anlässlich der Vornahme von Vollstreckungshandlungen angefertigten Protokolle beigefügt sind, und gegebenenfalls durch erhobene Widersprüche gegen die Vollstreckung);
- die einheitliche Regelung des Widerspruchs gegen die Vollstreckung;
- die einheitliche Regelung der Aushändigung und der Verteilung der durch die Zwangsvollstreckung erzielten Beträge, unabhängig von der Art der Vollstreckung;
- die konkrete Regelung der Einstellung und der Rückgängigmachung der Zwangsvollstreckung;
- die Vereinfachung verschiedener Formen der Zwangsvollstreckung und die Verkürzung von Fristen;
- die Beseitigung von Regelungen, die es dem Schuldner ermöglichten, die Durchführung der Zwangsvollstreckung ohne Berechtigung zu verzögern (so kann der Schuldner z.B. den Widerspruch gegen die Zwangsvollstreckung nur innerhalb bestimmter Fristen und nicht mehr bis zum Ende des letzten Vollstreckungstermins einlegen).

8. Änderungen betreffend bestimmte Verfahrensarten

Mit dem Ziel, zivilrechtliche Streitigkeiten in einer möglichst kurzen Zeit beizulegen, wurden auch bestimmte Regelungen über besondere Verfahrensarten geändert, wie etwa das Teilungsverfahren, die einstweilige Verfügung, Sicherungsmaßnahmen u.a.m. Erstmalig wurden in der Form eines besonderen Verfahrens Bestimmungen über das Verfahren in Handelssachen vermögensrechtlicher Art eingeführt.

Die Änderung und Ergänzung der ZPO durch DringAO Nr. 138/2000 und 59/2002 haben zu Regelungen für ein modernes und beschleunigtes besonderes Verfahren zur Beilegung von Handelsstreitigkeiten, zur Einführung eines obligatorischen Schlichtungsversuchs in diesen Streitfällen vor Anrufung des Gerichts, zur Abschaffung des Rechtsmittels der Appellation u. a. m. geführt. Prozesse und Anträge in Handelssachen werden bei Gericht vorrangig behandelt, wobei das Gericht zur Gewährleistung der Rechte und Pflichten der Parteien und zur zügigen Durchführung des Verfahrens gesetzlich verpflichtet ist. In Verfahren in Handelssachen sind kurzfristige und Folgetermine die Regel. Neu gestaltet wurden auch Regelungen über die Rechtsmittel.

9. Mit der Dringlichkeitsanordnung Nr. 138/2000 nicht verwirklichte Vorschläge

Hier soll noch auf Vorschläge bezüglich der Novellierung der ZPO hingewiesen werden, die in den Änderungsbestimmungen keine Berücksichtigung gefunden haben oder ursprünglich in den neuen Texten berücksichtigt, dann aber wieder daraus entfernt wurden. Es handelt sich dabei um folgende Bereiche:

- das Verfahren der Beweisaufnahme durch die Rechtsanwälte;
- die Notwendigkeit einer Sichtung (Filterung) und Aussonderung offensichtlich unbegründeter oder mit Formfehlern behafteter Rekursanträge bei den Rekursgerichten zwecks Vermeidung einer zu großen Ansturms solcher Anträge;
- die Befugnis des Gerichts, bestimmte Persönlichkeiten zu konsultieren, die zur Klärung von Tatfragen oder Rechtsfragen beitragen könnten. Es handelt sich hier um das Institut des *amicus curiae*. In Rumänien können derzeit nur die Richter des Verfassungsgerichtshofs auf dieses Institut zurückgreifen[12].

IV. ANDERE NEUREGELUNGEN MIT BEDEUTENDEN AUSWIRKUNGEN AUF DIE VERBESSERUNG DER ZUSAMMENARBEIT IM JUSTIZWESEN

In diesem Zusammenhang ist zunächst auf das Dekret Nr. 50/2003 hinzuweisen, mit welchem dem Parlament das Haager Übereinkommen über die Beweisaufnahme im Ausland in Zivil- oder Handelssachen zum Zweck der Beitrittserklärung vorgelegt wurde. Im Vorbereitung befinden

---

12 Nach dem Änderungsvorschlag des Justizministeriums soll dieses Verfahren offensichtlich ausgedehnt werden. In fachlich umstrittenen Rechtsbereichen soll der Richter von Amts wegen oder auf Antrag einer Prozesspartei die Meinung einer oder mehrerer Persönlichkeiten oder von Spezialisten auf dem betreffenden Gebiet anhören dürfen. Zur Begründung dieses Vorschlags wird auf die Praxis in anderen Rechtsordnungen wie auch die des Europäischen Gerichtshofs für Menschenrechte hingewiesen.

sich außerdem vom Justizministeriums ausgearbeitete Gesetzentwürfe über die Ratifikation weiterer internationaler Verträge wie des Haager Übereinkommen von 1965 über die Zustellung gerichtlicher und außergerichtlicher Schriftstücke im Ausland in Zivil- oder Handelssachen und das Haager Übereinkommen von 1980 über die Erleichterung des internationalen Zugangs zur Justiz. Ferner wird ein besonderes Gesetz über die internationale Rechtshilfe in Zivilsachen ausgearbeitet. Im Bereich der Strafjustiz ist ein solches Gesetz bereits ergangen (Gesetz Nr. 704/2001 über die internationale Rechtshilfe in Strafsachen). Auf dem Gebiet des Strafrechts wurden 2001 auf Vorschlag des Justizministeriums noch folgende Gesetze verabschiedet: das Gesetz Nr. 296/2001 über die Auslieferung, das Gesetz Nr. 678/2001 zur Verhütung und Bekämpfung des Menschenhandels, das Gesetz Nr. 756/2001 über die Überstellung Verurteilter in das Ausland.

V. DER ENTWURF DES GESETZES ÜBER DIE RECHTSSTELLUNG DER RICHTER UND STAATSANWÄLTE UND DIE GERICHTSVERFASSUNG

1. Allgemeine Betrachtungen zur Unabhängigkeit und zur Unparteilichkeit

Für einen freien Menschen eines freien Landes ist es selbstverständlich, sich vertrauensvoll an seinen Richter zu wenden, um ihn durch Überzeugungskraft und zugkräftige Argumente zu überzeugen. Er erwartet von ihm, dem er Entscheidungen über sein Familienleben, seine vertraglichen Verpflichtungen, seine Freiheit und Ehre anvertraut, in erster Linie Objektivität.

Die Unparteilichkeit wird freilich nicht ausschließlich von den Richtern erwartet. Eng verknüpft mit der Rechtsgleichheit, die vor allem von den Autoren der Erklärung der Menschen- und Bürgerrechte verkündet wurde, obliegt diese Verpflichtung allen, die öffentliche Machtbefugnisse ausüben, den Beamten, den Richtern, den Staatsanwälten und anderen öffentlichen Amtsträgern. Die Unparteilichkeit ist eine staatliche Verpflichtung, die in besonderem Maße auch der rechtsprechenden Gewalt obliegt[13]. Für den Richter tritt an die Stelle des Prinzips der Über- und Unterordnung, das für die Rechtsstellung der öffentlichen Beamten charakteristisch ist, die verfassungsrechtlich verankerte Unabhängigkeit der Rechtsprechung[14], die in Art. 6 EMRK in den Rang eines obersten Grundsatzes erhoben wurde und auch in den Bestimmungen über Unvereinbarkeiten, die Ablehnung von Richtern und die Befangenheit in besonderen Gesetzen wie dem Gesetz Nr. 92/1992 über die Gerichtsverfassung[15] und den Prozessordnungen festgelegt ist[16].

Zweifelsohne muss zwischen Unabhängigkeit und Unparteilichkeit unterschieden werden, da auch die EMRK die beiden Begriffe nebeneinander verwendet: „Jede Person hat ein Recht darauf, dass über Streitigkeiten ... von einem unabhängigen und unparteiischen, auf Gesetz beruhenden Gericht in einem fairen Verfahren, öffentlich und innerhalb angemessener Frist verhandelt wird."

Die Unabhängigkeit ist die institutionelle Umsetzung des Gewaltenteilungsprinzips: Sie ist Ausdruck der Gesamtheit von Bedingungen und Konsequenzen, die ein demokratischer Staat festlegt, um den Richter vor jedem Druck von außen zu schützen, der von anderen Staatsorganen oder von Interessengruppen jeder Art ausgehen könnte[17]. Als ein System allgemeiner Sicherheit bildet sie das Fundament und die Wurzel der Unparteilichkeit des Richters und legitimiert allein die Verbindlichkeit rechtskräftiger gerichtlicher Entscheidungen. Aber dieses Erfordernis reicht allein nicht aus, um im jeden Rechtsstreit die Objektivität und die Neutralität des Richters zu gewährleisten: Die Pflicht der Unparteilichkeit ist der einzige „Sicherheitsschlüssel" für ein objektives und unbeeinflusstes Verfahren.

Obwohl unterschiedlich, ergänzen diese beiden Begriffe einander. Die Unabhängigkeit ist ein erstrangiges Recht und zugleich eine erstrangige Pflicht des Richters. Sie ist zum einen sein Erkennungszeichen, eine

---

13 Der Begriff der Unparteilichkeit tauchte erstmals in der Erklärung der Menschenrechte des Staates Virginia auf, in der 1776 verkündet wurde, dass jedermann das Recht auf ein Gerichtsverfahren bei einem „unparteiischen Gericht seiner Nachbarschaft" hat.

14 Art. 123 Abs. 2 der Verfassung Rumäniens.

15 So Art. 110 - 115 des Gesetzes.

16 Art. 24 - 40 ZPO; Art. 46 - 61 der Strafprozessordnung.

17 Gemäß der Empfehlung R. 94-12 des Europarates über die „Unabhängigkeit, die Wirksamkeit und die Rolle des Richters".

allen anderen gegenüber wirksame Besonderheit, und zum anderen Ausdruck seiner Verantwortung gegenüber den Streitparteien und Voraussetzung der Legitimität seiner Stellung als Richter. Da sie die natürliche Folge des Rechts auf einen fairen Prozess, der Waffengleichheit der Parteien und des Kontradiktorialitätsprinzips auf allen Rechtsgebieten sowie der Unschuldsvermutung im Strafrecht ist, erfordert sie eine innere Distanz, die sich der verantwortungsbewusste Richter auferlegt, eine vom Standpunkt des Bürgers wahrnehmbare und kontrollierte Distanz, zugleich aber auch eine gewisse Annäherung, die im Laufe der Entwicklung der richterlichen Aufgaben unverzichtbar geworden ist.

Im Bestreben, aus den Kritiken bezüglich der zu weit gehenden Befugnisse des Justizministers (als Mitglied der Exekutive, die der Politik untergeordnet ist) bei der Ernennung und Beförderung der Richter Konsequenzen zu ziehen, wurden in den *Änderungsentwurf zur Verfassung* auch neue Bestimmungen über den *Obersten Rat der Richterschaft* aufgenommen (Art. 132 f.). Danach gilt der Oberste Rat der Richterschaft als Garant der richterlichen Unabhängigkeit. Er setzt sich zusammen aus 17 Mitgliedern in zwei Abteilungen: eine für Richter und eine für Staatsanwälte. Ihm gehören auch der Justizminister, der Präsident des Obersten Kassations- und Gerichtshofs sowie der Generalstaatsanwalt an. Daneben hat der Rat vier Mitglieder aus der Zivilgesellschaft (Persönlichkeiten des öffentlichen Lebens). Die im Rat vertretenen Richter werden von Richterversammlungen gewählt; ihre Amtsdauer beträgt sechs Jahre. Der Rat beschließt durch geheime Wahl; seine Beschlüsse sind nicht justiziabel. Ihm steht nicht nur das Vorschlagsrecht für die Richterernennung zu; er ist auch Disziplinargericht für Richter und Staatsanwälte (dann ohne Beteiligung des Justizministers und des Generalstaatsanwalts).

Zu begrüßen ist auch der Vorschlag, durch die Gewährleistung der *Unabsetzbarkeit aller Richter bis zu ihrer Pensionierung* Diskriminierungen unter den Richtern zu beseitigen. (Gegenwärtig ist die Amtszeit der Richter am Obersten Gerichtshof auf sechs Jahre begrenzt. Die neuere Entwicklung hat gezeigt, dass der Einfluss der Politik noch sehr groß ist; vielen Richtern, deren Amtszeit abgelaufen war, wurde eine Verlängerung des Mandats versagt, wobei der Justizminister allein befugt ist, dem Obersten Rat der Richterschaft eine Ernennung zum Richter vorzuschlagen).

2. *Die wichtigsten Bestimmungen des Gesetzentwurfs*

In Rumänien ist das Recht der Richter im Gerichtsverfassungsgesetz (Gesetz Nr. 92/1992) geregelt, das mehrmals geändert wurde. Sowohl einige Ungenauigkeiten und Widersprüchlichkeiten, mit denen die Praktiker konfrontiert wurden, als auch die fortgesetzten Kritiken internationaler Beobachter (Europarat, Europäische Kommission u.a.) haben die Regierung bzw. das Justizministerium veranlasst, den Entwurf eines umfassenden Gesetzes (mit über 250 Artikeln) auszuarbeiten, das an die Stelle des geltenden Gesetzes Nr. 92/1992 treten wird. Einige der Bestimmungen des künftigen Gesetzes übernehmen Regelungen des gegenwärtig geltenden Gesetzes wie auch solche internationaler Vereinbarungen, an denen Rumänien beteiligt ist (z.B. Art. 6 EMRK), oder des Ehrenkodex der Richter[18], ausgearbeitet nach der Empfehlung R.94-12 des Europarates über „Unabhängigkeit, Wirksamkeit und Rolle des Richters".

- ***Maßnahmen zur Gewährleistung der Unabhängigkeit und der Unparteilichkeit der Richter und Staatsanwälte:***

- Art. 19: Die Richter haben sich politischen Zielsetzungen und Doktrinen nicht zu unterwerfen; sie dürfen nicht Mitglieder politischer Parteien oder Gruppierungen sein und keine Tätigkeiten politischer Art ausüben; sie sind verpflichtet, sich bei der Erfüllung ihrer Aufgaben der Kundgabe ihrer politischen Überzeugungen zu enthalten.
- Art. 18: Den Richtern und Staatsanwälten ist es untersagt, unmittelbar oder durch Mittelsmänner kaufmännische Tätigkeiten auszuüben; sie dürfen nicht als Schiedsrichter in Handels- oder anderen Streitigkeiten auftreten. Dieser letzte Absatz ist zu begrüßen, weil in den letzten Jahren viele Richter von Handelsabteilungen verschiedener Gerichtsinstanzen auch als Schiedsrichter bei den Handelskammern aufgetreten sind, was zu Zweifeln an ihrer Objektivität Anlass gegeben hat.
- Art. 150: Die Zuweisung der Streitfälle an die einzelnen Abteilungen oder Spruchkörper hat nach objektiven Gesichtspunkten zu erfolgen, damit zügige und unparteiische Entscheidungen sowie eine ausgewogene Arbeitsbelastung der Abteilungen und Spruchkörper gewährleistet sind.

---

18 Beschlossen vom Obersten Rat der Richterschaft am 18. September 2001.

- *Bestimmungen, mit denen die materielle Verantwortlichkeit der Richte und Staatsanwälte eingeführt wird:*

- Art. 14 Abs. 4: Gegen Richter und Staatsanwälte kann wegen der Art ihrer Amtsführung kein Zivilprozess geführt werden; ausgenommen ist ein Regressanspruch des Staates gemäß dem Gesetz.
- Art. 109 - 110: Der Staat haftet vermögensrechtlich gemäß dem Gesetz für Schäden, die durch Justizirrtümer verursacht wurden; dem Staat steht ein Regressanspruch gegen denjenigen zu, der bösgläubig oder grob fahrlässig für die Schadensursache verantwortlich ist; der Regressanspruch ist nach Begutachtung durch den Obersten Rat der Richterschaft und der Staatsanwälte geltend zu machen.

Die Einführung dieser Art Verantwortlichkeit entspricht einer alten Forderung der Zivilgesellschaft und dient dem Zweck, die berufliche Verantwortung der Richter und Staatsanwälte zu erhöhen[19].

- *Die Grundausbildung und die laufende Fortbildung der Richter und Staatsanwälte sowie des Hilfspersonals – Voraussetzung einer fachlich kompetenten Justiz:*

- Art. 22: Die Auswahl und die Grundausbildung der für die Ausübung ihres Amtes befähigten Richter und Staatsanwälte erfolgt durch das Landesinstitut der Richterschaft und der Staatsanwälte.
- Art. 29: Die Justizauditoren, die das Abschlussexamen des Landesinstituts der Richterschaft und der Staatsanwälte bestanden haben, werden vom Justizminister dem Obersten Rat der Richterschaft und der Staatsanwälte zwecks ihrer Ernennung als Richter- oder als Staatsanwaltsanwärter vorgeschlagen.
- Art. 35 - 41: Nach Beendigung der Anwärterzeit (Vorbereitungszeit) haben sich die Richter- und Staatsanwaltsanwärter einer Befähigungsprüfung zu stellen; nach Bestätigung des Prüfungsergebnisses durch den Obersten Rat der Richterschaft und der Staatsanwälte wird das Verzeichnis aller offenen Stellen bei den Amtsgerichten und den bei ihnen bestehenden Staatsanwaltschaften im Amtsblatt veröffentlicht.

---

19 In diesem Sinne z.B. *I.Leş*, Der Rechtsstaat und die Zivilrechtliche Verantwortlichkeit der Richter (rumän.), in: Dreptul, Heft 5/1997, S. 17 ff.

- Art. 48: Die berufliche Fortbildung der Richter und Staatsanwälte ist deren Recht und deren Pflicht; sie betrifft hauptsächlich die Kenntnis und das weitere Studium des nationalen Rechts, des für Rumänien verbindlichen internationalen Rechts, der nationalen Rechtsprechung und der Rechtsprechung des Europäischen Gerichtshofs für Menschenrechte sowie der Grundlagen der Rechtsvergleichung.
- Art. 50: Die Richter und Staatsanwälte haben mindestens einmal in drei Jahren an Fortbildungsprogrammen, die vom Landesinstitut der Richterschaft und der Staatsanwälte, von Hochschulanstalten des Landes oder des Auslands veranstaltet werden, oder an anderen Formen der Berufsfortbildung teilzunehmen.
- Art. 219 Abs. 2: Als Urkundsbeamte und Archivare-Registerführer sind vorzugsweise Personen einzustellen, die das Ausbildungs- und Fortbildungszentrum für Urkundsbeamte und das übrige Fach-Hilfspersonal mit erfolgreichem Abschluss besucht haben.

■ *Die Spezialisierung der Gerichte:*

- Art. 132 – 135: In allen Kreisen und Sektoren des Munizipiums Bukarest sind Amtsgerichte für Jugendliche und Familie sowie Gerichtshöfe (Gerichte zweiter Stufe) mit Abteilungen für Zivil- und für Strafsachen einzurichten.
- Art. 136 – 139: Es sind Gerichtshöfe für Handelssachen, für Verwaltungs- und Steuersachen und für Arbeitssachen einzurichten.
- Art. 144: Bei den Appellationsgerichtshöfen (Gerichte dritter Stufe) sind Abteilungen für Zivil-, für Straf- und für Handelssachen sowie für Jugendliche, für Verwaltungs- und Steuersachen, für Korruptionsstraftaten, ferner Abteilungen für See- und Binnenschifffahrt, für Arbeitsstreitigkeiten und für Sozialversicherungssachen einzurichten.

■ *Der Haushalt der Gerichte und Staatsanwaltschaften und die Arbeitsbedingungen:*

- Art. 226: Es sind Maßnahmen zu ergreifen, um die Tätigkeit der Gerichte und Staatsanwaltschaften auf moderne Informatik (EDV-Technik) umzustellen; bei den Abteilungen für Informatik werden auf diesem Gebiet spezialisierte Urkundsbeamte tätig sein
- Art. 239: Die Tätigkeit der Gerichte und Staatsanwaltschaften wird aus dem Staatshaushalt finanziert.

PROF. DR. VENJAMIN F. JAKOVLEV, MOSKAU*

Die Wirtschaftsgerichtsbarkeit in Russland[1]

Die Schaffung der Wirtschaftsgerichte vor elf Jahren ist das Ergebnis der tiefgreifenden Umgestaltungen in der Wirtschaft und im Staatswesen Russlands. Wegen der schnellen, fast blitzartigen Zerstörung der auf Staatseigentum basierenden Planwirtschaft wurde einerseits die gerichtliche Klärung von Wirtschaftsstreitigkeiten in der entstehenden Marktwirtschaft, die nunmehr auf gemischtem, darunter auch privatem Eigentum beruhte, dringend erforderlich und andererseits die Staats- und Behördenarbitrage[2] überflüssig. Der Ausweg wurde gefunden, indem die Staatsarbitragen und auch die Behördenarbitragen aufgelöst und auf der Grundlage ihrer personellen und materiellen Ausstattung eine einheitliche Wirtschaftsgerichtsbarkeit Russlands errichtet wurde.

Zum einen ermöglichte es die Errichtung der Wirtschaftsgerichte, die Kontinuität in der Beilegung von Wirtschaftsstreitigkeiten zu wahren, die nicht für einen einzigen Tag unterbrochen wurde. Chronologisch lief das wie folgt ab: Im Jahre 1991 wurde das erste Wirtschaftsgericht, das Oberste Wirtschaftsgericht der UdSSR errichtet. Am 1. Oktober 1991 trat das Gesetz *Über die Wirtschaftsgerichte in der Russischen Föderation* in Kraft. Am 23. Januar 1992 wurde der Präsident des Obersten Wirtschaftsgerichts ins Amt berufen und kurz darauf die Richter des Obersten Wirtschaftsgerichts sowie die Präsidenten und Richter der Wirtschaftsgerichte Russlands. Am 15. April 1992 trat die Verfahrensordnung für die Wirtschaftsgerichte in Kraft, und das Oberste Wirtschaftsgericht nahm seine Tätigkeit als Spruchorgan auf. Im selben Jahr nah-

---

* Der Verfasser ist Präsident des Obersten Wirtschaftsgerichts der Russischen Förderation.

1 Übersetzt von *Dr. Stefanie Solotych*, Institut für Ostrecht München.

2 Staatsarbitragen (russ.: gosudarstvennyj arbitraž) waren die staatlichen Schiedsstellen für Streitigkeiten zwischen Staatsbetrieben; Behördenarbitragen (russ.: vedomstvennyj arbitraž) waren behördeninterne, meist ministerielle, Schiedsstellen für Streitigkeiten von Staatsbetrieben, die einem Ministerium oder einer sonstigen Wirtschaftsbehörde unterstellt waren (Anmerkung der Übersetzerin).

men dann auch die Wirtschaftsgerichte in den Föderationssubjekten ihre Arbeit auf.

Zum anderen bedeutete die Errichtung der Wirtschaftsgerichte die Renaissance der Handelsgerichte, die in Russland von Alters her bis zur Oktoberrevolution im Jahre 1917 existiert hatten. Die erste Erwähnung eines Handelsgerichts auf russischem Gebiet ist aus dem XII. Jahrhundert aus Novgorod Velikij überliefert. Im Jahre 1727 erging ein Zollgerichtsgesetz erlassen, auf dessen Grundlage in einigen Städten Russlands Gerichte für Handelsstreitigkeiten ihre Tätigkeit aufnahmen. Allerdings fanden sie keine durchgängige Verbreitung, vielerorts wurden Handelsstreitigkeiten von den Gerichten allgemeiner Zuständigkeit entschieden. Ein Meilenstein in der Geschichte der russischen Handelsgerichtsbarkeit war der Ukaz des Zaren Nikolaus I. vom 14. Mai 1832 *Zur Errichtung der Handelsgerichte*. Durch denselben Ukaz wurde das Gesetz über die *Handelsgerichtsbarkeit* erlassen.

Im Ukaz hieß es: „Die Erfahrungen zeigen, dass in Städten, in denen reger Handel betrieben wird, hochschwierige Handelsstreitigkeiten, deren Zahl jährlich wächst so wie sich der Handel verbreitet, oft mit bedeutenden Erschwernissen einhergehen, weil sie an einem Ort mit vielen anderen Sachen behandelt werden. Die daher rührenden Unannehmlichkeiten wurden oft durch die Errichtung besonderer Gerichte, genannt Handelsgerichte, verhindert, so in den Städten Odessa, Taganrog, Archangelsk und anderen. Der Nutzen dieser Einrichtung, sowohl in früheren Zeiten als auch durch Erfahrung aufs Neue erwiesen, der von den Handelsständen mehrfach geäußerte Wunsch und Unsere Absicht, diesem wichtigen Teil staatlicher Wohlfahrt durch feste Regeln und Gesetze zur erfolgreichen Entwicklung zu verhelfen, lassen es geboten erscheinen, Handelsgerichte überall dort zu errichten, wo es die Wichtigkeit und der Umfang streitiger Handelssachen erfordern können."

Die Wirtschaftsgerichte sehen sich zu Recht als Nachfolger der russischen Handelsgerichte. Dabei haben wir wohl noch nicht das Ausstattungsniveau der Handelsgerichtsbarkeit erreicht, dass seinerzeit durch den Ukaz des Zaren gewährleistet wurde. Im Ukaz wurde angeordnet, dass die Kanzlei des Handelsgerichts vereidigte Gerichtsdiener und Beamte beschäftigt. Mehr noch, gab es am Handelsgericht vereidigte Insolvenzverwalter und vereidigte Sachwalter.

Die Revolution hat neben vielem Anderen auch die Handelsgerichte hinweggefegt. Während der ersten fünf Jahre nach der Revolution waren

Wirtschaftsstreitigkeiten überhaupt nicht justiziabel. Erst der Übergang zur NÖP[3], d. h. zum Markt, erforderte die Schaffung einer Instanz für die Entscheidung von Wirtschaftsstreitigkeiten. So wurden am 21. September 1922 die Arbitragekommissionen eingerichtet, die später zur Staatsarbitrage wurden, der unmittelbaren Vorgängerin der heutigen Wirtschaftsgerichte.

Die Errichtung der Wirtschaftsgerichte und ihre weitere Entwicklung war einer der wichtigsten Aspekte des Konzepts für die Justizreform von 1991. Dieses Konzept sah neben den allgemeinen Gerichten die Einrichtung von Wirtschaftsgerichten für die Beilegung von Streitigkeiten zwischen Unternehmen vor.

Die Existenz von Gerichten, die sich auf Handelssachen spezialisieren, liegt voll im internationalen Trend. Praktisch gibt es in allen Ländern neben den Gerichten allgemeiner Zuständigkeit Gerichte, die auf Streitigkeiten von besonderer Komplexität oder mit anderen Besonderheiten spezialisiert sind. So gibt es in Frankreich die Handelsgerichte, in Deutschland eine Verwaltungs-, eine Finanz- und sonstige spezialisierte Gerichtsbarkeiten.

Auch andere GUS-Staaten haben diese Aufteilung übernommen. Ähnliche Gerichte wurden in zwölf Nachfolgestaaten der UdSSR, d. h. in allen, außer den baltischen Staaten, errichtet. Zwar wurden in Kasachstan und Georgien die Handelsgerichte später mit den allgemeinen Gerichten zusammengelegt, aber in zehn Staaten gibt es diese spezialisierte Gerichtsbarkeit bis heute.

Im System der Wirtschaftsgerichte wurden viele Ideen des Reformkonzepts von 1991 verwirklicht. Die Verfassung von 1993 verankerte die Wirtschaftsgerichtsbarkeit. Dementsprechend erging 1995 ein neues Verfassungsgesetz über die Wirtschaftsgerichtsbarkeit und eine neue Verfahrensordnung. Das später ergangene Verfassungsgesetz *Über das Gerichtssystem Russlands*[4] schrieb die Wirtschaftsgerichte ebenfalls fest. Die Wirtschaftsgerichte sind Bundesgerichte, was dem Gegenstand ihrer Tätigkeit und der Art und Größenordnung der zu behandelnden Streitigkeiten, deren Parteien oft in unterschiedlichen Föderationssubjekten an-

---

3 Neue ökonomische Politik: von Lenin 1922 angesichts der katastrophalen Zustände initiierte Wirtschaftspolitik, durch die Privateigentum und Privatunternehmen begrenzt zugelassen wurden (Anmerkung der Übersetzerin).

4 Deutsche Übersetzung in JOR 1/2002, S. 357 (Anmerkung der Übersetzerin).

sässig sind, angemessen ist. Der föderationsweite Charakter der Wirtschaftsgerichte ist ein wichtiger Faktor für ihre Unabhängigkeit bei der Ausübung der Rechtsprechung.

In der Wirtschaftsgerichtsbarkeit wurde zuerst (noch vor der allgemeinen Gerichtsbarkeit) das Institut der Appellation eingeführt, d. h. die Überprüfung des Urteils sowohl in Tat- als auch in Rechtsfragen auf Antrag einer Verfahrenspartei. Außerdem wurde die Kassationsbeschwerde und damit die Überprüfung von Urteilen in einer dritten Instanz, allerdings ohne neuerliche Sachverhaltprüfung, eingeführt. Diese Regelungen entsprechen voll und ganz den internationalen Standards der Justiz. Erstmals in der neueren Geschichte Russlands wurden zur Sicherung der Unabhängigkeit der Gerichte Kassationsgerichtsbezirke gebildet und zehn Bezirkswirtschaftsgerichte der Föderation eingerichtet, was ebenfalls der vorrevolutionären Tradition in Russland und der gegenwärtigen Praxis im Ausland entspricht.

Demnächst werden die Appellationsinstanzen der Wirtschaftsgerichte der Föderationssubjekte in Appellationsgerichte umgestaltet. Es wird zwanzig Appellationsgerichtsbezirke geben (plus zehn Außenstellen in schwer zugänglichen Gebieten).

In Anbetracht der ausländischen und der eigenen vorrevolutionären Praxis wurde das Institut der Wirtschaftsbeisitzer eingeführt, die die Rechtsprechung gleichberechtigt mit den Berufsrichtern ausüben. Sie sind Fachleute auf bestimmten Wirtschaftsgebieten: Handel, Versicherungswesen, Bankwesen, Bauwesen, Transportwesen u. A. Seit 1995 sind die Wirtschaftsgerichte auch für Streitigkeiten mit ausländischen Unternehmern zuständig. Die Verfahrensordnung von 2002 (bereits die dritte Verfahrensordnung der Wirtschaftsgerichte) weist diese Streitigkeiten ausschließlich den Wirtschaftsgerichten zu.

Derzeit gibt es in Russland 92 Wirtschaftsgerichte, die ein auf drei Ebenen aufgebautes System bilden. An diesen Gerichten sind 2710 Richter und über 5000 Fachleute und Richterassistenten tätig. Diese 8000 Beschäftigten haben bislang ausgezeichnete Arbeit geleistet. Die Wirtschaftsgerichte haben seit ihrer Errichtung 4,7 Mio. Fälle in erster Instanz entschieden, 390'000 in der Appellationsinstanz, 211'000 in der Kassationsinstanz und 119 im Aufsichtsverfahren beim Obersten Wirtschaftsgericht. Heute behandeln die Wirtschaftsgerichte nicht nur privatrechtliche Streitigkeiten zwischen Unternehmern, sondern sorgen auch für den Rechtsschutz der Unternehmer gegenüber dem Staat. Dabei wächst die Zahl der Verwaltungs- und Steuersachen von Jahr zu Jahr bedeutend schneller an als die Anzahl der privatrechtlichen Streitsachen. Die Verwaltungs- und Finanzstreitigkeiten machen nun die Hälfte aller entschiedenen Fälle aus. Die Anzahl der Verfahren wächst jedes Jahr um 15-20%, was zum stetigen Anwachsen der Arbeitsbelastung der Richter führt. Noch vor einigen Jahren hatte ein Richter monatlich im Durchschnitt 15 Verfahren zu führen, heute sind es 34-35 Verfahren im Monat.

Während der elfjährigen Existenz der Wirtschaftsgerichte ist es gelungen, Richter und Fachleute auszubilden, die in der Lage sind, die kompliziertesten Wirtschaftsstreitigkeiten mit hohem professionellem Niveau zu entscheiden. 90% der russischen Wirtschaftsrichter sind jünger als 55 Jahre, dabei hat die Hälfte von ihnen eine langjährige Berufserfahrung von fünf bis zwanzig Jahren vorzuweisen. Die Wirtschaftsrichter sind überaus hoch qualifizierte Fachleute. Bis vor kurzem war unter ihnen ein korrespondierendes Mitglied der Akademie der Wissenschaften der RF (jetzt ist er Verfassungsrichter). Zehn Wirtschaftsrichter sind habilitierte, 77 promovierte Juristen. Die Richter sind trotz ihrer hohen Arbeitsbelastung ständig um Fortbildung bemüht. Jährlich nehmen etwa 700 Richter an Fortbildungsmaßnahmen teil. Auch die Kontakte zu den Richterkollegen im Ausland (in 32 Staaten, darunter Deutschland, Frankreich, Großbritannien, Spanien, Belgien, Dänemark, Finnland, USA, Kanada, China, Japan, Österreich und besonders die anderen GUS-Staaten) sind von großer Bedeutung für die berufliche Weiterentwicklung. Die russischen Wirtschaftsrichter nehmen rege an internationalen Fachtagungen und Seminaren im Ausland teil, ausländische Kollegen werden nach Russland eingeladen. Am Obersten Wirtschaftsgericht gibt es eine Abteilung für internationales Privatrecht, die Gutachten für Verfahren mit ausländischer Beteiligung erstellt. Wir stehen in engem Kontakt mit den Kollegen an den internationalen Gerichtshöfen, darunter der Gerichtshof für Menschenrechte in Straßburg und der Europäische Gerichtshof in Luxemburg.

Die Richter und Fachleute der Wirtschaftsgerichte sind stets an den Entwurfsarbeiten zur Verbesserung der Gesetze, nicht nur des Verfahrensrechts, sondern auch des materiellen Wirtschaftsrechts beteiligt. Besonders zu würdigen ist der Anteil der Wirtschaftsgerichte an den Vorarbeiten zum Zivilgesetzbuch, zum Gesetz über Aktiengesellschaften und zum GmbH-Gesetz.

Eine besondere Schwierigkeit besteht für die Wirtschaftsgerichte darin, dass sie ständig mit neuartigen Streitsachen konfrontiert werden, die sie früher nicht zu behandeln hatten, und das unter den Bedingungen einer lückenhaften, unzulänglichen, oft sogar in sich widersprüchlichen Rechtsmasse. Hier kommt der Spruchpraxis große Bedeutung zu. Vor bedeutenden Schwierigkeiten standen die Gerichte insbesondere bei der Beilegung von Streitigkeiten im Zusammenhang mit der Privatisierung, mit Insolvenzen, Steuer-, Zoll- und Devisenangelegenheiten, Wertpapiergeschäften, Auswirkungen der Inflation und der Finanz- und Bankkrisen, der Nichtzahlung als Massenerscheinung u. Ä. Das Oberste Wirtschaftsgericht wertet die Spruchpraxis regelmäßig aus und gibt entsprechend Art. 127 der Verfassung zur Sicherung einer einheitlichen Rechtsanwendung Erläuterungen zu Fragen der Rechtsauslegung und -anwendung. Im Lauf der vergangenen elf Jahre wurden 65 Plenarbeschlüsse des Obersten Wirtschaftsgerichts gefasst, darunter zwölf gemeinsam mit dem Plenum des Obersten Gerichts der RF. An die Gerichte wurden 116 Zusammenfassungen der Spruchpraxis und Informationsbriefe verschickt.

Für die erfolgreiche Arbeit der Wirtschaftsgerichte ist eine angemessene Versorgung mit Informationen über die Rechtsentwicklung und die Spruchpraxis unerlässlich. Derzeit werden an den Wirtschaftsgerichten 6335 Personalcomputer und 125 Server benutzt. Unter Mitarbeit der Richter wurden Datenbanken zur höchstrichterlichen Rechtsprechung in Wirtschaftssachen eingerichtet (derzeit mit 4000 Urteilen) sowie zur Spruchpraxis der Bezirkswirtschaftsgerichte der RF (70'000 Urteile). Das Oberste Wirtschaftsgericht gibt eine Fachzeitschrift heraus, sechs Fachzeitschriften werden von den Bezirksgerichten herausgegeben. Das sorgt für die Publizität der Rechtsprechung und ermöglicht einem breiten Publikum Zugang zu den Urteilen. 89 Gerichte haben Zugang zum Internet.

Für die künftige Entwicklung der Wirtschaftsgerichte ist das Föderationsprogramm für die Entwicklung des Gerichtswesens Russlands von größter Wichtigkeit. Das Programm wurde im Auftrag des Präsidenten der RF von der Regierung zusammen mit den obersten Gerichten ausgearbeitet und von der Regierung verabschiedet. Im Jahre 2002 begann seine Umsetzung. Nach dem Programm soll die weitere Entwicklung der Wirtschaftsgerichte die Zugänglichkeit des Rechtsschutzes und sein hohes Niveau sichern. Hauptziele des Programms sind:

- Die Erneuerung und Stärkung der Richterschaft und des Fachpersonals der Wirtschaftsgerichte. Ein neues System für die Ausbildung von Richterkandidaten und von Richterassistenten ist im Entstehen. Das Personal der Wirtschaftsgerichtsbarkeit soll um weitere 3500 Stellen verstärkt werden. Die Reform des Richtergesetzes und der richterlichen Selbstverwaltung soll eine höheres fachliches Niveau der Richterschaft sichern und sie stärker für die Qualität der Urteile in die Verantwortung nehmen.
- Die Verbesserung des Verfahrensrechts. Mit der neuen Verfahrensordnung von 2002 wurden die Zuständigkeitsbereiche der Wirtschaftsgerichtsbarkeit und der allgemeinen Gerichtsbarkeit klarer voneinander abgegrenzt. Sämtliche Wirtschaftsstreitigkeiten, einschließlich jener, an denen Einzelunternehmer oder ausländische Streitparteien beteiligt sind, unterliegen nun der Wirtschaftsgerichtsbarkeit. Einige Neuregelungen dienen der Verfahrensbeschleunigung, so die stärkere Differenzierung der Verfahrensarten, die Ermöglichung einstweiliger Verfügungen vor Verfahrensbeginn sowie die Verbesserung der Überprüfung von Gerichtsurteilen.

Alle Wirtschaftsgerichte sind Bundesgerichte und werden als solche aus dem Föderationshaushalt finanziert. Das sichert ihnen die Unabhängigkeit gegenüber den lokalen Verwaltungs- und sonstigen Organen. Die Richter werden auf Dauer in ihr Amt berufen und aus den gesetzlich geregelten Gründen ihres Amtes enthoben. Der Richterstatus ist für alle Richter einheitlich geregelt. Die Organe der richterlichen Selbstverwaltung haben ihre Arbeit aufgenommen.

Als Fazit kann man feststellen, dass die Wirtschaftsgerichtsbarkeit in Russland effizient funktioniert und gute Perspektiven für ihre weitere Entwicklung hat.

F. Beiträge der Podiumsdiskussion am 22. März 2003

Staatsminister Dr. Manfred Weiß, MdL, München*

Der Beitrag des Bayrischen Staatsministeriums der Justiz zur Entwicklung des Justizbereichs in den Beitrittsländern

Die europäische Einigung hat sich als das erfolgreichste Projekt der Geschichte unseres Kontinents erwiesen. Sie hat die Völker ausgesöhnt und die Grundlage für wirtschaftlichen Wohlstand gelegt. Europa ist heute eine Friedens- und Wertegemeinschaft, in der z.T. jahrhundertealte Konflikte einer verlässlichen Partnerschaft gewichen.

Diese Erfolgsgeschichte Europas muss bewahrt und fortgeschrieben werden, denn Frieden, Freiheit und Wohlstand in Europa sind keine Selbstverständlichkeit. Das haben uns nicht zuletzt die Konflikte auf dem Balkan schmerzlich vor Augen geführt. Wir brauchen eine europäische Einigung, heute vielleicht nötiger denn je. Und wir brauchen sie im gesamteuropäischen Rahmen. Wir stehen am Anfang eines neuen Jahrhunderts, das Europa vor große Herausforderungen stellt. Diese Herausforderungen können wir nur gemeinsam bewältigen.

Deshalb wird uns die anstehende Erweiterung der EU um 12, 13 oder sogar noch mehr neue Mitgliedsstaaten stärken. Der EU-Beitritt der mittel- und osteuropäischen Staaten markiert die endgültige Überwindung der Spaltung von Ost und West. Die Vollendung der europäischen Einigung bedeutet eine einmalige Chance für den ganzen Kontinent in Frieden, Freiheit und Wohlstand. Die damit verbundene politische Stabilität ist gerade für Deutschland, und damit auch für Bayern, an der Nahtstelle von Ost und West von besonderer Bedeutung. Dies hat die bayrische Staatsregierung immer deutlich gemacht, und hieran hält sie fest.

Für uns ist die Bevorstehende Erweiterung der EU eine sicherheitspolitische, wirtschaftliche und kulturelle Notwendigkeit. Zugleich stellt die Osterweiterung die gewaltigste und schwierigste Herausforderung in der bisherigen Geschichte des europäischen Einigungsprozesses dar. Das liegt zum einen an der Größenordnung der Erweiterung. Zum anderen liegt es daran, dass die Beitrittskandidaten in Bezug auf den Erwerb des

* Der Verfasser ist bayrischer Justizminister.

gemeinsamen Besitzstandes jetzt in kürzester Zeit aufholen müssen, was die heutigen Mitgliedsstaaten der EU über Jahrzehnte hinweg aufgebaut haben.

Das diese gewaltige Aufgabe nur durch gemeinsame Anstrengung bewältigt werden kann, liegt auf der Hand. Vor diesem Hintergrund steht die Zusammenarbeit mit den Staaten Mittel- und Osteuropas in einer sich verändernden und zusammenwachsenden Welt, in der auch das bayrische Staatsministerium der Justiz politisch und fachlich gefordert ist. Unser Ministerium wirkt bei der Heranführung der Länder Mittel- und Osteuropas an den Rechtsstandard der EU auf vielfältigste Weise mit.

Das geschieht zum einen durch Mitwirkung am Twinning-Programm der Europäischen Union, so führt das bayrische Staatsministerium der Justiz zur Zeit das Twinning-Projekt „Stärkung der Staatsanwaltschaft Bulgariens" durch und hat hierbei einen Langzeitberater nach Sofia entsandt. Das Programm steht kurz vor dem Abschluss, und es wird von den zuständigen Stellen der EU hervorragend bewertet. Bei einem Folgeprojekt wird das Bayrische Staatsministerium gleichfalls die Projektführerschaft übernehmen.

Für eine weiteres Twinning-Projekt, das die Gerichtsorganisation Sloweniens und die Fortbildung slowenischer Richter im Hinblick auf den Rechtsstandard der EU zum Gegenstand hat, hat der Staatsminister der Justiz einen Langzeitberater nach Ljubljana entsandt. Auch dieses Projekt hat sich als erfolgreich erwiesen, so dass der bayrische Langzeitberater auch für ein Anschlussprojekt zur Verfügung gestellt wird.

Das Staatsministerium der Justiz kooperiert des weiteren eng mit der Stiftung für internationale rechtliche Zusammenarbeit in verschiedenen Einzelprojekten. Das betrifft die Entsendung von Experten zu bestimmten Themen in die Länder Mittel- und Osteuropas sowie die Durchführung von Hospitationsaufenthalten von Richtern und Staatsanwälten dieser Länder in Bayern.

Zum dritten ist das Staatsministerium der Justiz in den Regierungskommissionen tätig, die zwischen Bayern und den meisten mittel- und osteuropäischen Staaten eingerichtet sind. Im Rahmen dieser Kommissionen werden vor allem Hospitationsprogramme, Gerichtspartnerschaften und Expertentreffen organisiert.

All diese Tätigkeiten nehmen zweifellos nicht unerhebliche Ressourcen in Anspruch. Es war und ist für und trotzdem eine Selbstverständlichkeit, bei der Heranführung der mittel- und osteuropäischen Staaten an den gemeinsamen Besitzstand der Rechtspflege jede uns mögliche Hilfe zu leisten. Wir stellen uns dieser Aufgabe gern. Bayern hat schon aufgrund seiner geographischen Lage und der traditionellen Verbundenheit mit vielen Beitrittsländern ein vitales Interesse an stabilen Verhältnissen in Mittel-, Ost- und Südosteuropa. Zu diesen stabilen Verhältnissen gehören insbesondere auch der Ausbau gesicherter zivilrechtlicher und strafrechtlicher Strukturen und eine funktionierende Justiz.

Die Erweiterung der EU und die damit verbundene Öffnung neuer Absatzmärkte in Mittel- und Osteuropa bieten gerade auch für bayrische Unternehmer interessante Zukunftschancen. Umgekehrt werden die Beitrittsländer von den getätigten Investitionen erheblich profitieren. Einen ganz entscheidenden Standortfaktor stellt in dieser Hinsicht eine verlässliche Zivilrechtsordnung in den Beitrittsländern da. Nur wenn hier ein reibungslos funktionierendes Grundbuch- und Registerwesen existiert, wenn die Gewähr besteht, dass im Falle eines Rechtsstreites in angemessener Zeit mit einer an sachgerechten Entscheidungskriterien orientierten gerichtlichen Entscheidung gerechnet werden kann, wenn auch dafür gesorgt ist, dass diese Entscheidung, wenn erforderlich, zeitgerecht und effektiv vollstreckt werden kann, nur dann werden bayrische Unternehmer bereit sein, nachhaltig in diesen Räumen zu investieren, dies gilt insbesondere für den Mittelstand.

Nicht minder wichtig ist die Existenz einer wirksamen Strafrechtspflege in den Beitrittsländern, denn die Kehrseite offener Grenzen in einem zusammenwachsenden Europa ist, dass auch Verbrecher zunehmend international denken und handeln. Beispiele sind vor allem die typischen Erscheinungsformen der organisierten Kriminalität, wie illegaler Rauschgifthandel, Geldwäsche, Menschenhandel, das Schleuserunwesen und KfZ-Verschiebungen. Offene Grenzen können damit leider auch den Import von Kriminalität bedeuten. Es leuchtet unmittelbar ein, dass jeder Drogenkurier und jeder Menschenschmuggler, der in einem Durchgangsland ergriffen und verurteilt wird, schon einer weniger ist, der in Bayern angeklagt und verurteilt werden müsste.

Es dient daher auch unserer Sicherheit, wenn die Strafrechtspflege der Länder Mittel-, Ost- und Südosteuropas funktioniert. Dies ist auch der Grund dafür, warum ich mich mit voller Überzeugung persönlich dem Kontakt mit diesen Ländern widme. Nicht nur einmal haben diese Kontakte gerade bei spektakulären Verbrechen eine reibungslose Zusammenarbeit und letztlich eine rasche Ergreifung der Täter ermöglicht.

Wir freuen uns, dass Europa zusammenwächst, denn Europa ist, bei aller Verschiedenheit im Detail, eine Geschichts- und Wertegemeinschaft. Erst mit dem Beitritt der Reformstaaten Mittel- und Osteuropas wird die europäische Union endlich ihrem Namen und Anspruch gerecht werden, eine gesamteuropäische Gemeinschaft zu sein. Wir sind schon weit vorangekommen auf unserem Weg, manch harte Arbeit steht uns aber noch bevor. Das gilt sowohl für die Beitrittskandidaten, als auch für die heutigen Mitgliedsstaaten der EU. Das bayrische Staatsministerium der Justiz wird auch weiterhin alles in seinen Kräften stehende tun, um die Osterweiterung der Eu zu einem Erfolg werden zu lassen.

ANTON STANKOV, SOFIJA*

The Reform of the Judicial System in Bulgaria with a View to the Implementation of EC Law

The synchronisation of the Bulgarian legislation with the *acquis communautaire* is one of the basic pre-requisites for the accession of the Republic of Bulgaria to the European Union.

A functioning judicial system ensures the efficient implementation of legislation and creates pre-conditions for strengthening the rule of law and the principle of a law-governed state. In Bulgaria there is a full concurrence of the requirements of the public with those of our European partners. The people want a faster, better and more transparent justice. Namely this attitude of the Bulgarian public to a significant improvement of the judicial system is one of the best guarantees for a successful completion of the judicial reform in our country.

Matters related to the quality and the efficiency of the judicial system are particularly important also for the EU member states, in the light of the changes imposed by the Amsterdam Treaty to establish and transform the European Community in an area of freedom, security and justice.

In this context the establishment of an independent and efficient judicial system and the definition of clear prospects for its development in the period before acquiring full membership is a key element for the Bulgarian accession to the EU.

To carry out an effective reform of the judicial system, free of political prejudices and in conformity with professional criteria, designed to implement the principles of equal treatment by law, observation of the human rights and freedoms and the right of a fair and public hearing within a reasonable time by an independent and impartial court, the Ministry of Justice elaborated a strategy for the reform of the judicial system in Bulgaria.

---

* Der Verfasser ist Justizminister der Republik Bulgarien.

The Strategy's main goal is the development of European standards in justice, by defining the political and legislative priorities of the reform of the judicial system in the precession period.

The strategy for the reform of the Bulgarian judicial system was adopted by the Council of Ministers in October 2001, after a coordination with the Supreme Judicial Council and with the particular branches of the judicial system. An action plan for the implementation of its goals was worked out as well.

When elaborating the strategy and the action plan, the assessment and the recommendations of the European Commission an its regular reports on Bulgaria's progress towards accession as well as the document "Accession Partnership" were taken into consideration.

In fulfillment of the short-term priorities the Ministry of Justice prepared a law to amend and supplement the Judicial System Act (promulgated in SG No. 74/2002).

This law was attacked before the Constitutional Court, whose judgment 13 from the 16. 12. 2002 on the constitutional case No. 17/2002 declared some provisions of the law as unconstitutional.

It should be noted that the decision of the Constitutional Court neither rescinds the concept and the spirit of the strategy nor affects substantially the content of the reform of the judicial system.

Many of the key elements of the amendments proposed are in the course of their implementation in practice.

- Recognizing the necessity of undertaking a commitment by the State with regard to the training of the magistrates and the court staff, in the law this was provided by the establishment of a National Institute of Justice at the Supreme Judicial Council as a public institution for training the magistrates and the court administration, financed by the budget to be built up on the basis of the Centre for Training of Magistrates. It provides for a compulsory initial training of the newly appointed magistrates and continuous qualification of the magistrates, their promotion being linked to the acquired qualification.
- To establish an professionally strong and efficiently functioning judicial system, the law provides for the introduction of the principle of competition for the first time appointment to the judicial system, the initial and subsequent assessment of the judges, prosecutors and investigators and approval of the rules for professional ethics of the magistrates by the Supreme Judicial Council.

- The Law introduces the power and the obligation of the Minister of Justice to submit to the National Assembly a report on the state of affairs, the structure and the dynamics of crime, the causes and the conditions that determine it as well as the relevant measures that have been undertaken.
- A specialized security unit provides security and assistance to the bodies of the judicial system.

Taking into consideration the decision of the Constitutional Court, a new law to amend and supplement the Judicial System Act has been prepared and is scheduled to be approved by the Council of Ministers in March 2003.

One of the most important amendments concerns the status of the Supreme Judicial Council that becomes a permanent body.

A report on the implementation of the strategy and the action plan has been prepared based on the analysis of the current status of the implementation as well as with a view to the dynamics of the relationship between Bulgaria and the European Union and also taking into consideration the priorities of the Accession Partnership and of the Road Map for Bulgaria.

The reform of the judicial system pursued by the Government of the Republic of Bulgaria does not comprise simply and solely the structural law on the judicial system.

The debate in connection with the decision of the Constitutional Court showed clearly that the framework of our constitution of 1990 does not correspond with the requirements of the society as well as with the strategic goals of Bulgaria. All institutions and great political forces were convinced that amendments to the constitution in the chapter "Judicial Power" are more than necessary.

In response to this necessity the updated strategy envisages amendments and supplements to the constitution of the Republic of Bulgaria in relation to our accession to the NATO and the European Union and the necessity to improve the existing legislation including Chapter VI "Judicial Power".

In addition, the updated Strategy provides for elaboration of new procedural laws – the Civil Procedure Code, the Criminal Procedure Code and the Administrative Procedure Code. The purpose is to achieve quality, speed and effectiveness of the court proceedings by introducing

European standards and practices. The establishment of specialized administrative courts and specialized commercial departments to the courts as well as the limitation of the powers of the investigation services in the pre-trial phase of the criminal proceedings will contribute to the improvement of the structure of the judicial system.

An integrated Strategy for the computerization of the judicial system is under preparation to speed up and raise the quality of the court activities.

An extremely important feature of the efficient functioning of the Bulgarian judicial system is its ability to cooperate both on criminal and civil law issues with the EU member states and the candidate countries. In the negotiating process Bulgaria has undertaken the commitment to ratify the European Union conventions at the moment of its accession to the EU. The legislative amendments required for their application will be carried out before that time. The accession to the conventions of the European Union and other international organisations, of which Bulgaria is a member, which are part of the *acquis communautaire*, are among our priorities in the pre-accession period.

In fulfillment of these goals the Republic of Bulgaria is a party to the basic Council of Europe conventions in the area of criminal law, which are also part of the *acquis communautaire*.

- The European Convention on Extradition (1957) and the two Additional Protocols (1975 and 1978);
- The European Convention on Mutual Assistance in Criminal Law Issues (1959);
- The Convention on Transfer of Convicted Persons (1983);
- The European Convention on the Exchange of Juridical Information (1968) and the Additional Protocol of 1978;
- The Convention on Laundering, Search, Seizure and Confiscation of the Proceeds from Crime.

Bulgaria has signed also the Second Additional Protocol to the European Convention on Mutual Assistance in Criminal Law Issues and the Convention on Cyber crime.

On 15 March 2002 the Bulgarian Parliament ratified the Rome Statute of the International Criminal Court and deposited the ratification instruments.

The republic of Bulgaria has already nominated contact persons within the framework of the European Judicial Network and Eurojust.

Since April 1999 Bulgaria has acceded to the Hague Conference on International Private Law. Bulgaria is a party of the following Hague civil law conventions:

- The Hague Convention of 1965 on the International Service of Judicial and Extra Judicial Documents in Civil or Commercial Matters;
- The Hague Convention of 1970 on the Taking of Evidence Abroad in Civil or Commercial Matters;
- Convention on International Access to Justice (1980);
- The Hague Convention of 1961 Abolishing the Requirement of Legalisation for Foreign Public Documents;
- Convention on Protection of Children and Co-operation in respect of International Adoption (1993).

Bulgaria has acceded to a series of United Nation conventions regulating the international cooperation in the area of the civil law.

On 21 February 2003 the National Assembly adopted the Law on Ratification of the Hague Convention on the Civil Aspects of International Child Abduction and the Law on the Ratification of the European Convention on recognition and enforcement of Decisions concerning Custody of Children and on Restoration of Custody of Children.

The firm determination of the Bulgarian Government to bring the reform of the judicial system to the an successful end and the work carried out and to be carried out in this area, make us confident that the Chapter "Justice and Home Affairs" will be closed within the framework of the negotiation process for accession of the Republic of Bulgaria to the European Union during the Greek Presidency.

JUDR. MILAN HANZEL CSC., BRATISLAWA*

Some main features of the transformation process in the Slovak judicial system

If I would present all the results achieved in relation to the transformation within the judiciary, prosecution, police as well as the organizational, procedural and substantive regulations and acts in the Slovak Republic, my speech would be very long. Allow me then to point out some features, which emerged during the transformation process.

A great favour we have had and we still have during this process is the possibility of using the knowledge and experience attained by the historical development in the democratic countries. I believe that the transformation of judiciary and prosecution is not only the need, but also a historical opportunity to conceive and establish modern organs and bodies. However, the creation of legislative and organizational conditions for the activities of independent courts and judges as well as for independent prosecution does not automatically mean that really independent judges and prosecutors – guardians of laws, will be able to fulfill their tasks in a modern way. This is the current problem of their personal, professional and ethic preparedness for performing their judicial and prosecution's competencies, as well as of the process of their further professional training which should have a purposeful and speedy development. The technical equipment for effective activities of the courts and prosecution offices is also a very important factor. I would be very satisfied if the prosecutors of the Slovak Republic could have the technical equipment to their disposal at least at the same level as their Bavarian colleagues.

I consider it natural that a certain priority is given – not only during this Conference – to the judiciary. The prosecution issues acquire some secondary or marginally character. But this body has also gone through a transformation process and it has nothing common with the function as guardian of the socialist rule of law anymore. Only its denomination

* Der Verfasser ist Generalstaatsanwalt der Slowakischen Republik.

remained, but this was not the idea of the Marxists. However, the appellation is not so essential as the importance, position and competencies of this body within the system of the state organs. If this body has an exclusive role during the penal proceeding, in the pre-trial stage and in the position of the public prosecutor in the trial stage, then it should be included in the executive power.

But, if the prosecution is considered as a constitutional organ and its main task is the protection of the rights and interests of natural and legal persons and the state, protected by the law, which means that the prosecution has the powers also in other fields, but not only in the penal matters area (e.g. human rights protection, remedy against illegal decisions of public administration bodies), then it should not be subordinated to the executive power.

The constitution of the Slovak Republic respects the tripartite division of the state powers. The supreme control office, the prosecution and the ombudsman are regulated by the constitution beyond this scope. What I believe is, that we have a historical opportunity to create modern institutions and bodies in the new way, by using the knowledge of your experience on the one hand, and on the other hand, without the burden of our own historical past.

The transformation process is related to such essential social changes which did not occur in west European countries in a comparable way. A certain degree of political destabilization in the post communist countries (I mean the repeated changes of the governing subjects of the political power, with contradictory programs) causes the essential changes of conceptions on the position of courts and prosecution and on the executive power influence over their activities. I believe that it is this complex period characterized by contradictions and divergences from laws which require the existence of a body able to point out very flexibly the breaches of law, to provide remedies and prevent legal disputes. It is the Prosecution of the Slovak Republic, which represents such a body.

MAG. IVAN BIZJAK, LJUBLJANA*

Die Justizreform in Slowenien

Wie das wohl auch für die Justiz in anderen Staaten festgestellt werden könnte, war das letzte Jahrzehnt für die slowenische Justiz eine Zeit dynamischer Veränderungen. Dabei handelt es sich in der Regel um solche Veränderungen, die Jahrzehnte dauern sollten, aufgrund der Umstände aber wesentlich schneller ablaufen mussten. Nach der Verselbständigung Sloweniens am Anfang der neunziger Jahre machten die damit verbundenen Äderungen des wirtschaftlichen und politischen Systems Reformen in verschiedenen Bereichen notwendig. Dazu gehörte auch der Justizbereich. Das Grundmodell der Reform orientierte sich an den Erfahrungen einiger europäischer Staaten mit einem bereits etablierten demokratischen System, dabei waren natürlich bestimmte slowenische Besonderheiten zu berücksichtigen.

Die Reform wurde 1994 bzw. 1995 durch den Erlass neuer Organisationsgesetze und einiger weiterer bedeutender Gesetze abgeschlossen. Es entsprach den Erwartungen, dass die Reform mit Personalveränderungen einher ging, so erfolgte ein Übergang aus der Mitte der Richterschaft in andere Berufe in der Justiz und nach außerhalb dieses Bereiches. Dadurch wurde die personelle Struktur der slowenischen Justiz bedeutend verändert, in kurzer Zeit wurden viele junge und dynamische, leider aber auch unerfahrene Richter angestellt. Der Personalbedarf der Justiz war zu bestimmten Zeiten sogar größer als das Interesse an diesen Stellen. Auch die Anpassung an die neue Organisations- und Arbeitsweise hat eine gewisse Zeit in Anspruch genommen.

Ende der neunziger Jahre wurde erstmals Erhebungen zur Problematik der steigenden Rückstände der Gerichte bei der Bearbeitung von Rechtssachen durchgeführt. Obwohl diese Problematik auch in einigen EU-Mitgliedsstaaten besteht, hat sie Slowenien mit dem Ziel, an den Gerichten eine zügige Fallbearbeitung zu gewährleisten, ernsthaft und verantwortungsbewusst in Angriff genommen. Das Justizministerium und der oberste Gerichtshof erstellten gemeinsam einen Bericht, in dem

---

* Der Verfasser ist Justizminister der Republik Slowenien.

die Gründe für die Rückstände analysiert und Vorschläge zur Verbesserung der Situation ausgearbeitet wurden.

In diesem Dokument sind die einzelnen Gründe für die Rückstände aufgeführt und dem jeweiligen Problembereichen zugeordnet (Gesetzgebung, Organisation, Information und Ausbildung etc.), in einem besonderen Kapitel des Berichtes werden Maßnahmen zur Verbesserung der Situation vorgeschlagen.

An dieser Stelle soll auch das *Herkules-Projekt* des Obersten Gerichtshofes erwähnt werden. Das Projekt hat durch die vorläufige Abordnung erfahrener Richter eine Verbesserung der Situation bei den einzelnen Gerichten ermöglicht, die nun den Eingang trotz größerer Rückstände besser bewältigen. Dabei wurde durch gesetzliche Änderungen eine verstärkte Mobilität der Richter am Beginn ihrer Dienstzeit ermöglicht, was vor allem kleineren Gerichten zugute kam.

Einen der bedeutendsten Schlüssel für die Aufarbeitung der Gerichtsrückstände stellt die Begleitung der Arbeitsleistung der Richter dar. In diesem Rahmen ist es notwendig, die Angemessenheit der bestehenden Kriterien und die Leistungserwartungen an die Richter zu bewerten, die Richtigkeit der Aufsichtsmechanismen sowie de Eignung und Formen der Dienstaufsicht, einschließlich der Kontrolle der Geschäftstätigkeit der Gerichte zu überprüfen. Dies sind einige der Aufgaben, mit denen sich das slowenische Justizministerium in diesem Jahr befasst hat.

Parallel dazu ist eine weitere Modernisierung der Justiz erforderlich. In diesem Bereich wurden in diesem Jahr zwei Twinning-Projekte mit Deutschland organisiert, von denen eines gegenwärtig noch läuft. Die Ergebnisse und Empfehlungen dieser Projekte sind nicht nur in Slowenien anwendbar, sondern auch im weiteren Umfeld. Von den Ergebnissen sollen hier nur einige genannt werden.

Von Bedeutung sind eine Verstärkung der Dienstaufsicht, eine stärkere Ausrichtung der Verfahrensparteien auf den Vergleich, eine Überprüfung des Umfanges der Rechtsmittel und der Berufungsgründe, die Entlastung der Richter von nichtrichterlichen Aufgaben, die Nutzung des Opportunitätsprinzips durch die Staatsanwaltschaft bei Bagatellstraftaten, die Vernetzung der Informationssysteme der Justizorgane und die Erweiterung der außergerichtlichen Möglichkeiten der Streitbeilegung. Daneben stehen Änderungen der Verfahrensgesetzgebung.

Die Bürger sind sich in den letzten Jahren ihrer Rechte und Freiheiten immer mehr bewusst geworden und wünschen diese auch durchzusetzen.

Dies bedeutet aber, dass sich viele Leute auf einer bestimmten Stufe an das Gericht wenden. Wegen des wachsenden Trends derartiger Handlungen gilt es, Möglichkeiten der Entlastung der Gerichte zu finden, ohne den Einzelnen in seine Rechtsschutzmöglichkeiten zu benachteiligen.

Möglichkeiten zur Entlastung der Gerichte können auch in der außergerichtlichen Streitbeilegung, wie etwa der Mediation oder außergerichtlichen Vergleichen, gefunden werden. In gewissem Umfang werden derartige Möglichkeiten bereits im Strafverfahren durch das Institut der aufgeschobenen Verfolgung und durch das Institut des Vergleichs ermöglicht. Das erste bedeutet, dass die Strafverfolgung weniger gefährlicher Straftaten durch den Staatsanwalt nicht ausgelöst wird, soweit der Täter die Tat gesteht , sich entschuldigt, die materielle und moralische Genugtuung anbietet und etwas zugunsten der lokalen Gemeinschaft oder für humanitäre Zwecke leistet. Im zweiten Fall versucht ein Schlichter auf Antrag der Staatsanwaltschaft ein Übereinkommen zu erreichen versucht, durch das der Geschädigte zufriedengestellt werden kann.

Die gesetzlichen Grundlagen für derartige Verfahrensarten wurden auch für die Zivil- und Arbeitsstreitigkeiten geregelt, wo einzelne Versuchsprojekte bereits im Gange sind.

In der letzten Zeit wurde der Ausbildung für die Justizberufe sowie der permanenten Fortbildung der Beschäftigten verstärkte Aufmerksamkeit gewidmet, daneben steht die Einführung der Profile von Gerichtsassistenten und Rechtspflegern, die die Richter in vielen Bereichen erheblich entlasten können.

Die Bedeutung der Gerichtspräsidenten rückt zunehmend in den Mittelpunkt der Aufmerksamkeit. Diese haben die Gerichte sowohl hinsichtlich der fachlichen, als auch im Hinblick auf organisatorische und technische Fragen zu leiten. Diese Funktionen übertreffen die klassische Richterrolle deutlich und verlangt vom Gerichtspräsidenten, die Rolle eines Managers auszufüllen. Vom Gerichtspräsidenten wird daher das Bewusstsein seiner Führungsrolle erwartet und seine Fähigkeit, seine Arbeit ganzheitlich zu erledigen.

Nicht zuletzt wird immer wieder die Frage nach dem Verhältnis von Justizministerium und Gerichten gestellt. In Slowenien haben wir unter Beachtung des Grundsatzes der Unabhängigkeit des Richters durch Gesetzgebungsänderungen eine sachgerechte, d.h. eine stärkere Rolle des

Justizministeriums vorgesehen, nachdem diese in der Vergangenheit zu schwach geworden ist.

JUDR. PAVEL RYCHETSKÝ, PRAG*

Gewährleistung der richterlichen Unabhängigkeit und des Rechtsschutzes unter veränderten Rahmenbedingungen

Erlauben Sie mir bitte zuerst einige Bemerkungen, sowohl zum gewählten Thema, als auch eigentlich zu der Bezeichnung der Institution, die unser Gastgeber ist. Das gewählte Thema erweckt den Eindruck, als ob die Länder, die vor 13 Jahren hinter dem eisernen Vorhang standen, noch heute irgendwelche besonderen und spezifischen Probleme auf dem Gebiet der Justiz hätten, für die man ein spezifisches Institut und eine spezifische Konferenz braucht. Ich kann meine feste Überzeugung zum Ausdruck bringen, dass der Name dieser Konferenz nur nach der geographischen Lage der beteiligten Länder gewählt wurde, und wenn hier Kollegen aus Dänemark, Belgien, Skandinavien, Frankreich oder einem beliebigen anderen Land sprechen würden, wären die Probleme in der Tat absolut identisch. Ich will damit sagen, dass wenn wir uns mit der Frage der Justizreform befassen, es sich längst nicht mehr um die Frage der Konzeption der richterlichen Unabhängigkeit handelt, sondern vielmehr um eine ganz andere Frage: Wie kann man unter Berücksichtigung der richterlichen Unabhängigkeit gewährleisten, dass die Gerichte der modernen dynamischen Zeit, der ausgeklügelten Rechtsordnung ihrer Hauptaufgabe in der Gesellschaft gerecht werden, nämlich einen Schutz der Rechte und Freiheiten der einzelnen Subjekte zu sichern, der kurzfristig und effektiv gewährt wird und auch faktisch realisiert werden kann.

Aus dieser Sicht, so glaube ich, kann man nicht sagen, dass den hohen Anforderungen an die Funktion der Rechtspflege in allen Ländern Rechnung getragen wird, denn wir hören überall die gleichen Klagen – und wenn wir uns zum Beispiel nur die Statistik der Urteile des Europäischen Gerichtshofs in Straßburg anschauen, die Verurteilungen einzelner

---

* Der Verfasser war tschechischer Justizminister und ist gegenwärtig Präsident des tschechischen Verfassungsgerichts.

Länder wegen unangemessen langer Dauer der Gerichtsverfahren, dann sehen wir, dass es in keiner der beiden Richtungen besondere Exzesse gibt. Wir sind alle in etwa der gleichen Position und wir spüren, dass wir etwas tun müssen.

Ich bin kein Verfechter von besonders revolutionären und radikalen Wegen; die Traditionen des jeweiligen Landes und seiner Justiz stellen einen Wert dar, den man nicht ignorieren kann. Ich will damit sagen, dass ich als Justizminister mit dem Zustand der tschechischen Justiz nicht zufrieden bin, die tschechische Justiz wird kritisiert, und zwar nicht nur von der tschechischen Öffentlichkeit (was an für sich noch kein bezeichnender Faktor wäre, denn 70 Prozent der richterlichen Entscheidung ergehen in Streitsachen, wo immer einer der Beteiligten unzufrieden sein wird. Falls wir die Effektivität der Justiz mit irgendeiner Methode der Meinungsforschung ermitteln wollten – und Gott sei Dank will dies niemand tun – würden wir immer ein Ergebnis von 50 Prozent unzufriedenen Beteiligten bekommen), sondern auch in den regelmäßigen Berichten der Europäischen Kommission über den Vorbereitungsstand der Beitrittsländer wird sie einer Kritik unterzogen.

Es handelt sich im Prinzip um zwei grundlegende Probleme. Das erste besteht in der unangemessen langen Verfahrensdauer, in zu langsamen gerichtlichen Entscheidungen. Diese Erscheinung ist sicher ein gemeinsames Problem vieler, nicht nur europäischer, Länder und sie hat zweifelsohne eine Reihe von Ursachen, die wir versuchen müssen, gemeinsam zu analysieren. Eine der Ursachen liegt im Bereich der Verfahrensvorschriften - in der Frage der Konkurrenz zwischen dem Recht auf einen billigen Prozess und auf den Schutz der Beteiligten einerseits und dem Recht auf eine schnelle Entscheidung in der Sache andererseits.

Ich glaube, dass wir hier manches tun könnten - es wurden hier bereits einige Instrumente des Strafrechtes erwähnt, und ich kann sagen, dass sie in der Tschechischen Republik schon vor vielen Jahren in verschiedenen Formen in die Strafprozessordnung eingebaut wurden, wie die verschiedensten Arten der Diversion, des Strafbefehls usw. – und ebenso glaube ich, dass das Hauptfeld der Aufmerksamkeit zweifelsohne auch weiterhin im Bereich der Verfahrensvorschriften liegen wird, sowohl im Strafrecht als auch im nichtstrafrechtlichen Bereich.

Das Problem der tschechischen Justiz hat aber neben dem langsamen Tempo noch eine andere Dimension, und das ist eine Dimension, die ich für ernster halte. Ich glaube, wir stimmen darin überein, dass jeder Bürger das Recht hat, in einem Land zu leben, in dem die Entscheidungen der Gerichte vorhersehbar sind. Anders gesagt, dass es die Pflicht des Staates ist, so ein Rechtsmilieu zu schaffen, dass die Rechtsprechung der Gerichte in gleichen Sachen ähnlich ist. Dass der Bürger nicht vor einem geheimnisvollen Labyrinth steht, wenn er sich auf einen Streit einlässt, ohne zumindest die elementarste Sicherheit darüber zu haben, wie das Recht in seinem Falle angewendet wird, so wie es in analogen Fällen im Nachbarbezirk, in der Nachbarstadt Anwendung findet – und ich hoffe: einmal in ganz Europa im Rahmen der Europäischen Union. Das ist selbstverständlich ein ernsteres Problem, und es besteht wahrscheinlich darin (und in dieser Sicht ist schon eine Begegnung der Vertreter aus diesen Ländern sinnvoll!), dass sich die Länder, die sich vor 13 Jahren vom kommunistischen Regime befreit haben, immer noch in einer Phase der dramatischen, umfangreichen Änderungen ihrer Rechtsordnungen befinden und dies insbesondere im Zusammenhang mit der Rechtsanpassung an den Acquis communautaire. – Ich bin nicht nur Justizminister, sondern seit sechs Jahren auch stellvertretender Ministerpräsident für die Gesetzgebung und ich muss sagen, dass die Verantwortung für die Rechtsangleichung keineswegs einfach ist. Die Europäische Union produziert jährlich 900 Richtlinien, die umgesetzt werden müssen. In dieser Situation ist es für den Richter sehr schwer, sich zu orientieren, wenn die grundlegenden Kodexvorschriften des materiellen Rechts oder des Verfahrensrechts innerhalb von einem Jahr zweimal, dreimal, manchmal sogar viermal novelliert werden. Ich könnte natürlich die Aufzählung der Ursachen fortsetzen, aber unsere Aufgabe besteht eher darin, nach Lösungswegen zu suchen. Und ich glaube, dass jegliche Überlegungen über die Justizreform grundsätzlich daran ausgerichtet sein müssen, welches Ziel wir vor uns stellen - und das ist eine Beschleunigung und die Vereinheitlichung von gerichtlichen Entscheidungen. Und dies sollte auch das Hauptkriterium jeder Justizreform sein. Ich will damit sagen, dass wir nicht eine Reform für die Richter machen, wir machen eine Reform der Gerichte und der Justiz für die Bürger.

Kaum jemandem ist folgende absolut triviale Tatsache bewusst: Die Menschheit hat in der Zeit ihrer Existenz, insbesondere im Verhältnis zu denen, die sie als Staatsbeamte anstellt, aber nicht nur zu denen, sondern zu jedem Angestellten, zwei grundlegende Instrumente generiert, mit denen sie deren Leistungstempo und –Qualität beeinflussen kann. Diese Instrumente beherrscht jeder Arbeitgeber, und der Staat ist keine Ausnahme: Das erste Instrument ist etwas, was ich als positive Motivierung bezeichnen würde: Arbeitest du schnell, arbeitest du mit guter Qualität, wirst du besser entlohnt. Das andere bezeichne ich als die negative Sanktion: Arbeitest du schlecht, arbeitest du langsam, machst du Ausschuss, wirst du bestraft. Unser Grundproblem besteht darin, dass keines von diesen Instrumenten auf die Arbeit der Richter angewendet werden kann. Wir müssen andere Instrumente suchen. Und die lassen sich nur sehr schwer finden. In der Tschechischen Republik hat man in den letzten fünf Jahren zwei Reformversuche in dieser Richtung unternommen. Es ging um eine bestimmte Definition des Verhältnisses zwischen der Exekutivgewalt und der Gerichtsbarkeit, um die Stellung des Justizministeriums, um die Stellung der Richter. Beide Versuche waren erfolglos, sie gingen nach meinem Dafürhalten an dem von mir angedeuteten Hauptziel vorbei.

Ich bin überzeugt, dass die Ansätze der Justizreformen in verschiedenen Staaten in erster Reihe im Bereich des Prozess- und materiellen Rechts liegen. Und hier muss ich mir darüber Gedanken machen, dass der EU Länder beitraten und beitreten, die eine tausendjährige Rechtstradition haben, die vor ungefähr zwei hundert Jahren ihr Recht, sowohl das Prozess- als auch das materielle Recht in grundlegenden Kodexen verankert haben und dann haben sie plötzlich in der Europäischen Union ein Rechtsmilieu geschaffen, das sehr fragmentarisiert ist. Ein Rechtsmilieu, dessen Gestalt und Form plötzlich ganz anders ist als das, woran wir seit Jahrhunderten gewöhnt waren. Und ich bin überzeugt, dass auch die Europäische Union den gleichen Prozess absolvieren wird und dass wir einmal ein gemeinsames europäisches Handelsgesetzbuch haben werden, nicht Duzende, Hunderte, ja Tausende Richtlinien, ob über Verpackungen oder andere einzelne Fragmente des unternehmerischen Bereichs.

Ein anderer Bereich, der aber sehr spezifisch ist, ist die Frage der Arbeitsorganisation am Gericht, die Arbeit des Richters: Wie soll er ausgestattet sein, wie soll für ihn ausreichender Komfort gesichert werden – und ich meine nicht nur den materiellen, sondern vor allem den fachlichen Komfort (wobei, und das möchte ich fast lieber nicht erwähnen: Man hat für unsere Richter wirklich alle Voraussetzungen für ihre richterliche Unabhängigkeit geschaffen, einschließlich königlicher Gehälter und einer steuerfreien Zulage für die Beschaffung von Literatur, und trotzdem: Als der Gerichtspräsident einem der größten tschechischen

Gerichte mit Hunderten Richtern angeboten hat, juristische Fachzeitschriften aus allen möglichen Rechtsbereichen ganz komfortabel, direkt auf den Arbeitstisch zu liefern, jeweils gegen entsprechenden Abzug von dieser steuerfreien Gehaltszulage, haben sich nur drei Richter dafür interessiert).

Das Problem der richterlichen Weiterbildung ist ein sehr wesentliches und sehr grundsätzliches Problem. Und zwar deshalb, weil die Zeit unserer Väter und Großväter wirklich vorbei ist, als der Richter, der seine Universität absolvierte und nach zehn Jahren erfahrener Richter war, mit dem Volumen an Kenntnissen auskommen konnte, mit dem er angefangen hatte. Heute sind die Änderungen derart dramatisch, das eine ständige und systematische Weiterbildung der Richter unausweichlich ist. Es ist in diesem Zusammenhang auch deutlich, dass man den Weg der richterlichen Spezialisierung einschlagen muss. Die Vorstellung eines universellen Richters, der alle Bereiche allein gänzlich beherrschen kann, ist nicht mehr zeitgemäß.

Eine besondere Rolle messe ich der Existenz von supranationalen Gerichtsorganen und der direkten Vollstreckbarkeit von deren Urteile bei. Der Europäische Gerichtshof für Menschenrechte spielt für das Funktionieren der tschechischen Justiz eine positive Rolle, und ich bin überzeugt, dass eine gleich bedeutende Erziehungs- und Aufklärungsrolle auch den Entscheidungen des Luxemburger Europäischen Gerichtshofs zukommen wird.

Es scheint, als ob mit dem, was ich soeben als grundlegende Prinzipien der Justizreform erwähnt habe, alle wichtigsten Probleme erschöpft wären, auf die sich jede Reform der Gerichtsbarkeit auszurichten hat. In der Tat gibt es aber noch ein Problem, das man nicht besonders oft zu erwähnen pflegt, weil es zu empfindlich und zu diskret ist. Ich glaube aber, dass es richtig ist, es anzusprechen, und dass es erforderlich ist, darüber zu diskutieren: In jedem zivilisierten Land ist der Richter unabsetzbar, unversetzbar, wird auf Lebenszeit ernannt und königlich honoriert. Aber auch der Richter ist ein Mensch, und wir brauchen einen Mechanismus, um sein Fehlverhalten zu sanktionieren. Es muss eine Diskussion darüber geführt werden, ob dieser Mechanismus ausschließlich im Bereich der Verfahrensvorschriften liegen muss, oder ob zum Gegenstand eines selbständigen Verfahrens über disziplinarische Verantwortung des Richters nur ein Fehlverhalten aus dem Bereich des persönlichen Lebens werden soll (hier meine ich zum Beispiel das Verhältnis zum Alkohol, Ordnungswidrigkeiten oder andere Delikte), oder auch ein professionelles Fehlverhalten. Das sind Dinge, die bei weitem nicht klar sind. Ich bedauere, dass man, anstelle darüber zu diskutieren, auch bei uns im Lande eine absolut unnötige Diskussion in einer absolut anderen Ebene führt: dass in unserem Lande eine Diskussion darüber geführt wird, ob wir das romanische Modell der richterlichen Selbstverwaltung haben sollen, die obersten Richterräte, die sich in einigen europäischen Ländern historisch gebildet haben oder bilden – eine Diskussion, die ich für unnötig und banal halte, denn in der Tat kann man überhaupt nicht sagen, dass in den Ländern mit dem romanischen Modell, wie Italien, die Justiz besser funktioniert, als in anderen Ländern, wo dieses Modell - wie in Deutschland - nicht angewendet wurde. Ich will sagen, dass es wichtig ist, die Tradition des jeweiligen Landes zu berücksichtigen, und dass das Hauptkriterium das Resultat sein muss – nämlich das Funktionieren der Gerichte, und nicht die Form.

DR. PÉTER BÁRÁNDY, BUDAPEST*

Das Gerichtssystem in Ungarn

Entsprechend dem Standard moderner Rechtsstaaten existiert in Ungarn ein Gerichtssystem, das von den übrigen Staatsgewalten, insbesondere von der Exekutive, losgelöst ist. Eine besondere Position hat das Verfassungsgericht inne, das systematisch nicht in das einheitliche, ungarische Gerichtssystem eingegliedert ist. Organisatorische Aufgaben, einschließlich der Festsetzung organisatorischer Richtlinien (igazgatási iránymutatás), werden vom Landesjustizrat (OIT) erfüllt. Die Mitglieder des Landesjustizrats sind überwiegend Richter. Die Exekutive wird durch den Justizminister vertreten, die legislative Gewalt wird durch zwei Mitglieder des ungarischen Parlaments. Ein weiteres Mitglied des Landesjustizrats ist der ungarische Generalstaatsanwalt.

Nach der Systemwende in Ungarn wurde das Justizwesen grundlegend umgestaltet. Im Mittelpunkt dieser Entwicklung stand nicht nur die Schaffung einer unabhängigen Richterschaft, sondern auch die schnellere und effektivere Bearbeitung der einzelnen Fälle.

Im letzten Jahr wurde in Ungarn das System der so genannten Gerichtstafeln eingeführt. Durch diese Maßnahme wurde das bestehende Gerichtssystem in Ungarn von drei auf vier Ebenen erweitert. Die Gerichtstafeln waren in früheren Zeiten ein traditioneller Bestandteil des ungarischen Gerichtssystems. Durch die Wiedereinführung dieser zusätzlichen Ebene kehrte Ungarn zu seinen traditionellen Wurzeln im Justizwesen zurück und verwirklichte darüber hinaus das Prinzip der regional einheitlichen Rechtssprechung. Durch diese Maßnahme wurde eine Forderung der Europäischen Union und der Richterschaft erfüllt. Ziel dieser Maßnahme ist die Entlastung des Obersten Gerichts. Zugleich haben die Gerichtstafeln innerhalb ihrer einzelnen Gerichtsbezirke die Einheitlichkeit und Berechenbarkeit der Rechtssprechung zu sichern. Die einheitliche Rechtsprechung der Gerichtstafeln wird durch das Oberste Gericht gewährleistet. Durch die institutionelle Erweiterung des ungarischen Gerichtssystems soll die Arbeit der Gerichte beschleunigt werden,

---

* Der Verfasser ist ungarischer Justizminister.

denn die Fälle, die bislang zum Obersten Gericht gelangten, verteilen sich nun auf mehrere Gerichte und können von diesen wegen des geringeren Arbeitsanfalls in kürzerer Zeit erledigt werden.

Zur Schaffung einer effektiven Unabhängigkeit der rechtssprechenden Gewalt gehört die Ausarbeitung einer Vergütungsordnung für die Richterschaft. In Ungarn wurden in dieser Hinsicht bereits erste Schritte unternommen, eine vollständige Regelung ist in naher Zukunft zu erwarten. Durch die Einführung einer Vergütungsordnung wird die Karriere eines Richters überschaubarer. Außerdem wurde die Beförderung der Richter vom Willen der exekutiven Macht unabhängig gestaltet. Für Richter im Ruhestand bedeutet die Vergütungsordnung die Schaffung sozialer Sicherheit nach dem Ende der beruflichen Tätigkeit, denn sie regelt auch die richterlichen Pensionszahlungen.

Mit der Schaffung einer gesetzlichen Vergütungsordnung korrespondiert die Festlegung des Haushaltsplans für die Justiz durch das Parlament auf Vorschlag des Landesjustizrats. Die Regierung hat hierbei ebenfalls keine Mitwirkungskompetenz. Somit ist in Ungarn die Finanzierung für die Justiz ohne Einfluss der Exekutive gesichert.

Wie ich bereits am Anfang angekündigt habe, komme ich nun auf andere Organe der Rechtspflege und zur Sicherung der Rechtsstaatlichkeit zu sprechen.

Im Laufe des letzten Jahres wurde in Ungarn ein Mediationssystem eingeführt. Durch dieses System, das nach angelsächsischem Muster funktioniert, sollen Rechtsstreitigkeiten außergerichtlich unter Mitwirkung von so genannten Mediatoren (Vermittlern) auf der Grundlage von Parteivereinbarungen gelöst werden. Die Durchführung von Mediationsverfahren bedeutet selbstverständlich nicht die Behinderung des Zugangs zu den Gerichten. Wenn die Parteien im Mediationsverfahren keine Lösung finden, können sie das zuständige Gericht anrufen. Es bleibt abzuwarten, ob das Mediationsverfahren in den Ländern mit kontinentaleuropäischem Gerichtssystem, wie z.B. Ungarn, zu einer spürbaren Entlastung der Gerichte beitragen wird.

Unverzichtbare Voraussetzung für den Zugang der Bürger zur Justiz ist ein System, das die Inanspruchnahme der Gerichte unabhängig von der finanziellen Situation des Einzelnen ermöglicht. Es mag seltsam klingen, aber diese Frage war vor der Systemwende in Ungarn innerhalb der Anwaltsarbeitsgemeinschaften zufriedenstellender gelöst, als in der jetzigen Situation. Gegenwärtig ist es die Aufgabe des ungarischen Staates, auch für wirtschaftlich benachteiligte Bürger den Zugang zu fachlich qualifizierten Rechtsberatern in zivil- und strafrechtlichen Verfahren sowie beim Abschluss komplexerer Vertragsverhältnisse zu sichern. Ein solches System wurde bereits weitgehend ausgearbeitet.

In Bezug auf die Anwaltschaft hat Ungarn wegen seiner EU-Harmonisierungsaufgaben ausländischen Anwälten den Zugang zum ungarischen Rechtsberatungsmarkt ermöglicht. Der „Unionsrechtsanwalt“ kann im konkreten Fall oder auf Dauer – auch als Mitglied der örtlichen Rechtsanwaltskammer – tätig werden. Wenn im konkreten Fall aus Gründen von Rechtsgarantien Anwaltszwang bzw. Pflichtverteidigung vorgeschrieben ist, kann der „Unionsrechtsanwalt“ gemeinsam mit einem ungarischen Kollegen, der über die erforderlichen Kenntnisse des ungarischen Rechts verfügt, die Interessen des Mandanten vertreten bzw. den Mandanten verteidigen.

Im Strafrecht wurde ein umfassendes System der Bewährungshelfer (pártfogói rendszer) eingeführt. Auch hier diente das angelsächsische Muster als Vorbild. Dem auf Bewährung entlassenen Strafgefangenen soll auf diese Weise die Wiedereingliederung in die Gesellschaft ermöglicht werden. Dem Bewährungshelfer werden schon im gerichtlichen Verfahren umfangreiche Kompetenzen übertragen. Ihm obliegt insbesondere die Ermittlung des sozialen Umfelds sowie der gesellschaftlichen Stellung des Beschuldigten im Strafverfahren. Die Ergebnisse dieser Tätigkeit bilden eine wesentliche Grundlage für die der Entscheidung des Gerichts zugrunde liegende Sozialprognose.

DR. PÉTER POLT, BUDAPEST*

The Status of Public Prosecution in Hungary

In Hungary, Public Prosecution has a unified, hierarchical and centralised organisation, consisting of offices at various (national, regional, county, Metropolitan and local) levels, and directed by the Prosecutor General.

The Organisation of Public Prosecution is part of the criminal justice system. As a centralised and independent judicial organ, it is subordinated and accountable only to the Parliament, through the person of the Prosecutor General.

The Prosecutor General is elected by the Parliament by a simple majority vote, on the proposal of the President of the Republic, for a term of 6 years (renewable). The accountability towards Parliament means that the Prosecutor General has to submit an annual report on the Organization's activities to the Parliament each year and he may be questioned by members of Parliament before the plenary sessions or commissions at any time. The Parliament may accept or reject his answers by voting.

The Constitution declares that public prosecutors - including the Prosecutor General - may not be members of political parties and may not engage in any political activities. The Prosecutor General cannot be given instructions or orders from anyone, especially not in individual cases.

In Hungary, the prosecution of crime is based on the principle of legality, and not on the principle of opportunity. This means that Hungarian prosecutors have no discretionary power to decide whether to prosecute or not a crime sufficiently proved. The principle of legality is considered not only a guarantee against abuse of power, but also a principle that helps maintain public confidence. While representing the public interest, impartiality and objectivity are the two main requirements prosecutors should meet.

The Prosecutor General directs the whole Organization functionally as well as administratively. The Organisation is not administratively,

---

* Der Verfasser ist Generalstaatsanwalt der Republik Ungarn.

organizationally, or budgetary connected either to the Government or to the Judiciary. Neither the Ministry of Justice, nor the National Council of the Judiciary have power to give instructions to the Prosecutor General or individual prosecutors.

Legal Europe admits the possibility for Public Prosecution to be independent of the Government, even of the Parliament. The most important document in this respect is Recommendation Rec (2000)19 of the Council of Europe on the Role of Public Prosecution in the Criminal Justice System.

According to the Constitution, the Prosecutor General and the subordinated prosecutors ensure that the citizens' rights is protected, the rule of law is respected and that acts constituting criminal offences is fully prosecuted. To this end, prosecutors supervise all criminal investigations, represent the prosecution before the courts, may appeal against court decisions, supervise the execution of court decisions, and conduct investigations in cases specified by law.

Public prosecutors in Hungary have remarkable competence not only in criminal matters, but in administrative or civil law cases as well. Thus, Hungarian prosecutors play a central role, as dynamic and pro-active figures, in the whole criminal justice system.

It must be noted that many amendments of the legislations relating to the Public Prosecution took place in the early 90's, i.e. in the early phase of Hungary's democratic transformation. These reforms already belong to the history, so I do not want to speak about them.

1. Internal Structural Reforms in 2001

Although prosecutor offices have been functioning smoothly and they deserve only credit for their performance, internal reforms seemed to be inevitable in the light of the new challenges of the 21st century. Especially the prosecution of corruption and organised crime aimed at generating financial and economic gains by nature, and other new form of crime necessitated a streamlined, flexible and efficient new structure.

The first phase of the structural reforms was decided in 2002 and the relevant structural changes took effect on 1st January 2001. Bearing in mind that Public Prosecution plays a key role not only in the criminal justice system, but in the transnational judicial co-operation as well, these changes were part of a long-term strategy.

One of he most important changes was the establishment of a new unit within the Office of the Prosecutor General to supervise sensitive cases of special importance. This unit exercises reinforced supervision over investigations in serious organised and/or economic crimes as well as in corruption cases in order to make the prosecution of these types of crimes more efficient.

Another development was the creation of a central prosecutorial investigative unit with nation-wide competence. The aim of creating such a special national investigative unit within the Organisation of Public Prosecution was the integration of investigative actions, concentration of information, exclusion of any partiality or any attempts to corrupt investigating police officers and, as a result, to make the prosecution of organised crime more effective. The staff of this unit consists of highly trained, specialized, computer literate prosecutors, who have the legal and technical arsenal necessary to conduct investigation at large scale at their disposal. These investigating prosecutors acts as prosecutors before the courts in the trial phase as well.

This reform was successful: we are now working on what we call reform no. 2.

2. Establishment of Prosecutor Offices Attached to the Courts of Appeal

As my honourable colleague, Dr. Lomnici, President of the Supreme Court mentioned yesterday, three regional courts of appeal were established in Hungary this year. Quite understandably, new prosecutor offices attached to these courts had to be established as well. They will start fully to operate on 1st July 2003.

3. A New Code on Criminal Procedure in 2003

Although public prosecutors supervise all investigations, this supervision is generally limited to supervising the legality of the investigations. The need for giving greater powers to prosecutors over all investigative activities resulted in the provisions of Act XIX of 1998 on the new Code of Criminal Procedure, which expressly empowers prosecutors to direct and manage investigations conducted by the Police or other investigating bodies. This expansion of prosecutorial control over investigations may result in a more dynamic prosecutorial activity, especially against serious crime. The new Code of Criminal Procedure, however, has been entering into force gradually. Its provisions relating to the extended powers of prosecutors over investigations are expected to enter into force in mid-2003. Nevertheless, it should be emphasised that even under the current legislation, prosecutors may draw any investigative act into their own competence and conduct investigation themselves. Furthermore, investigation of certain offences (such as crimes against the administration of justice, crimes committed by an MP, judge, prosecutor) belongs to the exclusive investigating competence of prosecutors.

Another new feature of the new code is that the court proceedings will have a rather adversary character, instead of the traditional rather inquisitorial one. This means that prosecutors and defense lawyers will have to play a much more active part in the court trial phase, when cross-examining the accused person and witnesses.

Studien des Instituts für Ostrecht München

Begründet von Professor Dr. Reinhart Maurach
Herausgegeben von Professor Dr. Friedrich-Christian Schroeder,
Dr. h.c. (Breslau), Regensburg

Band 41 Manfred Gratzl: Die Reform der tschechischen Strafprozeßordnung nach 1989. Im Spannungsfeld von Rechtsstaatlichkeit, Verfahrensökonomie und Effizienz. 2002.

Band 42 Thomas Paintner: Die Insolvenz des Unternehmers in Polen. 2003.

Band 43 Niels von Redecker (Hrsg.): Deutsch-Estnische Rechtsfragen. 2003.

Band 44 Niels von Redecker: Die polnischen Vertreibungsdekrete und die offenen Vermögensfragen zwischen Deutschland und Polen. 2003.

Band 45 Niels von Redecker: Das polnische Beamtenrecht. Entwicklung und Stand beim Beitritt Polens zur Europäischen Gemeinschaft. 2003.

Band 46 Cornelia Stefanie Wölk: Das Deliktsrecht Rußlands nach dem neuen Zivilgesetzbuch. 2003.

Band 47 Petr Bohata: Untersuchungshaft im deutschen und tschechischen Recht. 2003.

Band 48 Attila Széchényi: Das neue ungarische Strafprozessrecht im Spannungsverhältnis zwischen Rechtsstaatsprinzip, Verfahrensökonomie und Effizienz. 2003.

Band 49 Agnes Balawejder: Das polnische Telekommunikationsrecht. Umsetzungsbemühungen und -stand des telekommunikationsrechtlichen acquis communautaire im polnischen TK-Recht vor dem Unionsbeitritt Polens. 2004.

Band 50 Sven I. Oksaar / Niels von Redecker (Hrsg.): Deutsch-Estnische Rechtsvergleichung und Europa. 2004.

Band 51 Friedrich-Christian Schroeder (Hrsg.): Justizreform in Osteuropa. 2004.

www.peterlang.de

Peter Lang · Europäischer Verlag der Wissenschaften

Attila Széchényi

Das neue ungarische Strafprozessrecht im Spannungsverhältnis zwischen Rechtsstaatsprinzip, Verfahrensökonomie und Effizienz

Frankfurt am Main, Berlin, Bern, Bruxelles, New York, Oxford, Wien, 2003.
135 S.
Studien des Instituts für Ostrecht München.
Herausgegeben von Friedrich-Christian Schroeder. Bd. 48
ISBN 3-631-51853-6 · br. € 27.50*

Thema der Arbeit ist die Reform des Strafprozessrechts in Ungarn nach 1989. Nach einem einleitenden Überblick über die historische Entwicklung des ungarischen Strafprozessrechts und einem kurzen Abriss der Entstehungsgeschichte des XIX. Gesetzes von 1998 widmet sich der Hauptteil der Arbeit ausgewählten Bereichen dieser Strafprozessordnung, wie der Umstrukturierung des Verfahrens, der Einführung des Ermittlungsrichters oder der Neufassung des Zeugenschutzes. Rechtsvergleichende Betrachtungen zum deutschen Strafprozessrecht sowie die Einflüsse der Rechtsprechung des Europäischen Gerichtshofs für Menschenrechte werden zur Verdeutlichung des Spannungsverhältnisses zwischen Rechtsstaatsprinzip, Verfahrensökonomie und Effizienz herangezogen, aus dem das neue ungarische Strafprozessrecht entstanden ist.

Aus dem Inhalt: Kurze Entwicklungsgeschichte des ungarischen Strafverfahrensrechts · Die Umstrukturierung des Verfahrens · Das Recht des Beschuldigten auf Verteidigung · Eingriffsrechte des Staates · Die Beteiligung des Verletzten am Verfahren · Zeugenschutz · Beendigung eines Verfahrens ohne Strafausspruch · Vereinfachte Verfahren · Das Rechtsmittelsystem

Frankfurt am Main · Berlin · Bern · Bruxelles · New York · Oxford · Wien
Auslieferung: Verlag Peter Lang AG
Moosstr. 1, CH-2542 Pieterlen
Telefax 00 41 (0) 32 / 376 17 27

*inklusive der in Deutschland gültigen Mehrwertsteuer
Preisänderungen vorbehalten

Homepage http://www.peterlang.de

FSC
www.fsc.org
MIX
Papier | Fördert gute Waldnutzung
FSC® C083411

Kolibri 360 GmbH
Ferdinand-Jühlke-Straße 7
99095 Erfurt, Deutschland
produktsicherheit@kolibri360.de

Druck:
CPI Druckdienstleistungen GmbH
im Auftrag der
Kolibri 360 GmbH
Ferdinand-Jühlke-Str. 7
99095 Erfurt